U0903551

私募股权基金

制度解析与业务实践

高蔚卿 王晓光 /著

中国法制出版社
CHINA LEGAL PUBLISHING HOUSE

PREFACE 前言

在私募股权投资领域，各种创新活动非常活跃，涉及基金设立、内部治理、资金募集、投资管理、收益分配等多个领域。从类型上看，既包括制度创新，也包括管理创新、业务模式创新。那么，这些创新活动的动因是什么，效果如何，对现有的制度安排和市场秩序产生了哪些影响?

与公司制、契约制基金相比，有限合伙制私募股权基金有明显的制度优势，比如有限合伙人与普通合伙人的专业分工有利于优化资源配置，有限责任与无限连带责任相结合的二元责任形式更好地反映了当事人不同的风险偏好，灵活、高效的内部治理和决策机制适应了风险投资市场的内在要求等。这些制度安排和制度优势是解释有限合伙制私募股权基金成为风险投资的主流组织形式的主要理由。因此，评价私募股权投资领域的创新活动，应当以是否有利于发挥制度优势、是否有利于提升制度价值、是否有利于市场健康发展作为判断标准。

按照上述标准，实践中的很多作法在提高制度的适应性，细化、完善业务流程，降低投资风险等方面都发挥了很好的作用，比如以满足不同投资者诉求为目的的基金适度结构化，为应对不确定性采取的分阶段投资与估值调整策略，更为灵活的收益分配和补偿机制等。但在另一方面，有些作法的实践效果并不理想，比如过度结构化引发的合法合规性问题，投资人参与基金管理对投资效率和责任界定的影响等。这些做法，虽然在一定程度上平衡了当事人之间的利益关系，但从总体上看并不符合创新活动的判断标准，也不是制度创新的正确方向。

造成这一现象的原因很多，主要包括：一是在立法层面，没有解决好制度借鉴、制度体系化问题。现行调整私募股权基金的很多制度系由国外移植而来，中外社会经济背景、法律背景的差异是导致实践中对有些制度的理解、适用存在偏差的重要原因。同时，由于我国风险投资市场的发展历史比较短，调整风险投资的法律制度如何与其他既有法律规则保持协调、如何减少制度漏洞和规则冲突客观上有一个逐步完善的过程。实际上，很多创新或者说创造性安排是由于对制度本身的理解偏差、制度空白或制度冲突造成的。二是在监管层面，没有处理好监管政策的安定性与灵活性的关系。监管政策变动频繁是目前市场监管的重要特征，反映出监管机构对私募股权投资的监管思路、监管重点等还处于不断调整探索的阶段，突出表现为监管体系缺乏安定性、监管措施的针对性和适应性不强，其直接后果是投资机构不得不根据政策变化随时调整其管理活动和业务方向，或者采取变通的做法规避监管。三是在基金运营层面，投资人与管理人之间存在广泛博弈。

基金过度结构化、投资人参与投资决策等现象反映了有限合伙人并不甘于仅仅作一个消极的投资者，也反映出投资人对管理人投资能力的不信任。但无论如何，不管是管理人的妥协还是投资人的积极参与，这些做法必然对基金的灵活性和治理效率产生影响，也损害了基金在风险分配和责任负担方面的制度优势。

针对这些问题，我们试图从理论和实践两个层面进行系统梳理、归纳和解读，希望对读者理解私募股权投资的制度体系和监管思路有所启发，为澄清业务活动中的一些模糊认识、规范业务操作有所帮助。本书分为上中下三篇，共九章、五个专题。

上篇：基础篇讨论私募股权基金，特别是有限合伙制私募股权基金的制度框架和监管框架。其中，第一章梳理私募股权基金的概念体系，介绍中外风险投资市场的发展历史；第二章比较公司制基金、契约制基金、有限合伙制基金的制度差异，重点介绍有限合伙制私募基金的制度结构和制度体系；第三章讨论国有企业参与风险投资的法律障碍、政策效果和实践经验；第四章总结现行监管体系的特点、分类监管的规则要点，以及优化监管效果的思路和面临的挑战。

中篇：实践篇基本按照“募、投、管、退”的顺序介绍私募股权基金的业务模式、业务规范，以及实践中的典型问题。其中，第五章介绍基金的主要募资渠道和资金募集规范，分析风险投资行业资金供给市场的结构性问题；第六章介绍基金的形成和财产流转制度，讨论基金结构化的背景、方式和影响；第七章讨论对外投资中的估值不确定性，以及公开资本市场中的投资规范问题；第八章分析基金的内部治理、投资决策和收益分配制度；第九章投后管理面临的突出问题，以及投资退出的路径和策略安排。

下篇：专题篇解读私募股权基金的重要法律文件，以及在会计处理、税务处理方面面临的突出问题。其中，专题一介绍合伙协议中的重点条款；专题二介绍单边协议产生的背景、类型和法律效果；专题三介绍投资协议中广泛适用的特殊权利条款；专题四讨论基金的会计处理、会计核算问题；专题五介绍基金不同纳税主题的税务处理问题。

受能力和经历所限，本书对相关内容的整理、归纳难免存在错误或纰漏，对有些问题的认识、理解和分析可能存在偏颇，恳请读者批评指正。

本书在写作过程中参考了大量文献和实践案例，已尽所能标明作者、出处和引用方式。如有错误或遗漏，诚致歉意。

本书的写作得到很多朋友的帮助。吴兆祥博士、王飞博士、杨晓波先生、安静女士、常锦女士等从法律政策、投资实践、学术研究等角度提供了很多思路和素材，一并致谢。

感谢启迪科技服务集团王书贵董事长的支持和帮助，他在本书研究视角的选取、内容体系安排等方面的指导使我们受益匪浅。

中国法制出版社黄会丽女士对完善本书的框架结构多次与我们交流，给我们很多好的建议，感谢她的帮助和细致耐心的编辑工作。

CONTENTS 目录

上篇 基础篇

中篇 实践篇

下篇　专题篇

上篇 基础篇

1
CHAPTER

第一章

私募股权投资基金：概念、发展和展望

PRIVATE EQUITY FUND

本章导读

本章主要介绍私募股权投资基金的概念、分类，以及中外私募股权投资基金的发展历史。作为一种新型的投资工具，私募股权投资基金无论在组织形式、内部治理，还是在实际运作、对外关系等方面均涉及大量的专有概念和特定术语。这些概念有些移植于国外，有些带有明显的本土化或阶段性特征。在私募股权领域，概念使用不严谨，甚至混乱是一个比较突出的问题，主要表现在:（1）概念错用，比如误将普通合伙人等同于执行事务合伙人或基金管理人;（2）概念混淆，比如不能准确区分私募股权基金与创业投资基金的内涵和外延;（3）概念不清，比如产业投资基金的本质特征到底是什么，其与私募股权基金的关系如何等。这些问题，不仅容易产生理解和认识上的歧义，对相关法律文件的规范性、当事人之间的权利义务及其履行也可能造成不利影响。希望通过本章的介绍和分析，帮助读者建立较为完整、系统的有关私募股权基金的概念体系和分类依据。

本章关于美国和中国私募股权投资基金发展历史的介绍为读者提供了简要的行业背景资料。可以发现几个非常有意思的现象：一是虽然两国面临不同的经济社会背景，但制度创新在推动私募股权基金发展方面都发挥了决定性作用，这在有限合伙制度得以确立并最终成为私募股权基金的主流组织形式方面表现得尤为突出。二是我国以自律和监管并重的监管思路与美国以行业自律为主的监管思路存在很大差异，但在管理目标、管理制度等方面具有很多相同或相似之处。究其原因，固然有我国学习借鉴国外成熟的管理经验的因素，但在很大程度上也反映了私募股权基金在发展规律和监管思路方面具有很强的共性。三是从历史上看，美国的私募股权基金在优化资源配置、加快企业技术创新等方面的催化和助推作用非常明显。虽然就整体规模而言，我国私募股权基金与美国还存在较大差距，但在上述领域同样发挥了重要作用。可以预期，随着我国私募股权基金行业的快速发展，其潜力和作用将进一步凸显。

第一节 | 概念澄清与基金分类

近年来，中国私募股权投资基金发展迅速，在助推高科技和高成长型中小企业、推动经济结构调整和产业转型方面起到了重要作用。但由于私募股权投资基金起源于美国，在欧美蓬勃发展后才传入中国，因此，我国私募股权投资基金行业使用了大量译自英美国家的相关概念。出于英文翻译、使用习惯以及立法滞后等原因，业务实践和理论研究中经常出现概念混淆的情况，严重影响了人们对私募股权基金的理解、认识和交流。清晰的概念界定是理论构建的基础，本节将在国内外学者的研究基础上，对私募股权投资基金及其相关概念进行剖析和界定，以利准确认识私募股权投资基金的本质和特征。

一、基金

《新华词典》(商务印书馆 2001 年修订版）对“基金”的释义为：为兴办、维持或发展某种事业而储备的资金或专门拨款。即基金是为了特定目的和用途而组织起来的“资金池”。实务中，一般也将经营“资金池”的机构称为基金。因此，“基金”一词，既可以指所聚集起来的资金，也可以指管理资金的机构。

从财务会计角度看，基金是具有特定目的和用途的公共资金或账户，属于一种特定的会计主体。在美国，“基金”概念多为政府会计和公共财政所用，被指按特定法规、限制条款或期限，为从事某种活动或完成某种目的而设立的一个相对独立的财务和会计主体，依靠一套自我平衡的科目来核算不同用途的财务资源。[①]

基金一般可分为营利性基金与非营利性基金两种。非营利性基金是以自然人、法人或其他组织捐赠的资金开展公益事业的非营利性法人，典型的如

① 参见雷涵:《私募股权投资基金及相关概念解析》，载《商业时代》2013 年 31 期。

宋庆龄基金会。这类基金在我国受《基金会管理条例》规制。营利性基金，顾名思义，是以营利为目的，由基金管理人通过公开或非公开的方式募集资金并开展投资活动获取收益的营利性法人或其他组织。目前直接规制营利性基金的最高位阶的法律是《中华人民共和国证券投资基金法》。

二、私募基金

基金根据募集方式的不同，分公募基金和私募基金两种。公募基金是指向不特定的社会公众投资者公开募集的基金；私募基金则是指以非公开方式发行的，面向少数特定的投资者募集资金而设立的基金。私募基金只能向少数特定的合格投资人以非公开宣传的方式进行募集。它不能像公募基金以公开的媒体宣传、研讨会等方式向社会公众募集资金。

私募基金按投资方向的不同来划分，大致可分为私募股权投资基金、私募证券投资基金和其他类型的私募投资基金。私募股权投资基金是本书的研究对象，有关分析详见后文。

私募证券投资基金，是指由投资者非公开募集资金，投资于证券市场，利用证券市场获取收益的基金，其投资对象主要是公开的二级市场的证券和其他金融衍生产品，有较强的投机色彩，流动性较强，通常为短期投资。（私募股权投资基金与私募证券投资基金的区别参见下文的概念辨析）

其他类型的私募投资基金的投资方向主要是房地产、收藏市场、大宗商品等领域，这一类型投资基金的投资种类非常广泛，外延很不确定。因其投资方向与权益类投资差异较大，不在本书研究范围之内。

三、私募股权基金

私募基金与私募股权投资基金属于种属关系，私募股权投资基金是私募基金的下位概念。私募股权投资基金简称私募股权基金（Private Equity Fund，PE）。

美国《联邦银行监管条例》（Federal Banking Regulations）对私募股权基金的定义为：业务方向限于投资于金融或非金融公司的股权、资产或者其他所有者权益，并且将在未来将之出售或以其他方式处置；不直接经营任何商业或工业业务。[①]

欧洲私募股权与风险投资协会（European Private Equity&Venture Capital Association，EVCA）的定义是：投资者投资于未上市公司股权或与股权相关证券的集合投资工具。[②]

中国证券投资基金业协会编著的统编教材《证券投资基金》[③] 给出的定义为：私募股权基金指通过私募形式对非上市企业进行的权益性投资，在交易实施过程中附带考虑了将来的退出机制，即通过上市、并购或管理层回购等方式，出售持股获利。

根据上述各国对私募股权基金的定义可以看出，目前对私募股权基金的认识并不统一，不同国家（地区）的私募股权投资行业协会和相关机构对“私募股权基金”的定义都有差异。但一般而言，私募股权投资基金通常至少具备以下几个特点：一是以非公开方式募集资金；二是采用权益类方式投资；三是基金在投资后通过适当的退出机制，即通过上市、股权转让、回购等方式出售股权，获利退出并开始下一轮投资活动。

就私募股权基金的法律性质而言，学界有委托代理说和信托关系说两种观点。目前我国学术界一般倾向于认为私募股权基金是信托在商事领域予以运用并得以发展的一种财产管理制度，因此，本质上私募股权基金体现的是一种特殊形式的信托法律关系。[④] 从《中华人民共和国证券投资基金法》第五条规定的“基金财产独立于基金管理人、基金托管人的固有财产。基金管理人、基金托管人不得将基金财产归入其固有财产”、第二条规定的“本法未规定的，适用《中华人民共和国信托法》”等条文，可以看出，立法者亦认为基金属于信托法律关系。

---

① 陈菊香、田惠敏：《私募股权投资与企业改制上市操作实务教程》，北京大学出版社 2014 年版，第 10 页。

② 陈菊香、田惠敏：《私募股权投资与企业改制上市操作实务教程》，北京大学出版社 2014 年版，第 10 页。

③ 中国证券投资基金业协会：《证券投资基金》（上册），高等教育出版社 2015 年版，第 10 页。

④ 参见吕海宁：《私募股权基金法律制度研究》，大连海事大学 2013 年博士论文，第 12 页。

四、私募股权基金相关概念辨析

1. 私募股权基金（PE）与创业投资基金（VC）

英美国家并未对创业投资基金和私募股权基金作出严格区分。一般认为，创业投资基金投资于种子期、初创期、成长早期等时期的中小型未上市企业，投资风险相对较大，故也称为“风险投资基金”；私募股权基金则主要投资于发展稳定、较成熟的未上市企业。但事实上，从英美国家的私募基金实务看，两者并非泾渭分明，概念的混用非常普遍，基本上可以将创业投资基金归为私募股权基金的子类。[①]

在我国，情况有所不同。我国的创业投资基金不仅在投资方向上与私募股权基金存在差异，更主要的是在监管层面、政策扶植层面上也存在诸多不同（参见本书第四章）。基金业协会的备案系统要求私募基金必须就该基金属于“股权投资基金”还是“创业投资基金”作出选择，有关税收、发债及国有股转持等政策均存在向创业投资基金倾斜的特点。

需要注意的是，我国的创业投资基金并非当然会获得有关优惠政策，按照有关规定，创业投资基金若要获得税收优惠政策扶持，一般要满足三方面要求：一是该创业投资基金必须按规定办理了登记备案手续；二是被投资企业必须满足“522”要求，即被投资企业必须是注册在中国境内实行查账征收的、经认定取得高新技术企业资格，且年销售额和资产总额均不超过 2 亿元、从业人数不超过 500 人的企业；三是投资时间必须要满 2 年以上。只有这些条件均获满足的创业投资基金才有资格申请有关税收抵扣的优惠政策。（具体政策详见本书第四章及专题篇之专题五）

2. 私募股权基金与证券投资基金

按照基金业协会统编教材《证券投资基金》的定义，证券投资基金是依照利益共享、风险共担的原则，将分散在投资者手中的资金集中起来委托专

① 参见［美］哈利·曾德罗夫斯基：《私募股权投资：历史、治理与运作》，中国金融出版社 2014 年版，第 3 页。

业投资机构进行证券投资管理的投资工具，其所投资的有价证券主要是在证券交易所或银行间市场上公开交易的证券，包括股票、债券、货币、金融衍生工具等。

《中华人民共和国证券投资基金法》对证券投资基金的设立、运行及监管作出了规定。证券投资基金按募集方式分为私募和公募。私募证券投资基金的法律渊源主要是《中华人民共和国证券投资基金法》第十章“非公开募集基金”以及证监会于2014年8月发布的《私募投资基金监督管理暂行办法》。

不论是公募的证券投资基金还是私募的证券投资基金，其投向都是资本市场上公开交易的证券[①]，以二级证券市场为主；而私募股权投资基金则主要投向于非上市企业的股权，这是两者的根本区别。

另外，业界在谈论证券投资基金业务时，经常提到共同基金（Mutual Fund）[②] 和对冲基金（Hedge Fund）[③] 等名词。事实上，共同基金和对冲基金并非中国法上的概念，中国基金实务中不存在此种基金（如果硬要对应中国法上的基金概念，共同基金大约接近公募证券投资基金，对冲基金大约接近私募证券投资基金，但仅在部分特征上存在相似之处，其内涵外延并不相同），具体内涵只能依据外国法来确定。因此，对于共同基金、对冲基金，如果仅从学理上对比分析研究则并无不可，但直接以此类概念指称我国现实中的基金业务则属张冠李戴，容易造成思想认识上的混乱。

3. 私募股权基金与产业投资基金

国外并没有所谓的“产业投资基金”概念。目前可查到的我国最早使用产业投资基金一词的规定是1995年中国人民银行发布的《设立境外中国产业投资基金管理办法》（此办法已失效），该办法指出：所称境外中国产业投

① 证券的范围按照《中华人民共和国证券法》的规定，包括“股票、公司债券、政府债券、证券投资基金份额和国务院依法认定的其他证券”。

② Mutual Fund：An investment company that invests its shareholders' money in a usu. diversified selection of securities. See Black's Law Dictionary，P1178.

③ Hedge Fund：A specialized investment group usu. organized as a limited partnership or offshore investment company that offers the possibility of high returns through risky techniques such as selling short or buying derivatives. See Black's Law Dictionary，P838.

资基金，是指中国境内非银行金融机构、非金融机构以及中资控股的境外机构（以下统称中资机构）作为发起人，单独或者与境外机构共同发起设立，在中国境外注册、募集资金，主要投资于中国境内产业项目的投资基金。这种产业投资基金除了创业投资以外，还包括企业的并购重组、基础设施投资以及房地产投资等各种直接股权投资。[①] 此后产业投资基金一直作为我国特有的投资基金概念见诸于政府文件，原国家计委曾牵头起草《产业投资基金管理暂行办法》，并于 1999 年提交国务院；发改委也牵头起草了《产业投资基金试点管理办法》（征求意见稿，2005 年 10 月 31 日）。2008 年 7 月 28 日，产业投资基金试点工作指导小组召开第五次工作会议，研究起草《产业投资基金管理办法》事宜。但迄今为止，有关专门针对产业投资基金的管理规定并未出台。

由于产业投资基金缺乏明确的法律渊源，因此其概念始终模糊不清。有人认为产业投资基金就是私募股权基金，也有人认为中国的产业投资基金与投资对象是否为上市公司无关，甚至不限于权益类投资，“产业投资基金是主要投资于产业发展的基金，其中既包括投资于传统产业、新兴产业及基础产业的基金，也包括投资于成长型中小企业的风险基金”。[②] 还有人认为，产业投资基金是指由中国政府主导设立的私募股权投资基金，有限合伙人主要是政府机构，其又可细分为几个小类：第一类是国家主权财富基金，由中央政府设立，如中投公司等；第二类是准主权产业投资基金，比如中比基金、中瑞基金等，这需要以两国政府的合作为基础；第三类是中央各政府部门设立的产业投资基金，比如国家发改委成立抗震救灾产业投资基金、科技部的产业投资基金“火炬计划”等；第四类是地方政府的引导基金，现在各地方政府为了大力发展本地区的产业或者为加强基础设施建设都分别设立了这种基金。[③]

从投资实践看，我国的产业投资基金的资金部分或全部来源于政府，其

① 易姣娇：《中国私募股权投资基金的概念界定及分类》，载《经济研究导刊》2016 年第 25 期。

② 王国刚等：《发展产业投资基金中的若干选择》，载《农村金融研究》2000 年第 11 期。

③ 雷滔：《私募股权投资基金及相关概念解析》，载《商业时代》2013 年 31 期。

投资行为基本体现的是政府的政策意图，可谓是政府实现其产业政策的工具。这一点是其区别于普通私募股权投资基金的根本所在。有学者认为，产业投资基金始终被直接或间接地铭刻上了沉重的政府烙印，若以产业投资基金代替私募股权基金，将不仅仅是称谓变更的问题，而是私募基金的发展思路和发展模式的问题，是私募基金行业按市场导向发展还是政府主导发展的问题。[①]

值得注意的是，发改委于2016年12月发布了《政府出资产业投资基金管理暂行办法》，该办法仍然坚持了“产业投资基金”的称谓，并指出“本办法所称政府出资产业投资基金，是指有政府出资，主要投资于非公开交易企业股权的股权投资基金和创业投资基金”。可见，国家发展改革委倾向于将有政府出资背景的私募股权基金称为产业投资基金，并据此确立其管辖范围。反观证监会有关私募基金的规定中并无产业投资基金的概念出现。由此可知，产业投资基金应当包含于私募股权投资基金之中，是政府部门为便于管理私募基金而使用的一个概念，其特征是基金所募集的资金中具有政府出资，而政府出资资金来源包括财政预算内投资、中央和地方各类专项建设基金及其他财政性资金。

4. 私募股权基金与政府引导基金

政府引导基金是由政府设立并按市场化方式运作的政策性基金，主要通过扶持创业投资基金发展，引导社会资金进入创业投资领域。引导基金的宗旨是发挥财政资金的杠杆放大效应，增加创业投资资本的供给，克服单纯通过市场配置创业投资资本的市场失灵问题。特别是通过鼓励创业投资基金投资处于种子期、起步期等创业早期的企业，弥补一般创业投资基金主要投资于成长期、成熟期和重建企业的不足。

2008年由国家发改委、财政部和商务部联合发布的《关于创业投资引导基金规范设立与运作的指导意见》中指出：“创业投资引导基金是指由政府设立并按市场化方式运作的政策性基金，主要通过扶持创业投资企业发

① 赵忠义:《私募股权投资基金监管研究》，中国金融出版社2011年版，第30页。

展，引导社会资金进入创业投资领域。引导基金本身不直接从事创业投资业务”。

政府引导基金的运作方式有三种：一是参股。引导基金主要通过参股方式，吸引社会资本共同发起设立创业投资基金。二是融资担保。根据信贷征信机构提供的信用报告，对历史信用记录良好的创业投资基金，采取提供融资担保方式，支持其通过债权融资增强投资能力。三是跟进投资或其他方式。产业导向或区域导向较强的引导基金，可通过跟进投资或其他方式，支持创业投资基金发展并引导其投资方向。另外，引导基金不担任所扶持公司型创业投资基金的受托管理机构或有限合伙型创业投资基金的普通合伙人，不参与投资设立创业投资管理企业。因此，政府引导基金是创业投资基金的资金来源之一，可将其归为 FOFs 基金。

五、私募股权基金分类

1. 按照基金管理要求划分。目前我国对私募股权基金中的创业投资基金有特殊的监管规定，如《私募投资基金监督管理暂行办法》专设一章“关于创业投资基金的特别规定”，另外，创业投资基金在备案、税收优惠政策、国有股转持等多方面与一般私募股权基金存在不同待遇（详见本书第四章）。因此，从基金管理角度划分，可以将私募股权基金分为 VC 基金和除 VC 基金之外的私募股权基金（由于这一划分，导致“私募股权基金”有广义和狭义两种含义。一般情况下，本书所称“私募股权基金”系指包含创业投资基金在内的全部股权投资基金，即广义的“私募股权基金”；仅在需要与创业投资基金对比时，才指狭义的“私募股权基金”。为表述方便，本书将狭义的“私募股权基金”简称为“PE 基金”，作为“VC 基金”的对称）。

2. 按资金来源划分。按这种方法可以将私募股权基金分为人民币基金与外币基金。人民币基金是指在中国注册的基金管理机构以人民币筹集资金的基金。而外币基金是指在境外注册的外资基金管理机构以来源于境外货币（主要以美元或欧元为主）募集资金的基金。20 世纪末至 2006 年前，外币基金是中国私募基金行业主角，2006 年后，新增基金及募资额发展势头迅猛，人民币基金开始超过美元基金占据国内市场主流地位。[①]

3. 按照被投资企业发展阶段划分。企业的发展周期一般可分为种子期、初创期、早期、发展期、成熟期。按照被投资企业的不同发展阶段，私募股权基金可以划分为创业投资基金、成长型基金、并购型基金、夹层基金、重振基金、上市前投资基金及上市之后的私募投资等。[②] 事实上，这种分类方法更多的是其学理上的意义，有助于人们多角度地认识基金的形态，而实务上，除了创业投资基金因有政策上的特殊规定确属单独一类基金外，很少有基金按照这种分类方式专注于投资某一个发展阶段的企业。

（1）创业投资基金（Venture Capital）。是指向新兴的、发展迅速的、具有发展潜力的初创企业提供资金支持并取得股权的一种投资基金，其主要投资处于种子期、初创期、成长早期等各个时期的中小型、未上市的高科技、新兴企业，由于这类高科技企业具有较强的不确定性，因此这一类型的投资基金的特点是高风险与高收益并存。创业投资基金有助于产业升级和结构调整，国家政策给予支持的力度要大于其他类型的基金。

（2）成长型基金（Development Capital）。这类基金专注于投资处于发展期的企业。发展期的企业产品已经占据了市场的一定份额，营销模式和管理模式也初步确立，扩张速度加快的同时资金需求更加迫切，但资信不足，一般无法获得足够的银行贷款，成长型基金正是在企业的这种经营形势下进入从而获得股权或者投资收益的基金。

（3）并购型基金（Buyout/Buyin Fund）。是一种专注于对有着稳定现金流的成熟企业进行并购的投资基金。基金通过收购目标企业的存量股权获得对目标企业的控制权，然后对目标企业进行重组改造，改善经营，使其增值后再全部或部分出售，获利了结。并购基金与其他类型投资基金的不同之处在于，并购基金主要投资于相对成熟企业，而且意在获得目标企业的控制权。

（4）夹层基金（Mezzanine Fund）。夹层基金是收益和风险介于企业债务

---

① 参见金中夏、张宣传：《中国私募股权基金的特征与发展趋势》，载《中国金融》2012年第13期。

② 参见吕海宁：《私募股权基金法律制度研究》，大连海事大学2013年博士论文，第13页。

资本和股权资本之间的资本形态，本质是长期无担保的债权类风险资本，当企业进行破产清算时，优先债务（一般指有担保的金融机构贷款）提供者首先获得清偿，其次是夹层基金提供者，最后是公司的股东。因此，夹层资本的风险介于优先债务和股本之间。夹层债务与优先债务一样，要求融资方按期还本付息。①

夹层基金是传统创业投资的演进和扩展，融资企业在使用了股权和优先级债务融资后仍有很大资金缺口时，夹层基金此时可以提供利率比优先债务高，但同时承担较高风险的资金。其投资工具主要是：次级债券、可转换债券、可转换优先股、认股权等金融工具或其组合。对于融资方而言，夹层基金相比优先债务的优势是无须提供担保，相比股权融资的优势是不会稀释企业的股本。夹层基金主要应用于 MBO 杠杆收购融资、企业并购融资、企业扩张融资、债务重组、资本结构调整等。

有学者对比国际国内夹层基金使用情况后认为，在我国国内，典型意义上的夹层基金尚不多见，原因主要是：国内金融资本市场尚不成熟，典型夹层基金赖以存在的 MBO 等特殊的融资结构尚未大量存在；国内法制环境对夹层基金典型业务模式、操作路径的态度尚不够明确。②

（5）重振基金（Turnaround Fund）。此类基金一般投资于面临财务困难、亟需一定资金资助其摆脱困境的公司。投资后，重振基金通过改善经营管理，提高经营效率，改组等手段帮助公司走出困境。当然，只有那些市场发展前景看好、有生产能力、有发展潜力而又面临财务困境的企业才能吸引重振基金的参与。

（6）上市前投资基金（Pre-IPO Fund）。此类基金主要投资于企业上市前阶段。其退出方式一般为企业上市后在公开资本市场上出售股票退出。此类基金一般具有投资风险较小、回收周期相对较短、投资回报较高的优点，是私募股权投资市场上的重要组成部分。

① 孙景安：《夹层融资——企业融资方式创新》，载《证券市场导报》2005 年第 11 期。

② 刘乃进：《私募股权基金筹备、运营与管理》，法律出版社 2015 年版，第 24 页。

(7) 投资于上市公司的私募基金（Private Investment in Public Equity Fund，PIPE Fund）。PIPE 业务在美国指将公开交易的普通股和某些形式的优先股、可转债以私人交易方式出售给投资者。从投资者角度看，最常见的 PIPE 投资者可以折价方式获得上市公司股票，在收益预期一致的情况下，增加了获利空间。PIPE 交易的条款大多可协商决定，为投资者获得预期收益增加了筹码。从投资周期看，PIPE 处于 PE 投资周期的后端，相应的风险较低、收益相对稳健。

当前国内主流的 PIPE 交易类型包括竞价定增、定价定增、协议转让。国内 PIPE 交易中最常用的证券类型是普通股，未来在政策放开的情况下，优先股也有望逐步纳入 PIPE 交易范围。[①]

4. 按组织形式划分。我国私募股权基金的组织形式主要有三种：公司制、有限合伙制、契约制，三者的详细比较见本书第二章第一节。

(1) 公司制私募股权基金，是由投资者出资设立的、以自身资产为主要经营对象、专门从事私募股权投资、以有限责任公司或股份有限公司的形式来组织运作的私募股权基金。公司制基金经营范围主要是股权投资，投资者认购公司股份成为股东，由股东大会选出董事会和监事会，董事会委托基金管理机构或由董事会亲自负责管理对外投资事宜。

(2) 契约制私募股权基金，是指基于信托法及合同法等相关法律设立的由投资人与基金管理人之间通过订立私募投资基金合同，规定各方的责权利并规范和约束当事人行为的私募股权基金。

(3) 有限合伙制私募股权基金，是依照有限合伙企业的模式，由合格的投资者出资并作为有限合伙人，而基金管理人通常作为普通合伙人，投资者以其出资为限承担有限责任，基金管理人承担无限责任，全体合伙人以出资份额为基础并根据有限合伙协议的约定享有收益分配权利的私募股权基金。

---

① 牛牛价值:《深度研究：全方位解读 PIPE 基金》，http://www.55188.com/thread-5950666-1-1.html，访问日期：2017 年 6 月 4 日。

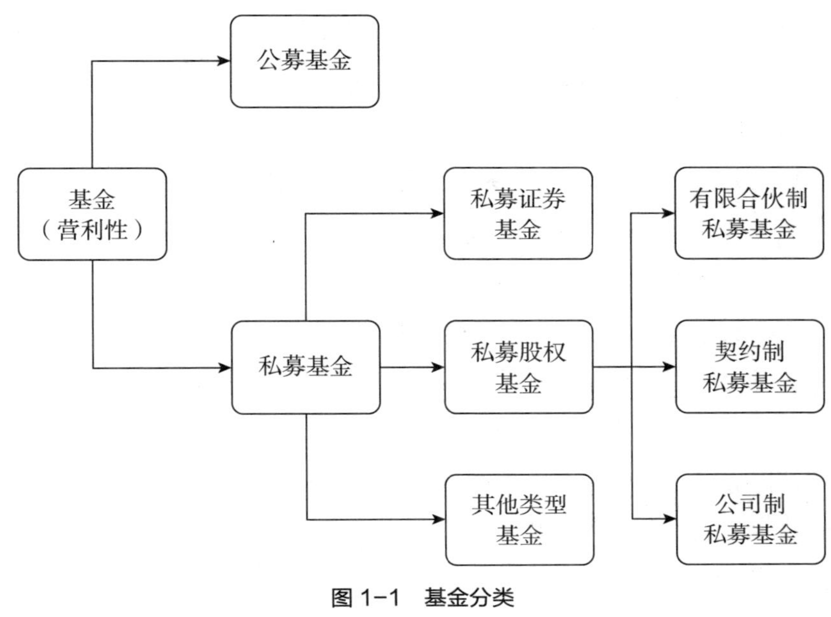

图 1-1　基金分类

六、有限合伙制私募股权基金的特有概念

相比于公司制及契约制私募股权基金，有限合伙制私募股权基金目前在我国及国际上都是主流的基金组织形式，也是本书的重点研究对象。所谓有限合伙制私募股权基金是指，按照《中华人民共和国合伙企业法》关于有限合伙的规定组建的私募股权基金。有限合伙由普通合伙人和有限合伙人组成，普通合伙人对有限合伙企业债务承担无限连带责任，有限合伙人以其认缴的出资额为限对有限合伙企业债务承担责任。

2006年修订并于2007年6月1日起施行的《中华人民共和国合伙企业法》增加了有限合伙企业制度。全国人大财政经济委员会副主任委员严义埙在其《关于〈中华人民共和国合伙企业法（修订草案）〉的说明》中明确指出，建立有限合伙制度是为了满足风险投资发展的迫切需要，是吸引社会投资、鼓励自主创新，促进高新技术企业发展的有效方式。有限合伙在至少有一名合伙人承担无限责任的基础上，允许其他合伙人承担有限责任，从而将具有投资管理经验或技术研发能力的机构或个人，与具有资金实力的投资机构有效结合起来，既激励管理者全力创业，降低决策管理成本，提高投资收益，又使资金投入机构在承担与公司制企业同样责任的前提下，有可能获得更高的收益。符合国家鼓励自主创新、建设创新型社会的要求。

有限合伙人承担的有限责任与公司法上股东承担的有限责任存在一定差异。公司法上的股东有限责任有其特定内涵：一是股东仅对公司承担责任，二是股东仅在出资范围内承担责任，三是股东不对债权人直接负责。有限合伙人的有限责任与其相比，只是“仅以出资为限承担责任”是相同的，其余则不同，它突破了合伙企业的范围，直接对合伙企业的债权人承担责任。就这一意义而言，有限合伙人对合伙企业债务是承担个人责任的，只不过是限于出资范围而已。[①]有限合伙制私募股权基金涉及“合伙协议”、“有限合伙人”及“普通合伙人”等多项基本概念，本书其他章节有详细论述，本节仅就业务实践中容易混淆的几个概念作出比较分析。

1. 普通合伙人、执行事务合伙人与基金管理人

基金业务实践中，业务人员经常对普通合伙人、执行事务合伙人及基金管理人这三者的关系分辨不清，不知其联系与区别。

普通合伙人与执行事务合伙人是合伙企业法上的概念，基金管理人则是基金法上的概念，三者的内涵不同。普通合伙人是指在有限合伙企业中，对合伙企业债务承担无限连带责任的合伙人；执行事务合伙人是指在有限合伙企业中，受其他合伙人委托对外代表合伙企业、执行合伙事务的一个或数个普通合伙人。基金管理人是基金产品的管理者和（或）募集者，由依法设立并按照规定办理了有关登记备案手续的公司或者合伙企业担任。其主要职责就是按照基金合同的约定，负责基金资产的投资运作，在有效控制风险的基础上为基金投资者争取最大的投资收益。

在一个有限合伙制私募股权基金中，一定会有至少一个或一个以上的普通合伙人，而在这些普通合伙人中，按照《中华人民共和国合伙企业法》第二十六条的规定，必须有一个或数个普通合伙人接受其他合伙人委托，执行

① 王保树：《认识合伙企业法解读合伙人责任》，载《人民法院报》2006年9月13日第5版。

合伙事务，这种普通合伙人被称为执行事务合伙人。因此，可以说，执行事务合伙人一定是普通合伙人，但普通合伙人不一定是执行事务合伙人。

一般情况下，有限合伙制私募股权基金中的执行事务合伙人就是基金管理人，因为执行事务合伙人负责基金（合伙企业）的事务执行工作。但基金管理人也可以是合伙人以外的受托管理基金的专业基金管理机构，即执行事务合伙人可以通过与专业基金管理机构签订委托管理协议而将基金的管理工作托付给并非是合伙人的专业基金管理机构，此时，专业基金管理机构是该只基金的基金管理人，但不是合伙人，更不是普通合伙人或执行事务合伙人。因此，可以说，在大多数情况下，执行事务合伙人就是基金管理人，但在委托管理这种例外情况下，执行事务合伙人就不是基金管理人。

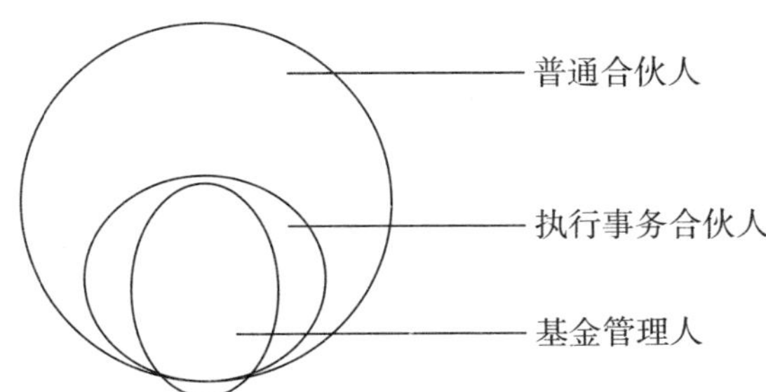

图 1-2　普通合伙人、执行事务合伙人与基金管理人三者关系

2. 执行事务合伙人与委派代表

委派代表是合伙企业的特有名词。在 1997 年的《合伙企业法》中，由于合伙人只能是自然人，因而执行事务合伙人也只能是自然人，由该自然人执行合伙事务，能够为相应的意思表示，有关法律行为的实行不存在障碍，不存在委派代表的概念。

2007 年施行的《中华人民共和国合伙企业法》将合伙人的范围从自然人扩大到“法人和其他组织”，由于法人或其他组织为社会组织体，其自身不能自为行为，必须经由自然人代其为之，[①] 因此，在执行事务合伙人是法人或

① 梁慧星:《民法总论》，法律出版社 2004 年版，第 137 页。

其他组织的场合，还应当指定具体代为法律行为的自然人。《中华人民共和国合伙企业法》第二十六条第二款规定，作为合伙人的法人、其他组织执行合伙事务的，由其委派的代表执行。即执行事务合伙人是法人或其他组织的，必须委派自然人代表来具体执行合伙事务。该委派的自然人代表在工商机关登记为委派代表。

由于我国目前禁止自然人担任基金管理人，基金管理人只能是公司或者合伙企业，因而，在基金的执行事务合伙人与基金管理人合一的情况下，必然存在委派代表的情况，在工商机关登记信息中需要填写委派代表。当然，如果执行事务合伙人与基金管理人不一致，即执行事务合伙人委托有资质的专业管理机构作为基金管理人，则执行事务合伙人也可以是自然人，此时就不存在委派代表这种情况了。

第二节 | 美国私募股权基金的发展历程和监管特色

在全球私募股权基金的发展演进过程中，由于世界各国的历史、文化、社会、政治等各方面情况都不尽相同，私募股权基金在各国也经历了不同的发展过程，其法律演变历程也是大相径庭。总体而言，私募股权基金最发达的国家当属美国。美国的私募股权基金发展历史最为久远，拥有全球最大的私募股权基金市场，其法律制度也较我国更加完备。因此，为借鉴国外的成熟立法模式和好的行业做法，有必要对美国的私募股权基金的发展历程及其组织形式的变迁加以研究。

一、私募股权基金在美国的发展

美国私募股权基金从萌芽到勃兴、以致兴盛的历史长达百年，根据其不同时期的发展状况，可将美国私募股权基金的发展大致分为三个阶段：萌芽期、初步发展期和快速发展期。

1. 萌芽期（19 世纪至 20 世纪 40 年代）

美国的风险投资可以追溯至十九世纪的铁路和纺织厂的私人融资，富裕的个人投资者开始为很多的产业提供融资以确保其资产增值。著名的交易如：皮埃尔 · 杜邦于 1919 年对通用汽车公司的投资；劳伦斯 · 洛克菲勒对麦道公司的投资等。

第一次世界大战促使美国政府对中小企业提供资金支持，为后来制订扶持小企业的法律积累了经验。美国国会创建的战时金融公司（the War Finance Corporation，WFC）主要通过贷款的方式为重要军工企业提供信贷资金，为政府投资私人企业奠定了基础。随后政府成立的重建金融公司（Reconstruction Finance Corporation，RFC）及小型兵工公司（Smaller War Plants Corporation，SWPC）通过向小企业提供信贷，有力地支持了大量在萧条期和战时濒临倒闭的企业。美国政府于 1953 年根据《1953 年小企业法》正式创建了小企业管理局（Small Business Administration，SBA），其目的是“尽可能地援助、咨询、协助和保护小企业利益”。第二年小企业管理局开始运行，为企业家提供教育方案和财政援助，支持小企业获得政府合同。[①]

2. 初步发展期（20 世纪 40 年代至 70 年代末）

现代意义上的私募股权基金起源于 20 世纪 40 年代的美国，当时美国出现大量中小企业，但这些企业项目难以得到资金支持。在这种情况下，被称为“风险投资之父”的乔治·多里特（George Doriot）准将创办了“美国研究与发展公司”（American Research and Development Corporation，ARD），ARD 公司设定了三项任务：（1）通过组建创业投资公司，广泛吸收个人和各类机构投资者的资金来对新兴中小企业融资；（2）培养出一批专门从事新企业投资的管理人才，即创业投资家；（3）创造一种为企业提供管理技术和经验的制度。

由于私人产权投资市场存在严重的信息不对称和道德风险问题，投资主体缺乏对投资对象的全面了解，同时很难找到合适的激励机制来促使投资对象改善经营，因此 ARD 在资金募集和运作上并不顺利。但 ARD 公司作为美国创业投资基金的开创者，被认为是美国创业投资基金发展的第一个里程碑，为后继者提供了宝贵的经验。

1958 年，美国政府通过了《小企业投资法》（Small Business Investment Act），该法案旨在规范和鼓励建立小企业投资公司（SBIC）来为小型企业提供资金支持，主要是 SBIC 能够享受低息贷款和税收优惠。SBIC 是现代风险投资行业诞生的一个重要力量，有力推动了美国私募股权资本市场的发展。20 世纪 60 年代美国股市的景气行情为风险投资企业通过 IPO 退出从而获得高额回报提供了绝佳路径，大量私募股权基金在此期间成立，资金也开始涌入私募股权基金市场，仅 1969 年一年基金筹资就达 2 亿美元。[②]

---

① 参见［美］哈利·曾德罗夫斯基：《私募股权投资：历史、治理与运作》，中国金融出版社 2014 年版，第 30 页。

② 李伟：《创业投资基金组织形式法律制度研究》，2001 年中国政法大学博士论文，第 85 页。

随后的近十年间，也就是20世纪70年代，股市日趋低迷，私募基金行业遭受了重大打击，投资者原本期望通过IPO方式退出的想法几乎无法实现，加之1974年美国国会通过的旨在收紧养老金供给的《雇员退休收入保障法案》（ERISA），导致养老金管理人停止投资“高风险”项目，致使私募股权基金行业雪上加霜，这一时期，私募基金行业经营惨淡，效益不佳。

3. 快速发展期（20世纪70年代末至今）

1973年美国风险投资协会（National Venture Capital Association，NVCA）正式成立，标志着美国私募风险投资在其国民经济中正式成为一个新兴的行业。在随后发生的四件事的共同作用下，美国风险投资行业驶入了发展快车道。一是国会对ERISA谨慎人规则（Prudent Man Rule）进行了澄清，明确允许养老金管理人投资风险投资基金行业，基金管理人筹措资金的渠道逐步打开；二是此后不久，国会通过《斯蒂格修正案》（Stieger Amendment），将最高资本利得税率从49.5%削减至28%，《1981年税收法》（the Tax Act of 1981）进一步下调最高资本利得税率至20%。此举很大程度上使得投资人能够获得更大的净收益；三是1976年美国统一州法委员会对《统一有限合伙法》作出修订，设计了“安全港”规则，使得合伙组织在法律设计上更为周密、精细、协调，有利于平衡合伙各方当事人的责任与权利、风险与收益间的关系，使得有限合伙制更能适应创业投资发展的特点与内在规律；四是自1981年起，美国IPO市场也经历了复兴的过程，苹果电脑、联邦快递等一批明星公司都在80年代早期上市了。

20世纪80年代起，越来越多的机构投资者和高净值人士开始将其部分投资组合配置到了风险投资领域。统计数据表明，总体上，在过去的30年中，美国私募股权基金行业发展呈现出周期性特点，与经济周期明显正相关，经济繁荣，资金涌向风投行业，经济衰退，资金停止投入甚至加速退出风投行业。[①]

---

① 参见［美］哈利·曾德罗夫斯基：《私募股权投资：历史、治理与运作》，中国金融出版社2014年版，第35页。

20世纪90年代初期的经济衰退、1997年东南亚金融危机爆发、2000年美国网络科技股泡沫破裂、2008年金融危机爆发，都对部分私募基金的营运造成了致命伤害，如美国长期资本管理公司（LTCM）、老虎基金等先后宣布破产，私募基金随着经济衰退陷入低谷。在随后的经济复苏及繁荣期，私募基金行业的资金筹措水平则普遍较高。

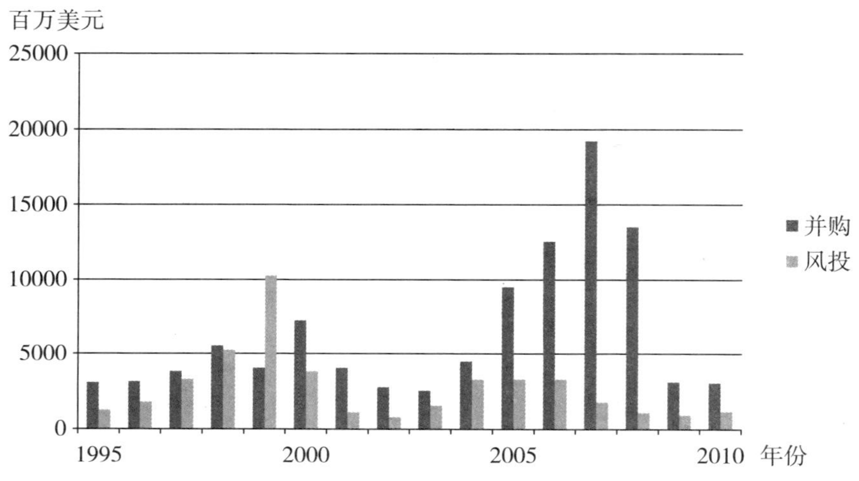

图1-3　美国1995—2010年期间并购基金和风投基金的历史年募资水平[①]

二、美国私募股权基金的监管政策

美国没有专门针对私募基金的规范。私募基金的立法主要散见于与投资基金相关的法律法规中，主要有1933年《证券法》、《1934年证券交易法》、《1940年投资公司法》、1982年的《D条例》、1990年的《144A规则》等。美国政府对私募基金的监管职能由证券交易委员会（Securities and Exchange Commission，SEC）承担。对私募基金的监管主要体现在基金的募集、投资者资格及人数、注册登记豁免及反欺诈和内部交易等方面，总体上，2008年金融危机爆发前，美国政府对私募股权基金的监管比较宽松。

① 引自［美］哈利·曾德罗夫斯基：《私募股权投资：历史、治理与运作》，中国金融出版社2014年版，第35页。

美国私募基金行业的自律监管相对发达。1973年美国风险投资协会（NVCA）成立，该协会向其会员提供资本市场有关数据并为优化投资者的投资环境争取政策支持。在长期实践中，美国的私募基金自律机构在以下四个方面发挥了积极作用：(1）建立了基金行业所需的职业标准和道德准则；(2）代表行业参与者与监管部门沟通；(3）给行业参与者提供内部交流平台；(4）维护私募基金行业的合法权益。①

2008年金融危机以来，美国等西方发达国家相继提出了金融监管改革方案，表现出加强监管的趋势。2010年通过的《多德—弗兰克华尔街改革与消费者保护法案》（Dodd-Frank Act）显著增加了对PE公司的监管，尤其是对那些管理一个或多个资产超过1.5亿美元的私募基金的PE公司。② 该法案主要是删除了部分豁免注册规则，从而使得大多数投资顾问及基金管理人必须进行注册，并遵循信息保存和披露的要求。

总之，美国私募股权投资基金业在起伏不定的周期性发展过程中，逐步形成了一套相对规范、科学的运作和监管机制，为其成为全球私募投资业最为发达的国家奠定了制度基础。

三、有限合伙制私募股权基金在美国的发展

1. 有限合伙制度的确立

有限合伙起源于欧洲中世纪的康孟达契约（Commenda），在这种经营方式中，“一方合伙人被称为stans，他提供资金但是待在家里，另一方合伙人被称为tractor，他从事航行。作为完成艰难而危险的航行的报酬，从事航行的合伙人通常获得四分之一的利润，而冒资金风险的合伙人获得四分之三的利润。洛佩斯评论到：‘这种经营方式好像是不公平的，但是在12和13世纪，

① 参见赵忠义：《私募股权投资基金监管研究》，中国金融出版社2011年版，第113~136页。

② 参见［美］哈利·曾德罗夫斯基：《私募股权投资：历史、治理与运作》，孙春民等译，中国金融出版社2014年版，P219.根据多德－弗兰克法案，风险投资基金（VC），管理资产低于1.5亿美元的私募股权基金，以及在美国没有营业场所的外国基金可以豁免注册。

生命是廉价的，资金却非常短缺'”。[①] 康孟达契约由海上贸易逐渐发展到陆上贸易，经过长期演变后在法、德等大陆法系国家形成两合公司制度，并经由法国探险家和殖民者带入美国。

1822 年，纽约州制定了全美第一部有限合伙法，随后迅速扩展到其他东部沿海各州。当时的有限合伙立法目的是为了保护投资人不因为仅仅参与分配利润而对第三人承担责任，从而确保有较大资金需求的商业活动得以开展。出于对保护债权人利益的考虑，有限合伙的立法比较严格。

1916 年，为使有限合伙这种组织形式在社会中规范应用，美国统一州法委员会发布了《统一有限合伙法（1916)》(Uniform Limited Partnership Act) 作为示范，各州相继采纳该示范法作为本州规制有限合伙商业活动的法律。为了适应高风险投资的需要，美国统一州法委员会于 1976 年、1985 年及 2001 年三次修订《统一有限合伙法》，显著降低了有限合伙人参与基金管理时的责任风险，从而在更大程度上激发投资人的投资热情。需要注意的是，目前多数州仍采用 1985 年的《统一有限合伙法》，仅有约五分之一的州采用 2001 年《统一有限合伙法》。[②]

2. 有限合伙制基金取得主流地位的历史背景

美国创业投资基金并非一开始就选择了有限合伙的组织形式，而是经历了 ARD、SBIC 等多种形式的探索和演变，最终在 21 世纪 80 年代有限合伙成为美国创业投资基金的主要组织形式。如前所述，美国第一家现代意义上的私募股权投资机构“美国研究与开发公司”（ARD 公司）成立于 1946 年，其采用的组织形式为股份有限公司。1958 年美国颁布了《小企业投资法》，其中规定对符合相关条件的小企业投资公司（SBIC）由美国小企业管理局给予优惠扶持政策，小企业投资公司成为六十年代私募投资机构主角。但是，《小企业投资法》的限制条款很多，既束缚了投资经理运作

① 哈罗德·J·伯尔曼:《法律与革命—西方法律传统的形成》，贺卫方等译，中国大百科全书出版社 1993 年版，第 429 页。

② 参见粘怡佳:《美国有限合伙法上“安全港规则”—以有限责任界定为中心》，载《科技与法律》2015 年第 2 期。

资金的自由，也不能对投资经理形成有效的激励和约束机制。到1978年，SBIC占美国创业投资的总量由最初占70%左右下降至20%左右，到90年代，则降至不足5%。[①]

随着有限合伙法律制度的多次修订，以有限合伙形式组成的投资机构逐渐取得主流地位，这主要得益于有限合伙独特的法律制度安排和税收优惠政策。(1)责任形式安排。在有限合伙制私募基金中，投资人作为有限合伙人仅以其出资为限承担合伙企业的债务，对个人的其他财产构筑了防火墙，这符合投资人规避风险的心理及要求；风险投资家作为普通合伙人对合伙企业的债务承担无限责任，以显示其对投资的信心及声誉，同时这也是投资人的要求，即投资家必须将自己置于风险的最前沿，这样投资人才会更放心地将自己的资金交给风险投资家去经营和管理，从事创业投资。(2)管理权限安排。作为普通合伙人的风险投资家享有合伙企业的经营控制权，管理结构简单，不存在像封闭式和开放式公司中的股东会、董事会和监事会等组织结构，使得风险投资家可以独立以自身的判断力进行管理，这符合拥有专业投资技能的投资专家的要求，可以充分施展其才能，保证投资的科学性和有效性。[②](3)激励机制安排。有限合伙制基金在收益分配上，一般设计为基金管理人通过1%的出资和基金管理服务就可以享有基金超额收益20%的模式，这一放大的杠杆收益促使合伙人之间的利益紧密相连，一荣俱容、一毁皆毁，形成有效的激励约束机制，为投资人和风险投资家所追捧。(4)退出机制安排。根据美国有限合伙法律的规定，撤资和转让合伙权益是合伙人的权利，除非合伙协议另有约定，他可以自由转让其全部或者部分合伙权益，并可以随时或者在合伙协议中以书面确定的事件发生时撤资。这就满足了投资人对资本流动的要求。同时，美国发达的资本市场为投资人的顺利退出提供了丰富的可供选择的渠道。(5)税收优惠政策。按照美国税法的规定，有限合伙在符合法律规定的条件时，

① 李伟:《创业投资基金组织形式法律制度研究》，2001年中国政法大学博士论文，第85页。

② 李伟:《创业投资基金组织形式法律制度研究》，2001年中国政法大学博士论文，第86页。

有限合伙对其收益无须缴纳所得税，仅当其分配时由合伙人缴纳一次个人所得税，即实行税收穿透（Pass-through Taxation）原则。另外，为促进创业资本的发展，1978 年美国将资本利得税的最高税率从 49.5% 降到 28%，1981 年更降至 20%，对于投资人提高投资收益提供了制度保障。

第三节 ❙ 我国私募股权基金发展的背景、特点、展望

一、我国私募股权基金的发展历程及主要特点

1. 我国私募基金的发展历程

我国对私募股权基金的探索始自科技体制改革。1985 年中共中央、国务院颁布的《关于科学技术体制改革的决定》中提出“对于变化迅速、风险较大的高技术开发工作，可以设立创业投资给以支持”。随后由原国家科委和财政部等部门筹建了我国第一个风险投资机构——中国新技术创业投资公司，标志着我国私募股权基金业大幕正式开启。

此后一段时间，沈阳、上海、广东、山西、浙江、北京相继成立了各类政府机构主导的科技风险开发事业中心或科技创业投资公司，各级政府成为风险投资的主要推动力量。至九十年代初期，外资风投基金开始进入中国，IDG 于 1992 年在波士顿组建太平洋中国基金，开展对华风险投资业务，之后几年间，中经合集团、华登国际、怡和创投和汉鼎亚太等台资或国际知名风险投资基金也相继进军中国。此时的外资基金犹如在“黑暗的隧道中摸索前进”，投资规模很小。而由于缺乏制度保障以及金融市场的不成熟，投资机构很难找到好项目，投资后的退出比较困难，因而导致外资风投基金初进中国时大多以失败告终。

20 世纪 90 年代末，以美国为代表的风险投资基金随着当时互联网热潮的掀起而获得爆发式发展，投资者将大量资金投入风险投资基金，国际资本流动性空前充裕。中国政府为迎接资本的进入也在政策层面作出了积极响应，2000 年出台的《关于建立风险投资机制的若干意见》，是我国第一个有关风险投资发展的战略性、纲领性文件，为风险投资机制确立了相关的原则。中国入世的临近，进一步鼓励了外资的对华投资。此后各路资金纷纷进入创业风险投资领域，中国的风险投资在二十一世纪的头两年达到了第一个高潮。这一时期，私募股权基金所投资的行业相对集中，互联网行业是风投基

金的投资重点，风险投资机构从53家急剧增加到246家，风险投资机构管理的资金总量也从53亿元迅速升至405亿元。

随着互联网泡沫的破裂，投资收益大幅下降，风投筹资水平一落千丈，加之中国创业板市场未能如期推出、A股市场主板开始从高位跌落、股权分置等制度性缺陷尚未解决等诸多因素的出现，中国风险投资业遭受了一系列的严重打击，陷入低迷。2001年后，风险投资机构管理的资本额度增速开始回落，在2003年甚至出现了10.5%的负增长。①

2004年以后，随着深圳中小企业板和创业板的相继推出，我国资本市场出现了有利于私募股权投资发展的制度创新，为私募股权投资在国内资本市场提供了IPO的退出方式。国际上，各国风投基金也呈现渐次复苏迹象，至2007年初，美国企业并购市场出现了前所未有的投资复兴，投资额飙升至800亿美元。2006年3月，十部委联合制定的《创业投资企业管理暂行办法》正式施行，中国本土私募股权基金开始进入快速发展阶段。2006年12月，国务院特批的中国首支私募股权性质的人民币产业基金——渤海产业基金在天津发起设立，基金总规模200亿元，产业投资基金正式亮相。2007年，第二批总规模560亿元人民币的5只产业基金获准筹备设立，同一时期，政府引导基金也纷纷在各地设立，股权投资得到各地政府的重视。2007年6月，新修订的《中华人民共和国合伙企业法》正式施行，有限合伙制正式以法律的形式被确认。第一批有限合伙制人民币基金随后成立。深圳南海成长创业投资合伙企业于2007年6月26日在深圳设立。2006年~2008年，中国境内PE/VC基金的募资额和投资额迅猛增长，人民币和美元PE基金募资额分别达到213亿美元和398亿美元；2007年，PE/VC投资额达到160.6亿美元。②

受美国的“次贷危机”影响，世界经济在2008年陷入衰退，投资和退出急剧下降，中国经济增速也随之放缓。中国风投行业在2009年出现萎缩，

① 张红梅：《中国私募股权基金发展中的法律问题研究》，中国政法大学2012年博士论文。

② 金中夏、张宣传：《中国私募股权基金的特征与发展趋势》，载《中国金融》2012年第13期。

但在2010年~2011年再次快速增长，2011年新募PE基金达235只，为2010年的2.87倍，其中披露募集金额的221只基金共募集388.58亿美元，较2010年涨幅达40.7%。本外币PE基金个数和募资额于2009年出现逆转，人民币基金募资额首次超过美元基金募资额成为市场主力。

近几年，虽然中国经济增速显著下降，民间投资萎缩，但私募基金行业却呈现逆势增长态势。基于私募基金与创新型国家战略高度契合，是促进国家经济转型的重要力量，政府加大了对私募基金行业的扶持，政府引导基金近年来增长迅猛。投中数据终端CVSource统计显示，2016年中国VC/PE市场募集基金规模达到1747亿美元，创下了历史最高水平。市场上30亿、50亿乃至100亿规模的单笔基金比比皆是。截至2015年底，国内共成立457支政府引导基金，目标设立规模达12806.9亿元。进入2016年之后，政府引导基金的设立继续爆发。到2016年9月底，相关统计显示中国已披露的政府引导基金规模已经达到了3.3万亿元，这大致相当于2015年之前5年里中国VC/PE市场上募集基金的总额。[①] 政府引导基金不但改善了PE/VC市场的资本来源问题，还通过参股、提供融资担保和风险补偿等方式带动更多的社会资本进入创业投资领域，与社会资本形成互惠共赢。

普华永道发布的《中国私募股权及风险投资基金2016年回顾与2017年展望》报告显示，2016年，在全球私募股权（PE）及风险投资基金（VC）募资及投资金额较2015年有所下降的不利背景下，中国市场仍然表现强劲，募资及投资金额均创历史新高。2016年全球PE、VC基金募资规模从3470亿美元降至3360亿美元，但同期由于人民币基金募资剧增，中国市场募资金额大幅攀升至725.1亿美元，较2015年了增长49%。中国证券投资基金业协会统计数据显示，截至2016年12月底，已登记私募基金管理人17433家，备案私募基金46505只，基金实缴规模达7.89万亿元。由此可见，当代中国私募股权基金行业已经成为多层次资本市场的重要组成力量。

① 陶辉东：《3万亿政府引导基金　颠覆VC/PE募资生态》，https：//www.chinaventure.com.cn/cmsmodel/news/detail/308095.shtml，访问日期：2017年3月21日。

2. 我国私募股权基金行业发展的主要特点

一是出资人多元化，政府资金占主导地位。2010 年之前，我国私募股权基金以四类为主：外资背景基金、产业投资基金、券商背景基金和民间资本基金。2010 年之后，机构类基金开始成为私募基金最主要的潜在出资人，保险资金、社保基金先后获准投资 PE，包括上市企业、银行系资金也加大进入力度，市场结构趋向多元化、专业化，市场竞争加剧。但同时，海量的政府引导基金进入市场之后，已经明显地改变了私募股权投资机构的募资生态，政府引导基金的导向作用也对私募股权基金的发展走向产生重大影响，政府资金在私募基金资本市场的支配性地位已不容撼动。

二是行业发展受全球经济变化影响明显，总体上呈现快速发展势头。经济全球化促使国际资本在世界范围内进行资源配置，国内私募基金市场与国际私募基金市场息息相关，境外资本市场的风吹草动会直接或间接影响到境内私募市场。但也要看到，自 2009 年人民币基金超越外币基金成为市场主力后，在我国基金监管政策的进一步规范以及政府引导基金进一步加大投放的作用下，国内基金市场并未跟随国际经济下行趋势走弱，反而是逆势增长，呈现持续上升势头，对促进中小企业创新发展和中国经济转型提供了有力支持。

三是行业发展方兴未艾，有效监管和规范发展面临更大的挑战。私募基金行业的快速发展，客观上反映了其与当前经济环境及其变化之间的适应性和契合度。但与此同时，针对私募基金的监管机制也在不断调整完善，对私募基金管理人提出了更高的要求。证监会及基金业协会陆续发布 70 多项行业规范性文件，监管体系初步建成。证监会提出私募基金监管要遵循“统一监管、功能监管、适度监管、分类监管”的基本原则，按照“扶优限劣”、“差异化监管”的方法路径开展监管工作。这就意味着一些不合规的基金必然要遭到淘汰，行业的洗牌和整合成为基金业健康发展的必由之路。

二、我国私募股权基金行业发展展望

1. 私募股权基金在推动我国多层次资本市场发展、优化企业融资环境方面的作用将进一步凸显。

私募股权基金是我国多层次资本市场的重要组成部分。发展私募基金，不仅可以健全多层次资本市场体系，丰富资本市场交易形态，拓展市场服务范围，增强对新兴产业、中小微企业的服务能力，还能够有效拓宽居民投资渠道，激发民间投资活力，提高社会资金使用效率。2014年国务院发布的《关于进一步促进资本市场健康发展的若干意见》确认“培育私募市场”是促进资本市场健康发展，健全多层次资本市场体系的重要举措。

与当前银行等金融机构的客户结构和业务方向相比，私募股权基金，尤其是创业投资基金的投资方向主要是中小微企业和初创企业。创投基金专注于对有成长潜力的中小微企业投资，一旦发现有潜力的投资机会，它们便会快速切入，与投资对象进行谈判、沟通，快速注资，这对改善中小微企业的融资环境，降低中小微企业的融资门槛和融资成本，优化中小微企业的融资结构具有十分重要的现实意义。

2. 私募股权基金在促进经济转型升级、优化市场资源配置，加快企业技术创新方面的优势和作用将更加突出。

随着我国经济从高速增长转向中高速增长，经济发展进入“新常态”，经济转型过程中进一步发挥市场在资源配置方面的主导性作用成为必然。实践表明，与传统投资主体和投资形式相比，私募基金在激发市场活力、引导和优化资源配置方面具有很大优势，比如有效的激励约束机制、高效的运营机制、灵活的分配机制和风险控制机制等。创业投资基金与创新型国家战略高度契合，对推动我国的技术储备和人才储备转变为现实生产力，打通创新成果产业化、市场化、规模化的链条，助推中小微企业创新创业作用显著。私募股权基金以市场手段提升公司治理水平，是积极发展混合所有制经济、优化产业结构和转型升级、提升国有资产投资管理水平和资源整合效率的市场化的金融工具。①

从创新的角度看，技术成果的产业化客观上面临较大的不确定性和风险，突出表现在技术发展的不确定性、技术转化与资源需求脱节、产品开发

① 赵锡军：《私募基金的宏观经济意义》，载《中国金融》2014年第22期。

与市场开发不匹配等。这些问题，在以商业银行为主的传统融资环境下，企业很难满足金融机构对其信用记录、规模、盈利性、担保等方面的要求，依照收益与风险匹配的原则，商业银行缺乏发放此类贷款的机制和意愿。如前所述，与传统金融机构相比，私募股权基金具有通过承担更高的风险追逐高额投资回报的意愿和机制，这成为高技术企业与私募股权基金合作的重要基础和条件。在技术与经济的互动中，金融成为一个重要因素。私募股权基金作为创新资本，作用于创新机制，在“创造性毁灭”的过程中不断提升经济的创新能力和竞争力，所产生的溢出效应超过其毁灭掉的经济，私募股权基金真实地增加了社会整体福利。① 可以预期，私募股权基金在发现价值、创造价值，平衡创新和风险分配等方面的优势，将有助于其在落实国家创新驱动战略、推动经济转型升级方面发挥更大的作用

3. 私募股权基金行业在保持快速发展的同时，如何规范发展、有效监管将面临更大的挑战。

自国务院于 2014 年发布《关于进一步促进资本市场健康发展的若干意见》以来，中央及地方各部门积极营造促进私募基金发展的政策环境，在社会多方力量的共同推动下，我国私募基金的行业地位已经得到确立。当前各类政策性创业投资引导基金相继设立，私募基金规模持续扩大，2015 年设立的总规模为 400 亿的国家新兴产业创业投资引导基金，引导社会各方面资金参与超过 1800 亿；总规模 600 亿的国家中小企业发展基金撬动的社会资金将达千亿以上。2016 年，仅国资委设立的国协、国同、国创、国新四只央企基金的总规模就已达 4300 亿元，中国政企合作投资基金股份有限公司旗下的中国 PPP 基金仅一只的规模就达 1800 亿元，这些基金吸引的子基金规模将成倍增长。

另一方面，针对行业快速发展过程中暴露出来的突出问题，以 2013 年中编办确定证监会作为私募股权基金的归口管理部门为新起点，证监会及基

① 卢永真:《重视私募股权基金在技术创新中的推动作用》，载《中国证券报》2012 年 12 月 19 日第 A04 版。

金业协会密集出台私募基金行业的监管规范，全面覆盖了私募基金及管理人的登记备案、私募基金的募集行为、投资顾问业务、信息披露、内部控制、合同指引、托管业务、外包业务及从业人员管理等多个方面，形成了“一法、两规、七办法、二指引、多公告”的监管体系，为全面提升基金管理机构的管理水平和人员素质提供了制度保障。在募资方面，更加强调金融机构间的风险隔离，把防范系统性风险放在首位，同时，出台统一的基金行业投资者适当性制度标准，强化投资者合法权益的保护；投资方面，进一步引导价值投资，维护资本市场秩序稳定，公平保护投资者的合法权益。我们认为，随着私募基金行业的进一步发展，无论是在基金设立和运行、业务模式探索和创新，还是在规范管理、完善有利于行业健康发展的法律政策环境等方面，私募基金行业都将面临更多的课题和挑战。

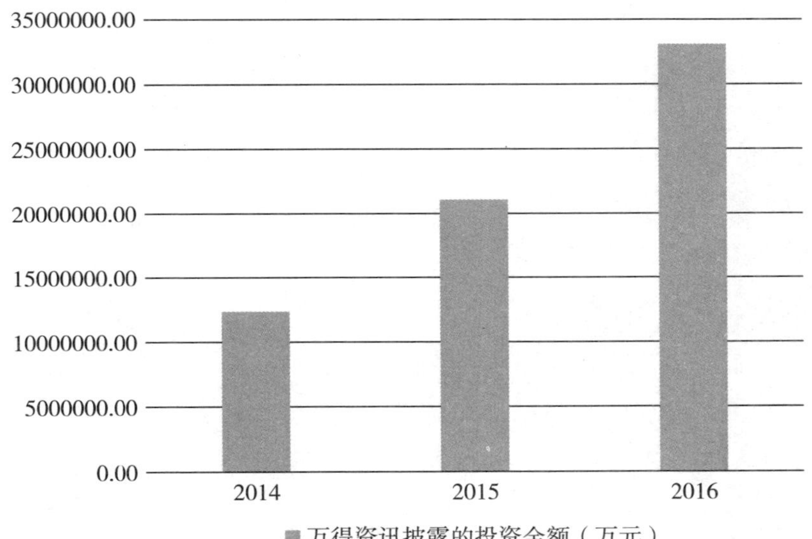

图 1-4　近年来私募股权基金的投资发展趋势[①]

① 数据采集自 wind 资讯。

2

CHAPTER

第二章

私募股权基金的组织形式：投资人与管理人的博弈

PRIVATE EQUITY FUND

本章导读

本章介绍私募股权投资基金不同的法律组织形式，讨论有限合伙制私募股权基金的治理结构和利益博弈机制。我们总结了有限合伙制私募股权基金的四个特点，即组织成员和责任形式的二元性、高度的灵活性、有效的激励约束机制，以及有吸引力的税收政策。这些特点解释了有限合伙制优于公司制、契约制私募股权基金的主要原因。实际上，有限合伙制私募股权基金的制度体系也是围绕如何发挥这些优势构建起来的，主要包括：（1）将有限合伙人的资本优势与普通合伙人的投资能力有机结合的二元合伙人制度；（2）以有限合伙人的有限责任、普通合伙人的连带责任为核心的风险和责任分配制度；（3）高度灵活的内部治理和决策机制、出资制度、财产制度和分配制度；（4）有限合伙本身作为非纳税实体的税收穿透制度等。这些制度从不同角度共同构成了有限合伙制私募股权基金的制度优势。但在另一方面，由于理解的偏差或刻意规避，实践中的很多做法正在侵蚀或损害有限合伙制私募股权基金的制度价值。例如有限合伙人以多种形式参与或介入合伙事务和基金的运营管理，造成私募股权基金在灵活性、效率等方面的优势受到严重削弱。

此类问题在很大程度上抑制了有限合伙的制度价值和活力。事实上，有限合伙人与普通合伙人，或者说投资人与管理人之间这种博弈已经偏离了有限合伙制私募股权基金的制度框架。反观美国，投资人与管理人之间的博弈问题也很突出，但其解决之道不在于对现有制度的曲解或破坏，而是着眼于制度完善和制度创新。就制度完善而言，通过强化基金管理人的信息报送和披露义务，保障投资人的知情权；通过提高行业准入门槛，加强对基金管理人的职业道德和投资能力管理，而不是以模糊投资人与管理人的角色定位为代价满足投资人参与基金管理的要求。在制度创新方面，随着 LLC 制度（Limited Liability Company）的发展，美国越来越多的私募股权基金采用这一企业组织形式。与有限合伙相比，LLC 具有更高的灵活性和制度优势，突出表现在：一是 LLC 的成员享有有限责任保护，不再区分不同参与主体的责任形式；二是为公司成员提供了更为多样化的参与公司业务的渠道，既可以由公司全体成员直接经营，也可以委托部分成员或外部管理团队经营，满足了投资人参与经营的愿望；三是税务政策方面，虽然赋予 LLC 企业法人资格，但允许 LLC 不作为纳税实体，而是由公司成员作为直接纳税人。通过制度创新，比较好的解决了不同利益主体的矛盾和诉求，给予当事人更多的选择，为行业发展注入了新的活力。

第一节 ┃ 公司制基金、契约型基金和有限合伙制基金

我国私募股权基金的组织形式主要有三种：公司制、有限合伙制、契约制。公司制基金基于《中华人民共和国公司法》设立，有限合伙制基金基于《中华人民共和国合伙企业法》设立，契约制基金基于《中华人民共和国合同法》设立，三种形式所受法律规制各不相同。不同的法律规制，决定了企业不同的内部分工协作形态，以及责权利的分配机制。本质上，一个国家的私募股权基金采取哪种组织形式取决于该种组织形式所处的法律环境是否有利于基金的经营和发展。

一、公司制私募股权基金

公司制私募股权基金，是由投资者出资设立的、以自身资产为主要经营对象、专门从事私募股权投资、以选择有限责任公司或股份有限公司的形式来组织运作的私募股权基金。在公司制私募股权基金中，投资者投资之后，就转变为公司的股东，以其出资额为限对公司承担有限责任；而其所投资产的所有权则转变为公司股东的股权和公司的法人财产所有权，基金公司则以其全部资产为限对自身债务承担无限责任。

公司制私募股权基金可以自行管理，也可以委托管理。自行管理是指私募基金自身设立管理团队，自主运作，公司资产由自己管理。委托管理则是指私募基金不设投资管理团队，而是委托第三方投资顾问机构管理运作公司资产的方式。

公司制私募股权基金有如下特点：

一是法律制度相对完善，管控规范，公司治理及决策机制相对固化。公司制私募管权基金所依据的《中华人民共和国公司法》及相关配套法规比较健全，有比较完善的权力分配和制衡体制以及成熟的法人治理机制，内部治理结构分为股东会、董事会、监事会，相互制衡，决策机制固化。在自行管理的私募基金公司中，一般在董事会下设投资决策委员会。投资决策委员会

的成员一般由董事会选举产生，任期与董事会相同。其职能就是负责决定公司所管理基金的投资目标、投资计划、投资组合等重大事项，拥有对所管理基金的投资决策权。

二是投资人在其出资范围内承担有限责任，私募基金公司作为独立的企业法人以其自身财产对外承担责任。投资人得以有效隔离风险，有利于调动其投资积极性。

三是投资人的退出通道相对丰富。投资人可以在保持私募基金公司稳定的情形下通过股权市场转让其所持股权实现退出，前些年曾有公司制私募基金挂牌新三板并有部分股东套现退出的案例。

四是存在税收上的不利因素。公司本身需要缴纳所得税，股东个人获得分红收入后还需要缴纳个人所得税，不符合投资人利益最大化的要求。

公司制私募股权基金的最大优点在于法律法规体系健全，治理结构清晰，投资人作为股东通过召开股东会来行使股东权利，董事及高管人员必须按照法律的规定履行其管理职责。但这种组织形式的缺点也非常明显，主要是管理机制不灵活，三会一层相互制衡，束缚投资决策人员的手脚；而且收益分配缺乏灵活性，对投资决策人员的激励不足，相应的约束机制效率也不高，缺乏风险共担制度安排，不易控制投资决策人员的道德风险。这些缺点直接导致的一个严重问题就是投资管理效率相对低下，不利于投资人实现收益最大化。

二、契约制私募股权基金

契约制私募股权基金，是指基于信托法及合同法等相关法律设立的由投资人与基金管理人之间（若采取基金托管方式，则基金托管人须作为合同一方，共三方）通过订立私募投资基金合同，规定各方的责任权利并规范和约束当事人行为的私募股权基金。基金本身不依托公司或有限合伙等组织形式，当事人之间是合同关系，不存在特定法律实体。其本质是基于信托关系而确立的一种投资制度，因此也称为信托制私募股权基金。

在 2014 年以前，业务实践中一直存在着与契约制基金类似的所谓“信托型基金”，主要依据《中华人民共和国信托法》设立，资金通过第三方信托公司和信托计划进入被投资的目标公司，基金投资人作为信托受益人，基金管理人充当信托公司的投资顾问。当事人各方以信托合同为业务及法律关系纽带。2014 年证监会出台《私募投资基金监督管理暂行办法》（证监会令［105］号），放宽了对私募股权基金组织形式的限制，允许投资人、基金管理人与基金托管人通过基金合同的形式直接建立法律关系。① 契约制私募股权投资基金正式进入资本运作实务的视野。②

契约制基金区别于有限合伙制及公司制基金的核心特征在于基金本身不具有独立的法律主体资格，因此，在被投资企业的工商信息中，基金本身无法登记为股东，只能将基金管理人登记为股东。实际上，基金管理人属于股权代持，真正的股东应为契约制基金。

目前，契约制公募证券基金有《中华人民共和国证券投资基金法》予以规制，其运作及内部组织都有明确的法律依据，但契约制私募基金的运作及内部组织尚没有明确的法律规制。实践中，契约制私募基金一般都是参照《中华人民共和国证券投资基金法》对公募证券基金的规定设计其内部组织结构，比如设立基金份额持有人大会及其日常机构。中国基金业协会发布的《私募投资基金合同指引 1 号》也要求契约制私募基金设立基金份额持有人大会和日常机构，作为基金管理（对外投资除外）的最高决策机构。

尽管基金业协会仅为行业自律组织，其发布的《私募投资基金合同指引 1 号》的效力层级较低，但全体协会会员必须遵守，按照该指引的规定，契约制私募股权基金的份额募集、对外投资、收益分配等工作由基金管理人承担，基金资金的保管及监督等由基金托管人承担，有关延长或缩短基金期限、

① 《私募投资基金监督管理暂行办法》第二十条规定：募集其他种类私募基金，基金合同应当参照《中华人民共和国证券投资基金法》第九十三条、第九十四条规定，明确约定各方当事人的权利、义务和相关事宜。该条普遍被业界认为是对契约制私募股权基金的认可。在随后由中国基金业协会发布的《私募投资基金合同指引 1 号》中，明确规定：私募基金管理人通过契约形式募集设立私募股权投资基金、创业投资基金和其他类型投资基金应当参考本指引制定私募投资基金合同。

② 陈铮、王巍：《契约型私募股权投资基金运营模式分析》，http://www.goingconcern.cn/article/7542，访问日期：2017 年 5 月 7 日。

更换基金管理人、更换基金托管人等的权力则由基金份额持有人大会及其日常机构享有。

契约制私募股权基金主要有如下特点：

第一，契约制私募股权基金是非法律实体，运作成本低，灵活性高。投资人（基金份额持有人）只能依据基金合同行使延长或缩短基金期限等有限的基金管理权限，对外投资及收益分配等基金核心事务则由基金管理人依据基金合同行使。简化的治理结构使基金管理人得以灵活地运作基金。

第二，契约制私募股权基金财产具有独立性。基金财产本质属于信托财产，受到信托财产独立性的法律保护。一方面基金财产是独立于投资人的财产；另一方面，信托财产也独立于基金管理人的固有财产。基金管理人因依法解散、被依法撤销或者被依法宣告破产等原因进行清算的，基金财产不属于其清算财产。《私募投资基金合同指引 1 号》明确要求基金合同中注明“私募基金管理人、私募基金托管人以其固有财产承担法律责任，其债权人不得对私募基金财产行使请求冻结、扣押和其他权利。私募基金管理人、私募基金托管人因依法解散、被依法撤销或者被依法宣告破产等原因进行清算的，私募基金财产不属于其清算财产”、“债权人对私募基金财产主张权利时，私募基金管理人、私募基金托管人应明确告知私募基金财产的独立性”。

第三，契约制私募股权基金可免于双重征税。信托作为一种法律关系，被当作是财产流通的管道，因而契约制私募股权基金不作为应税实体，当基金投资人获取收益分配时，由其缴纳个人所得税或企业所得税，有效降低了投资人的税收负担。

契约制私募股权基金的最大优势在于基金管理人对基金享有极大的控制权，有利于及时贯彻其投资策略。但相应的，投资人因缺乏控制权而存在很大的委托代理风险，若基金不聘请基金托管人（基金业协会既认可基金托管所募集的资金，也许可基金自行管理募集的资金），基金管理人的道德风险只能靠基金管理人恪守“信义义务”来控制；若基金聘请基金托管人，托管人对资金存取负有一定监管义务，在一定程度上能够起到对基金管理人的制衡作用，但仍无法控制基金管理人在投资决策时可能存在的道德风险。

三、有限合伙制私募股权基金

有限合伙制私募股权基金（Limited Partnership Private Equity Fund），是指资金以非公开方式募集，并经普通合伙人和有限合伙人签订有限合伙协议而共同设立的主要投资于非公开交易的企业股权的基金，其中，有限合伙人（Limited Partner，LP）不参与基金的管理运作，仅以其认缴的出资额为限对基金债务承担责任，普通合伙人（General Partner，GP）负责执行基金事务并对基金债务承担无限连带责任。

基金资金主要由有限合伙人提供。有限合伙人可以是个人，也可以是全国社保基金或上市公司等机构投资人。有限合伙人不对外代表合伙，也不直接参与企业经营管理。普通合伙人通常是有经验的风险投资家或其作为股东的企业，负责管理多个股权投资基金，每个股权投资基金上都分别对应一个法律上独立的有限合伙关系。普通合伙人对基金的债务承担无限责任，负责基金的日常管理，在基金的普通合伙人不止一人的情况下，全体合伙人可以选定普通合伙人中的一人作为执行事务合伙人，负责执行基金管理，执行事务合伙人可以自行管理，也可以委托外部的基金管理人管理。全体合伙人以出资份额为基础并根据有限合伙协议的约定享有收益分配权利。

有限合伙制基金在我国发展较晚。北京市人大常委会于 2000 年 12 月通过的《中关村科技园区条例》是最早的规范有限合伙制私募基金的法律文件。其第二十五条规定“风险投资机构可以采取有限合伙形式。有限合伙的合伙人由有限合伙人和一般合伙人组成。投资人为有限合伙人，以其出资额为限承担有限责任资金管理者为一般合伙人，承担无限责任。有限合伙的合伙人应当签订书面合同。合伙人的出资比例、分配关系、经营管理权限以及其他权利义务关系，由合伙人在合同中约定”。有限合伙的所得税由合伙人分别缴纳。属于自然人的合伙人，其投资所得缴纳个人所得税属于法人的合伙人，其投资所得缴纳企业所得税。2001 年 2 月，北京市人民政府又颁布了《中关村科技园区有限合伙管理办法》，该办法第三条、第四条规定，有限合伙不具有独立的法人资格，有限合伙的合伙人总数不能超过20人。设立有限合伙应当具备以下条件：有一个以上的普通合伙人和一个以上的有限合伙人；有书面的合伙协议；有限合伙人的出资额总和不低于1000万元人民币；普通合伙人具有风险投资的专业知识和技能，以从事风险投资为主业；有机构名称和经营场所。合伙人的出资只能采取货币形式。有限合伙不得发行债券，不得对外担保，不得从金融机构借贷。

深圳、珠海等地也相继发布了一些关于有限合伙制风险投资机构的规范性文件，但恰如全国人大财政经济委员会副主任委员严义埙在《关于〈中华人民共和国合伙企业法（修订草案）〉的说明》中所言，这些地方性法规或规章，“由于立法层次不高，效果不很理想”。

有限合伙制基金在我国真正繁荣的起点始于2006年的《中华人民共和国合伙企业法》的修订。《关于〈中华人民共和国合伙企业法（修订草案）〉的说明》明确指出，“发展风险投资迫切需要在法律中规定有限合伙制度”，并根据我国建设创新型社会的需要，为鼓励推动风险投资事业发展，在原《中华人民共和国合伙企业法》中单独增加了“有限合伙的特殊规定”一章，确立了有限合伙企业的法律地位，使国内引入美国流行的有限合伙制私募股权基金成为可能。随着税务、证券等相关配套措施的进一步完善，以及国内私募股权投资行业对有限合伙制熟悉和了解程度的加深，越来越多的本土创投机构开始选择有限合伙制，保守、稳健的政府引导基金也越来越多地选择参与有限合伙制基金，这种模式终于后来居上，渐成国内私募股权基金主流模式。

据《中国证券投资基金业年报（2015）》统计，截至2015年末，有限合伙制私募股权投资基金的数量和资产规模为5011只和14383.35亿元，占比分别高达77.4%和80.0%；而契约制私募股权投资基金的数量和资产规模分别仅为1069只和1509.08亿元，占比分别为16.5%和8.4%；公司制私募股权投资基金的数量和资产规模更少，为381只和2051.45亿元，占比分别为

5.9% 和 11.4%；合作制私募股权投资基金[①]的数量和资产规模基本可以忽略不计，仅为 10 只和 35.15 亿元，占比分别为 0.2% 和 0.2%（如下图）。

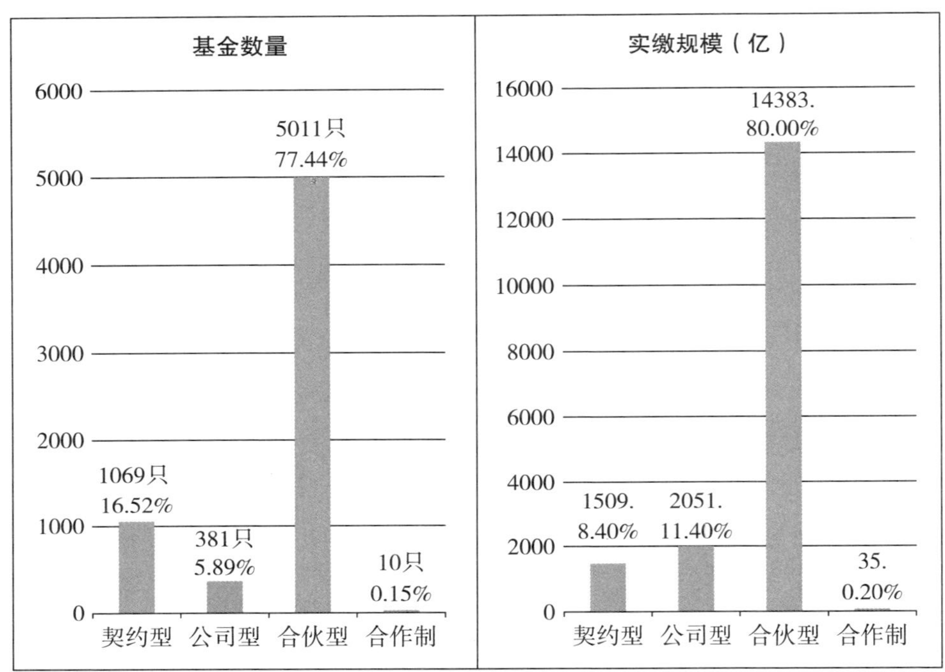

图 2-1　私募股权投资基金组织形式[②]

从以上数据可知，有限合伙制私募股权基金无论从数量上还是金额上，

① 合作制私募股权基金是指依据《外商投资创业投资企业管理规定》和《中外合作经营企业法》，由外国投资者与中国投资者共同设立，并经商务部（原外经贸部）审批、科技部同意，以中外合作经营企业形式运作的私募股权基金。中外合作制基金一般采取非法人制组织形式，由必备投资者和非必备投资者组成。必备投资者应以创业投资为主营业务，并符合管理的创业投资资本达到一定规模等资质要求，一般担任基金的管理人，并对基金的债务承担无限连带责任，类似于有限合伙中的普通合伙人；非必备投资者一般不参与基金管理，对基金的债务承担有限责任，类似于有限合伙中的有限合伙人。必备投资者和非必备投资者之间通过创投企业合同来规范双方的关系和企业经营管理的重大事项，创投企业合同类似于合伙协议，双方通常通过创投企业合同建立类似于有限合伙的治理结构。参见肖海龙《私募股权基金组织模式比较研究——有限合伙制的比较优势》，http://blog.sina.com.cn/s/blog_4c9ba0f90100okiw.html。由于此类基金总体占比极小，属于非典型组织形式，故本章不作讨论。

② 资料来源：中国证券投资基金业协会：《中国证券投资基金业年报（2015）》，第 73 页。相关数据未包括创业投资基金。

在我国私募股权基金行业均占绝对优势。

有限合伙制私募股权基金的特点主要包括：

第一，组织成员和责任形式的二元性。有限合伙制私募股权基金要求至少有一个以上的普通合伙人和一个以上的有限合伙人组成，这与全部由性质相同股东所组成的有限责任公司及股份有限公司，或由普通合伙人所组成的一般合伙有着本质不同。同时，投资人作为有限合伙人，仅以其出资额为限承担有限责任，可将风险控制在可预期范围；普通合伙人执行合伙事务，对基金债务负无限连带责任，这与股份有限公司、有限责任公司仅以其出资负有限责任或与一般合伙人全部以其财产负无限连带责任都有不同。[①] 有限合伙的有限责任与无限责任二元并存的架构正适合风险投资者各方的需要。

第二，管理灵活。主要体现在四个方面，一是设立简便。《中华人民共和国合伙企业法》第九条规定“申请设立合伙企业，应当向企业登记机关提交登记申请书、合伙协议书、合伙人身份证明等文件”。第十条规定“申请人提交的登记申请材料齐全、符合法定形式，企业登记机关能够当场登记的，应予当场登记，发给营业执照。除前款规定情形外，企业登记机关应当自受理申请之日起二十日内，作出是否登记的决定。予以登记的，发给营业执照；不予登记的，应当给予书面答复，并说明理由”。从以上规定可以看出，有限合伙的设立程序比较简单，不必经过一系列繁琐的法定程序。二是治理结构简易。《中华人民共和国合伙企业法》没有就合伙企业的治理结构作出强制性规定，基金设立什么样的内部机构，合伙人之间如何分配权力，普通合伙人如何执行合伙事务等都任由有限合伙协议决定，合伙人的自由意志得以高度伸张。三是退出机制便捷。根据《中华人民共和国合伙企业法》的规定，合伙人有多种相对自由的退伙途径：约定退伙、自愿退伙、通知退伙、当然退伙、开除退伙、解散清算等，无须像公司那样遵从资本维持原则。投资人便捷地进出基金，有利于其控制风险，及时调整投资策略。“在私募股权投

① 吕海宁：《私募股权基金法律制度研究》，大连海事大学 2013 年博士论文，第 75 页。

资基金投资人的利益考量中，资金安全和及时撤出是重要的因素之一，如果法律禁止有限合伙人在经营期间撤回出资，就会大大影响投资人的投资积极性，有限合伙人不得在经营期间撤回任何一部分出资，是造成有限合伙型投资基金在英国不发达的重要原因之一”。[①] 四是投资决策程序简单。《中华人民共和国合伙企业法》对有限合伙的决策程序没有强制性规定，基金投资决策委员会的议事规则比之董事会议事规则相对简单，基金管理人通常按照成本最低、效率最高的原则设计有关工作程序，因此，实践中投资决策委员会的召集、召开、决议等极少受到时间、地点、会议形式的约束，为风险投资家节约了宝贵的时间。

第三，激励约束机制合乎风险投资要求。有限合伙人在基金中的出资比例通常远高于普通合伙人，但普通合伙人作为基金的管理者，其所奉献的难以按金钱计价的智力劳动才是基金高额回报的保证，如果仅仅按照出资比例分配收益，将无法满足基金管理人的要求。因此，有限合伙制基金在收益分配上，一般设计为基金管理人通过 1% 的出资和基金管理服务就可以享有基金超额收益 20% 的模式，这一放大的杠杆效应产生的激励作用可以对管理人产生强大的内在约束。一面是超额收益这一巨大的“胡萝卜”的诱惑，另一面是要对基金对外债务承担无限责任及维护声誉的双重压力，从“理性经济人”的假设出发，风险投资家不可能不去努力追求充满诱惑力的数十倍于投资的巨额回报，这种激励成了风险投资家内在的驱动力。风险投资家作为普通合伙人以专业技能、辛勤工作和全部身家取得投入资金的数倍回报，有限合伙人不需劳心费神，得到的是其他任何理财方式无法达到的高收益，从而实现“双赢”的局面。采用有限合伙的风险投资机制，由于普通合伙人和有限合伙人利益趋同，减少了普通合伙人采取短期自利行为而损害有限合伙人利益的可能性。[②]

第四，税收穿透。《中华人民共和国合伙企业法》第六条规定“合伙企

① 姚琦：《中美私募股权投资基金法律浅析》，载《西部法学评论》2009 年第 1 期。

② 张颖：《有限合伙：风险投资机构的新型组织形式》，载《经济导刊》2007 第 12 期。

业的生产经营所得和其他所得，依照国家有关税收规定，由合伙人分别缴纳所得税”。即有限合伙实行单层税制，按“先分后税”方式由合伙人以各自适用的税率分别计算缴纳所得税。一般认为，有限合伙的单层税制相对于公司的双重税制是一大优势，可以明显降低投资人的税负水平。有限合伙制之所以更有利于私募股权基金的发展，很大程度上在于其能避免双重纳税，有效地降低了经营成本。

有限合伙制私募股权基金的上述每一个特点本身就是其优点所在，但不唯如此，我们认为，上述特（优）点的结合才是有限合伙制基金的真正优势所在，二元性的责任承担机制为资本与知识和衷共济各显身手提供了合作机会，管理的灵活性为风险投资家的高效工作提供了制度保障，合理的激励约束机制有力地消减了委托代理成本，单层税制有效降低了投资者的税收压力。正是因为有限合伙这些优点的有机结合能够较好地适应风险资本的风控和收益要求，恰当解决利益相关者的矛盾，制度的优势最终推动有限合伙制成为主流的创业投资基金组织形式。

表 2-2　公司制、契约制和有限合伙制基金组织形式的比较

	公司制	契约制	有限合伙制
设立依据	公司法	合同法	合伙企业法
适用规则	私募投资基金监督管理暂行办法	私募投资基金监督管理暂行办法	私募投资基金监督管理暂行办法
设立程序	工商注册	订立基金合同	工商注册
人数限制	有限公司 50 人、股份公司 200 人	200 人	50 人
内部治理	股东会、董事会、监事会、经理层	基金份额持有人大会、基金管理人	合伙人会议、执行事务合伙人
投资决策	董事会	基金管理人	投资决策委员会
出资时间	一次缴清、分期出资	一次缴清	一次缴清、分期出资、按项目进度出资
责任限制	出资额为限	出资额为限	GP 无限责任；LP 出资额为限

续表

	公司制	契约制	有限合伙制
退出程序	股份转让或减资	份额转让或赎回	份额转让或退伙
税收政策	基金公司系纳税主体（缴纳企业所得税，并为自然人股东代扣代缴个人所得税）	基金不是纳税主体（投资者申报纳税）	合伙不是纳税主体（合伙为自然人投资者代扣代缴个人所得税）

第二节 ┃ 合伙人：主体资格、责任形式与行为规范

一、有限合伙人

1. 有限合伙人的数量

与普通合伙不限制人数的规定不同，有限合伙人数必须是两个以上五十个以下。自然的，这二到五十人中，必须要有至少一个普通合伙人和至少一个有限合伙人。如果已经成立的有限合伙中仅剩普通合伙人，则该合伙只能转为普通合伙；如果有限合伙仅剩有限合伙人，则合伙只能解散。因此，理论上一个有限合伙的有限合伙人最多可以有四十九人，超过则不被法律所许可。

2. 有限合伙人的出资

有限合伙人可以用货币、实物、知识产权、土地使用权或者其他财产权利作价出资。所谓作价，既可以是协商作价，也可以是评估作价，若是协商作价，则必须征得全体合伙人的一致同意。按照《中华人民共和国合伙企业登记管理办法》的规定，以实物、知识产权、土地使用权或者其他财产权利出资，由全体合伙人协商作价的，应当向企业登记机关提交全体合伙人签署的协商作价确认书；由全体合伙人委托法定评估机构评估作价的，应当向企业登记机关提交法定评估机构出具的评估作价证明。

合伙人的出资、以合伙企业名义取得的收益和依法取得的其他财产，均为合伙企业的财产。因此，以实物或权利等非货币财产作价出资的，应当转移权属关系，如果仅仅作价但并未转移权属关系的，属于未履行出资义务，应当依照合伙协议的约定承担违约责任。

有限合伙人不享有普通合伙人以劳务出资的权利。事实上，以劳务出资是普通合伙人的特权，我国有关法律中，仅在《中华人民共和国合伙企业法》中有劳务出资的规定，且仅属普通合伙人方可享有的专属权利。《中华人民共和国公司法》上的股东不享有以劳务出资的权利，《中华人民共和国公司登记管理条例（2016 年修正）》第十四条明确规定，股东不得以劳务、信用、

自然人姓名、商誉、特许经营权或者设定担保的财产等作价出资。之所以有限合伙人不享有以劳务出资的权利，学者认为主要是基于技术上的原因：有限合伙人仅仅以自己的出资额为限对合伙组织的债权人承担法律责任，当合伙组织无法偿还债权人的债权时，债权人可以强制执行有限合伙人的出资。如果他们的出资还没有或者没有完全缴付的话，此时，只有实物或者现金才可以被强制执行，有限合伙人的劳务出资无法被法官强制执行。[①]（至于为何普通合伙人享有劳务出资的权利参见本书第六章第一节）

3. 有限合伙人的资格

合伙企业法对民事主体作为有限合伙人没有禁止性规定。需要关注的问题是，党政干部、公务员、法官、检察官等禁止经商的人员是否可以作为有限合伙人？《中华人民共和国公务员法》第五十三条规定，公务员不得从事或者参与营利性活动，在企业或者其他营利性组织中兼任职务。《中华人民共和国法官法》及《中华人民共和国检察官法》均规定，法官、检察官不得从事营利性的经营活动。有限合伙制私募股权基金显然属于营利性企业，尽管有限合伙人并不直接执行合伙企业的事务，但有限合伙人对合伙企业的经营并非毫无影响，有限合伙人可以通过合伙人大会参与企业的管理，因此，公务员、法官、检察官等公职人员作为有限合伙人存在违法风险。

现行有效的《中共中央、国务院关于进一步制止党政机关和党政干部经商、办企业的规定》指出，各级党委机关和国家权力机关、行政机关、审判机关、检察机关以及隶属这些机关编制序列的事业单位的干部、职工，包括退居二线的干部，除中央书记处、国务院特殊批准的以外，一律不准在各类企业中担任职务；已经担任企业职务的，必须立即辞职；否则，必须辞去党政机关职务；（党政机关的）在职干部、职工一律不许停薪留职去经商、办企业。这一政策实际上已经明确宣告包括公务员、法官、检察官在内的有关党政干部不得作为有限合伙人从事私募基金投资活动。

① 张民安、王迎春：《有限合伙法律制度研究》，载《中国商法年刊（2006）：合伙与合作社法律制度研究》，北京大学出版社2007年版，第114页。

当然，作为基金的有限合伙人还必须符合证监会有关合格投资人的有关规定，相关讨论详见本书第五章第三节。

4. 有限合伙人的有限责任

有限合伙人是以其认缴的出资额为限对合伙企业债务承担责任的合伙人，这一点是其区别于普通合伙人的本质特征。这一特征起到了与公司法相同的投资风险隔离作用，投资人作为有限合伙人在可能获得高额回报的同时，得以将风险控制在出资额范围之内。

需要关注的是，有限合伙人的有限责任也有例外。《中华人民共和国合伙企业法》第七十六条规定，“第三人有理由相信有限合伙人为普通合伙人并与其交易的，该有限合伙人对该笔交易承担与普通合伙人同样的责任”。于此情形，有限合伙人需要与普通合伙人一样，对合伙企业的债务承担无限连带责任。

5. 有限合伙人的交易行为

有限合伙人与普通合伙人的差异不仅体现在责任承担方面，其在财产份额处分及关联交易、同业竞争等方面也与普通合伙人的待遇迥然不同。总体看对有限合伙人的权利限制要低于对普通合伙人的权利限制，反映了有限合伙企业资合性强于人合性的特点。

在财产份额转让方面，除非合伙协议另有规定，有限合伙人有权向合伙以外的第三人转让其财产份额，而普通合伙人则必须事先征得全体合伙人的一致同意。但由于相关法律规定属于任意性规范，允许合伙协议另行约定不同于法律规定的内容，实践中有限合伙人转让其财产份额的权利限制往往并不比普通合伙人弱，一般都需要经过合伙人大会批准方可转让，这导致有限合伙人的财产流动性降低，不利于其财产的保值增值。至于为何要限制有限合伙人转让其财产份额，理由通常是，对有限合伙人的选择并非仅看中其资金实力，还要求有限合伙人能够提供其他额外的资源，比如特定的政府或行业背景等，因此，不允许有限合伙人未经其他合伙人同意就随意转让其财产份额。

有限合伙人出质财产份额的法律规定与财产份额转让相类似，《中华人民共和国合伙企业法》第七十二条规定，有限合伙人可以将其在有限合伙企业中的财产份额出质；但是，合伙协议另有约定的除外。但细查我国物权法、担保法等规定，尚没有针对私募基金财产份额质押的规范。《中华人民共和国物权法》第二百二十六条规定："以基金份额、股权出质的，当事人应当订立书面合同。以基金份额、证券登记结算机构登记的股权出质的，质权自证券登记结算机构办理出质登记时设立；以其他股权出质的，质权自工商行政管理部门办理出质登记时设立"。此条所谓"基金份额"是在证券登记结算机构登记在册的公募基金，并非私募股权基金。这就为有限合伙人质押其财产份额带来了障碍，如何办理出质手续缺乏法律条款支持。由于缺乏可操作性，实践中鲜见私募基金份额出质的发生，对有限合伙人灵活运用存量财产造成妨碍。有学者认为，可将其作为"以其他股权出质的"情况之一，自工商行政管理部分办理出质登记时设立。[①] 我们认为，为使《中华人民共和国合伙企业法》的规定具有可操作性，物权法或担保法应当通过法条修订或出台司法解释的方式明确补充有关内容，使有限合伙人能够最大限度地利用其财产份额。

关于关联交易，《中华人民共和国合伙企业法》规定，普通合伙人除非经合伙协议另行约定或者经全体合伙人一致同意，否则，不得同本合伙企业进行交易。但对于有限合伙人，则原则上可以同本有限合伙企业进行交易，前提是如果合伙协议另有约定的除外。虽然两者都有合伙协议约定优先的规定，但从法条行文看，一个是原则否定，加但书；[②] 一个是原则同意，加但书。立法的倾向性很明确。

关于同业竞争，《中华人民共和国合伙企业法》对有限合伙人的权利限制与关联交易的规定相类似，原则允许其开展与合伙企业有竞争关系的同业业务，但如果合伙协议另有约定的则不可以。然而，《中华人民共和国合伙

---

① 参见刘保玉：《我国特别法上的担保物权之规范梳理与立法改进》，载于董学立主编：《担保法理论与实践》（第一辑），中国法制出版社 2015 年版。

② 立法上，当同一条款的后段要对前段内容作出相反、例外、补充或限制规定时，往往使用"但是"一词，"但是"以后的这段文字被称为"但书"。

企业法》完全没有对普通合伙人网开一面，没有但书，而是径直规定“合伙人不得自营或者同他人合作经营与本合伙企业相竞争的业务”。这样的规定，看似严格，最大限度地维护全体合伙人的利益，但却并不符合基金业务实际。因为实践中每个基金管理人（通常也是基金的普通合伙人）要管理的基金产品并不仅限于一只，而基于基金管理人的业务优势所在，其所管理的各只基金往往存在同业关系，例如，某基金管理人管理着甲、乙两只基金，甲基金的投资方向是医药卫生行业，乙基金的投资方向也是医药卫生行业，甲基金与乙基金显然存在同业竞争关系。如果严格按照《中华人民共和国合伙企业法》的规定，则基金管理人募集的基金产品数量将大幅减少，极不利于私募基金业的发展壮大。

对此，证监会发布的《私募投资基金监督管理暂行办法》作出了变通的规定，其第二十二条规定“同一私募基金管理人管理不同类别私募基金的，应当坚持专业化管理原则；管理可能导致利益输送或者利益冲突的不同私募基金的，应当建立防范利益输送和利益冲突的机制”。即只要建立防范利益输送和利益冲突的机制，则基金管理人可以同时管理数个存在同业竞争的基金产品。当然，证监会的文件的法律效力层级低于《中华人民共和国合伙企业法》，目前的做法仅是业务操作层面的变通和权宜之计，法律的真正理顺还有待法律层面高位阶法律对私募基金同业竞争的重新规定。

二、普通合伙人

1. 普通合伙人的数量

有限合伙企业中，必须要有至少一名普通合伙人，由于总数限制在五十人以下，理论上有限合伙企业可以有四十九名普通合伙人。私募基金业务实践中，双 GP 的情况并不罕见，甚至存在三 GP 的基金。多 GP 发生的原因比较复杂，有出于希望分得超额收益的原因，有出于一方挂名另一方实操的原因，等等，不一而足。在多 GP 的情形下，为避免降低投资效率，普通合伙人之间需要划分职责范围，分工协作。在向基金业协会作产品备案时，基于操作系统设计原因，一般一个基金产品只能挂在一个基金管理人名下，若是多 GP 情形，则只能将产品挂在其中一个 GP 名下。

2. 普通合伙人的资格

普通合伙人是对合伙企业的债务承担无限连带责任的合伙人。虽然自然人、法人或其他组织都可以成为合伙企业的合伙人，但立法者出于对国有资产流失的忧虑，考虑到我国法制尚不健全，有些国有企业存在经理（厂长）损公肥私的严重问题，如果允许国有企业成为合伙人，可能造成国有资产流失，所以，《中华人民共和国合伙企业法》又在第三条规定国有独资公司、国有企业、上市公司以及公益性的事业单位、社会团体不得成为普通合伙人，但不禁止其作为有限责任合伙人出资合伙企业。这种限制是为了避免以上企业参与合伙企业成为无限责任合伙人后可能面临使企业全部财产承担连带责任的风险，防止对国有资产以及社会公众利益的安全保障构成危险。[①]

如前所述，包括公务员、法官、检察官在内的有关党政干部不得作为有限合伙人从事私募基金投资活动，基于举轻以明重的法律逻辑，此类党政干部既然不能作为有限合伙人，就更不具备作为普通合伙人的资格了。

另外，从私募基金行业管理角度出发，基金业协会要求，如果普通合伙人作为基金管理人，必须按照《私募投资基金管理人登记和基金备案办法(试行)》的规定进行登记，否则将承担相应的法律责任。需要注意的是，我国《中华人民共和国证券投资基金法》第十二条明确规定：基金管理人由依法设立的公司或者合伙企业担任。因此，自然人不得成为基金管理人。

3. 普通合伙人的无限连带责任

尽管普通合伙人对合伙企业的债务承担无限连带责任，但合伙企业的债权人并无直索权利，不能直接要求普通合伙人清偿债务，必须由合伙企业先以其全部财产进行清偿，在合伙企业不能清偿到期债务的，普通合伙人才承担无限连带责任。《中华人民共和国合伙企业法》第九十二条规定，合伙企业不能清偿到期债务的，债权人可以依法向人民法院提出破产清算申请，也

① 朱慈蕴：《公司作为普通合伙人投资合伙企业引发的法律思考》，载《现代法学》2008 年 9 月。

可以要求普通合伙人清偿。债权人享有选择权。

普通合伙人之间可以协商按约定的比例分担亏损。但既然是对合伙债务承担无限连带责任，普通合伙人就不能拒绝合伙企业债权人要求其承担全部债务的请求，只能是在先满足债权人的要求后，就其清偿数额超过普通合伙人之间协商比例的部分，向其他普通合伙人追偿。

合伙关系存续期间，合伙人可以转换其合伙人性质，普通合伙人按协议约定的程序转变为有限合伙人的，对其作为普通合伙人期间合伙企业发生的债务承担无限连带责任，之后发生的债务则以其出资额为限承担有限责任。

业务实践中，常有企业通过注销工商登记或申请企业破产的方式逃避债务，但《中华人民共和国合伙企业法》规定，合伙企业注销后，原普通合伙人对合伙企业存续期间的债务仍应承担无限连带责任；合伙企业依法被宣告破产的，普通合伙人对合伙企业债务仍应承担无限连带责任。因此，即便合伙企业注销了工商登记信息或者通过法院宣告了企业破产，其普通合伙人仍不得免除对合伙企业债权人的清偿责任。

表 2-3　普通合伙人与有限合伙人的比较

	有限合伙人	普通合伙人
劳务出资	不允许	允许
责任形式	以认缴的出资额为限对合伙企业债务承担责任	对合伙企业债务承担无限连带责任
关联交易	可以自营或者同他人合作经营与本有限合伙企业相竞争的业务，合伙协议另有约定除外	除非合伙协议约定或合伙人一致同意，否则不得同本企业交易
同业竞争	可以同本有限合伙企业进行交易，但合伙协议另有约定的除外	不得自营或者同他人合作经营与本合伙企业相竞争的业务
财产份额出质	可以，但合伙协议另有约定的除外	须经其他合伙人一致同意；未经其他合伙人一致同意，其行为无效

续表

	有限合伙人	普通合伙人
财产份额转让	可以按照合伙协议的约定向合伙人以外的人转让其在有限合伙企业中的财产份额，但应当提前三十日通知其他合伙人	除合伙协议另有约定外，须经其他合伙人一致同意
退伙导致的合伙企业性质变化	有限合伙企业仅剩有限合伙人的，应当解散	有限合伙企业仅剩普通合伙人的，转为普通合伙企业
退伙后的责任	对基于其退伙前的原因发生的有限合伙企业债务，以其退伙时从有限合伙企业中取回的财产承担责任	对基于其退伙前的原因发生的合伙企业债务承担无限连带责任
合伙资格承继	继承人或者权利承受人可以依法取得该有限合伙人在有限合伙企业中的资格	按照合伙协议的约定或者经全体合伙人一致同意，从继承开始之日起，取得该合伙企业的合伙人资格
合伙人性质转换	转变为普通合伙人的，对其作为有限合伙人期间有限合伙企业发生的债务承担无限连带责任。	转变为有限合伙人的，对其作为普通合伙人期间合伙企业发生的债务承担无限连带责任

第三节 | 有限合伙人与普通合伙人的博弈

一、有限合伙人参与管理问题

1. 美国法上的“安全港规则”

按照美国传统的合伙企业法理论，有限合伙人获得在出资范围内承担有限责任的庇护是以丧失合伙企业经营管理权为代价的，如果有限合伙人超越合理的限度参与合伙企业经营管理，将构成对合伙企业的“控制”，若被法院判定为实施了控制企业的行为，则有限合伙人将丧失有限责任的保护，要与普通合伙人一样向合伙企业的债权人承担无限责任。这就是美国合伙企业法上的“控制原则”。而所谓“合理的限度”则经过多次修法[①]，逐步演变为“安全港规则”，即有限合伙人的行为如果被认定为有限合伙法明确列举的行为，则不视为参与合伙事务的控制，因而不构成对其有限责任的否定，不需要承担与普通合伙人同样的责任。[②]

无论是“控制原则”还是“安全港规则”，其出发点都是要平衡合伙企业的债权人与合伙人之间的利益，既不能为了繁荣合伙企业而放纵合伙人，也不能为了保护债权人而限制合伙企业发展。这种平衡观出自大航海时代的国际贸易实践，从有限合伙的雏形“康曼达（commenda）”开始到二十世纪前叶，有限合伙组织所充当的商业角色就是贸易主体，并不曾作为投资主体（以投资为业）存在，而作为贸易的双方，是平等民事主体，应当获得平等

① 20世纪70年代以来，美国《统一有限合伙法（1916）》（Uniform Limited Partnership Act）历经多次修改，扩大有限合伙人对合伙事务的控制权是主要动因，不断给予有限合伙人在合伙企业经营管理上更大的权限。1976年，美国统一州法委员会通过了《统一有限合伙法（1976）》（Revised Uniform Limited Partnership Act）。委员会对《统一有限合伙法（1976）》第303节做了几个重要修正，其中最重要的就是第一次确立了美国有限合伙上的“安全港规则”。1985年修订《统一有限合伙法》时，对“安全港”条款的范围进行了进一步的扩展。

② 参见张辉：《有限合伙人的责任庇护：美国经验与中国立法》，载《中国商法年刊2010》，法律出版社2011年版，第191页。

保护，任何一方不应获得额外的规避风险的特权。正是基于这种传统民法理念，法官必须考虑作为有限合伙人获得有限责任庇护的正当性，并基于权利义务对等原则逐渐衍生了“控制原则”等规则，要求以放弃合伙事务管理作为获得有限责任庇护的对价。如果有限合伙人执行了合伙事务，则不得享有有限责任，必须与普通合伙人一样向合伙企业的债权人承担无限责任。这种建立在有限合伙承担传统贸易主体角色的基础之上公平正义观，长期以来并未招致重大非议，这一点可以从美国《统一有限合伙法 1916》直到 1976 年才有重大修订看出。

美国统一州法委员会于 1976 年修订其有限合伙法并确立了“安全港规则”，该法在第 303 节第 2 款明确列举了有限合伙人可以实施的与合伙事务相关的一些行为，有限合伙人实施这些行为但不构成“参与合伙事务控制”，不承担无限责任，因而是安全行为，这些行为被人们形象地称之为“安全港”(Safe Harbors)。之所以作出这种修订，是因为有限合伙制私募基金开始兴起，有限合伙人迫切需要参与合伙事务管理来维护自身利益，更重要的是，此时的有限合伙企业已经（主要）不再是贸易主体，而（主要）是投资主体，作为投资主体的基金，一方面投资人的资金风险已经成为主要问题，投资人与基金管理人是一对主要矛盾，需要优先解决；另一方面，对外投资只会形成股权或其他权益，基金作为债务人的情形并不常见（在美国，基金可能会因为向银行借贷而形成债务；在中国，基金几乎不可能作为借贷主体，比较可能成为债务人的情况是签订房屋租赁协议等，但类似的交易相比基金对外投资而言微不足道)，不是需要关注的主要问题。

因此，在美国，一个事实是“安全港”下的安全行为不断扩张，有限合伙人参与合伙企业管理的范围与深度不断延伸。自 1985 年进一步扩张“安全港”范围后，2001 年，美国统一州法委员会索性彻底废除了“控制规则”，其示范法规定，即使有限合伙人参与了有限合伙的管理和控制，也不再承担无限责任，“有限合伙的义务不管是基于合同、侵权或者其他原因，都不是有限合伙人的义务。对于有限合伙的义务，有限合伙人不能仅仅因为身份而直接或者间接地承担责任，即使该有限合伙人参与了有限合伙事务的经营和控制。”[①] 尽管采用 2001 年示范法的州还不多，但放宽甚至取消对有限合伙人“参与合伙事务控制”的限制的趋势是明确的。当然，“控制规则”被废除，并不是一般地确认了有限合伙人对合伙事务的经营权，而是立法者采取了另一种立法思维：经营管理权分配是合伙人之间的事情，不应受主张权利的第三方的影响。如果有限合伙人“干预”合伙事务管理，则假定有限合伙人或者违反了法律或合伙协议，或者同时违反了法律和合伙协议，普通合伙人享有普通法和衡平法的充分救济，无须事先设定禁止性条款。[②]

从美国有限合伙的立法变迁可以看出，随着有限合伙在商业领域承担的角色的变换，法律上需要调和的矛盾也在变化，需要平衡的利益关系已经由合伙企业外部的债权人与有限合伙人之间转变为合伙企业内部的投资人与基金管理人之间，“安全港规则”的产生势所必然，且“安全港”下的安全行为得以不断扩张，以至于有限合伙人管理合伙企业在法律规制层面呈大幅松绑之势，有限合伙人如何参与合伙事务管理以及参与程度主要依合伙协议而定。对于美国这种向来有禁止有限合伙人过度干预控制合伙企业的国家而言，普通合伙人作为理财专家独立行使投资决策权已经深入人心，是其金融文化的一部分，不会轻易改变，因此，即便将有限合伙人与普通合伙人的行为边界放由合伙协议决定，也并未大量发生有限合伙人决定合伙企业对外投资的事情。

2.《中华人民共和国合伙企业法》第六十八条的理解与适用

《中华人民共和国合伙企业法》第六十八条在确认有限合伙人不执行合伙事务原则的同时，规定了不视为有限合伙人执行合伙事务的八种行为：(1) 参与决定普通合伙人入伙、退伙；(2) 对企业的经营管理提出建议；(3) 参与选择承办有限合伙企业审计业务的会计师事务所；(4) 获取经审计的有限

① See Daniel S. Kleinberger, A User's Guide to the New Uniform Limited Partnership Act, 37 Suffolk U. L.Rev. 583, 631 (2004). 转引自粘怡佳：《美国有限合伙法上“安全港规则”—以有限责任界定为中心》，载《科技与法律》2015 年第 2 期。

② 参见粘怡佳：《美国有限合伙法上“安全港规则”—以有限责任界定为中心》，载《科技与法律》2015 年第 2 期。

合伙企业财务会计报告；(5) 对涉及自身利益的情况，查阅有限合伙企业财务会计账簿等财务资料；(6) 在有限合伙企业中的利益受到损害时，向有责任的合伙人主张权利或者提起诉讼；(7) 执行事务合伙人怠于行使权利时，督促其行使权利或者为了本企业的利益以自己的名义提起诉讼；(8) 依法为本企业提供担保。

学界认为，《中华人民共和国合伙企业法》第六十八条即是对美国法上"安全港规则"的移植。从该条列举的具体行为看，确实与"安全港规则"下列举的行为存在相同或类似的地方，比如，美国《统一有限合伙法 (1985)》第 303 节 (b 款) 规定的属于"安全港"范围的行为包括有"向普通合伙人建议或咨询涉及有限合伙的业务"、"作为有限合伙的保证人，或担保或承担有限合伙的一项或多项特定义务"、"通过表决或其他方式建议、赞同或不赞同一个或数个以下事项：…… (v) 普通合伙人的接纳或免除；(vi) 有限合伙人的接纳和免除；……"，和《中华人民共和国合伙企业法》第六十八条中的"对企业的经营管理提出建议"、"依法为本企业提供担保"、"参与决定普通合伙人入伙、退伙"等内容类似。

但与美国法上的"控制原则"或"安全港规则"相比，《中华人民共和国合伙企业法》的上述规定，无论从立法技术，还是从实践效果看，二者都存在较大的差别。就法律制度本身而言，《中华人民共和国合伙企业法》并未进一步明确除第六十八条之外的行为是否就一定被视为执行合伙事务。更为模糊的是，《中华人民共和国合伙企业法》并未就有限合伙人执行合伙事务的法律后果作出明确规定。加之私募基金行业在我国尚属新兴事物或新兴行业，实践中，有限合伙人直接介入合伙事务管理便没有了违法之虞，投资人直接或间接控制合伙企业投资决策权的事例层出不穷，几成惯例。如果按照美国法理论，有限合伙人在"安全港"之外的行为将可能被视为落入"控制原则"范围中，其后果将是责任性质发生变化，由有限责任转为无限责任。由于我国合伙企业法并未就此作出规定，因此不能简单将美国法上的安全港规则与我国合伙企业法第六十八条等同。

基于以上比较，我们认为，我国合伙企业法第六十八条更主要的是为了平衡合伙企业内部有限合伙人与普通合伙人之间的利益而作出的法律指引，而不是如美国“安全港规则”设定一个安全行为边界以平衡有限合伙人与合伙企业的债权人的利益。在有限合伙人违反该条规定的情形，并不能直接推导出有限合伙人的责任形式从有限责任转变为无限连带责任的结论。

正是由于存在上述立法特点或缺陷，实践中，基金管理人与投资人如何分配企业的管理权利，如何界定有限合伙人参与企业管理的边界，如何用好有限合伙的制度优势等成为困扰当事人和投资机构的重要问题。一定程度上，投资风险并不完全来源于外部投资环境或投资项目，有限合伙人与普通合伙人在管理权、决策权争夺方面的内耗、投资人与理财专家关系的扭曲，成为投资效率低下，甚至投资失败的重要原因。

从完善立法的角度，我们建议，今后我国合伙企业法的修订，应当结合第六十八条的实施效果，在比较借鉴美国“安全港规则”及其发展趋势的基础上，进一步明确相关的法律责任，给当事人行为及其法律效果提供更为明确的指引和预期。此外，尽管有限合伙人与普通合伙人的权利义务由合伙协议决定，有限合伙人参与管理的程度亦由合伙协议决定，但为维护良好的投资环境，引导建立利益平衡的投资关系，法律有必要适度介入合伙协议中的有关条款，明确当事人可以自由约定的范围及其边界，对有限合伙人及普通合伙人的行为进行适度约束。

二、普通合伙人权利滥用问题

有限合伙人过度控制基金使基金管理人成为附庸[①]固然不足取，但同时也要看到，实践中还存在着另外一种极端情况，即普通合伙人（通常就是执行事务合伙人，也是基金管理人）乘着投资人对基金业务不熟悉，通过合伙

① 有限合伙人过度控制基金管理人的著名事例是关于东海创投的决策机制设计。东海创投设立时，为了让出资的老板们顺利过渡并接受合伙人制度，设计了一个有别于有限合伙制通行做法的“合伙人联席会”制度，在LP中推选出资额最大的佑利集团董事长胡旭苍为“联席会主席”。在这个框架下，合伙人联席会议是最高权力机构，所有的投资决策都由全体合伙人构成的联席会议来决定。

协议的安排，达到排除有限合伙人合法权益的目的。这种情况时有发生，投资人需要认真对待。普通合伙人排除有限合伙人合法权益，主要表现在以下几个方面：

1. 滥用重大事项一票否决权。在合伙协议中约定更换执行事务合伙人需要全体合伙人一致同意，或者约定执行事务合伙人拥有重大事项一票否决权。按照《中华人民共和国合伙企业法》第六十三条的规定，执行事务合伙人的更换与除名应当在合伙协议中写明，至于更换程序和除名条件，法律并没有强制性规定，完全依赖于合伙协议的约定。如果合伙协议由普通合伙人草拟，约定有关更换程序必须经全体合伙人一致同意，或者赋予执行事务合伙人对包括更换合伙人在内的重要事项一票否决权，则执行事务合伙人只要提出反对意见，就无法更换执行事务合伙人。这样约定的后果实际上悄然排除了有限合伙人更换执行事务合伙人的权利。

2. 滥用控制地位。利用作为执行事务合伙人的地位和便利，故意制造障碍，导致其他合伙人无法就执行事务合伙人的除名事宜达成一致。《中华人民共和国合伙企业法》第四十九条规定了在其他合伙人一致同意下，合伙人应予除名的行为，包括了“因故意或者重大过失给合伙企业造成损失”及“执行合伙事务时有不正当行为”等主要涉及执行事务合伙人应被除名的行为。但问题是，基金一般由普通合伙人（基金管理人）发起，普通合伙人是基金各合伙人之间的纽带，在会议的召集、信息的传递等各个方面都处于优势地位，即使其作出了第四十九条规定的应予除名的行为，但如果执行事务合伙人不配合，则有关事实很难查清，到底是否属于故意或重大过失，是否属于行为不当，并非那些不参与合伙企业管理的有限合伙人轻易所能查清，遑论“其他合伙人一致同意”了。

3. 滥用信息优势。利用其优势和地位，屏蔽信息，导致有限合伙人无从依法获得救济。依照《中华人民共和国合伙企业法》第六十八条的规定，有限合伙人在有限合伙企业中的利益受到侵害时，有权向有责任的合伙人主张权利或者提起诉讼；在执行事务合伙人怠于行使权利时，有权督促其行使权利或者为了本企业的利益以自己的名义提起诉讼。但问题在于，法律没有进一步规定配套程序规范，有限合伙人此时的对手是手握信息的执行事务合伙人，如何才能证明自身利益受到侵害，如何才能证明执行事务合伙人是“怠于”行使其权利，确是非常棘手的难题。如果举证不能，则法律所赋予的权利最终只能停留在纸面上，并无实益。

凡此种种，都是处于初级阶段的我国私募股权基金行业存在的不履行管理人信义义务[①]的表现形式。投资人对于此类风险的防范，应当从以下三方面着手：一是慎重选择合作伙伴。应当选择那些视声誉如生命、有着良好口碑的基金管理人。二是慎重研究合伙协议等法律文件，重视有关权利义务条款的约定。尽量通过程序上的安排使自身的权利行使具备可操作性。三是重视检查监督和信息沟通。法律赋予有限合伙人以知情权、检查权，有限合伙人应当主动行使，及时与相关人员作好信息沟通，为日后维权搜集证据线索。

三、有限合伙制度的发展趋势

如前所述，有限合伙之所以成为私募股权基金的主流组织形式，主要得益于其在组织成员和责任形式的二元性、管理机制、激励约束机制，以及税收穿透等方面的制度优势。其中，组织成员和责任形式的二元性是指有限合伙企业中的有限合伙人和普通合伙人享有不同的责任承担方式，即有限合伙人对合伙债务承担有限责任，普通合伙人承担无限连带责任。学者认为，“该种合伙企业不同于普通合伙企业，由普通合伙人与有限合伙人组成，前者负责合伙的经营管理，并对合伙债务承担无限连带责任，后者不执行合伙事务，仅以其出资额为限对合伙债务承担有限责任。相对于普通合伙企业，有限合伙企业允许投资者以承担有限责任的方式参加合伙成为有限合伙人，有利于刺激投资者的积极性。并且，可以使资本与智力实现有效的结合，即拥有财

① 信义义务（fiduciary duty）也被有的学者翻译成诚信义务、受信义务，它是源自信义法（fiduciary law）的概念，通常指受益人对受信人施加信任和信赖，使其怀有最大真诚、正直、公正和忠诚的态度，为了前者最大利益行事。在合伙企业中，普通合伙人对有限合伙人承担的信义义务是指：普通合伙人应当殚精竭虑、忠诚于合伙企业事务，不利用职权谋取私利而损害合伙企业和有限合伙人的利益；同时还应当以高度的注意与谨慎履行职责，千方百计地谋求合伙企业利益最大化。参见吕海宁：《私募股权基金法律制度研究》，大连海事大学 2013 年博士论文，第 91 页。

力的人作为有限合伙人，拥有专业知识和技能的人作为普通合伙人，从而建立以有限合伙为组织形式的风险投资机构，从事高科技项目的投资”。[①] 概括说就是，有限合伙人出钱，普通合伙人出力，出钱的承担有限责任，出力的承担无限责任，资本与智力从而实现了最佳结合。

对于有限合伙人而言，因为仅承担有限责任，有利于其投资积极性的提高，这一点并无疑问。然而，为何出力的投资专家（基金管理人）就必须要承担无限连带责任？难道不能承担有限责任吗？从文献检索的情况看，未发现有专门就此展开讨论的文章。从现有关于有限合伙企业的研究看，一般认为，基金管理人实际经营基金，有必要加重其责任，令其承担无限责任，有助于促使其谨慎行事，严格履行其信义义务。但问题是，目前绝大多数国家均允许法人作为普通合伙人[②]，我国也不例外。既然法人可以作为普通合伙人，则投资专家完全可以通过成立基金管理公司的形式，由基金管理公司充当普通合伙人，这样一来，通过中间嵌入公司的方式就阻断了投资专家承担无限连带责任的风险，身家性命可确保无虞。事实上，国内外私募股权基金的普通合伙人的确大都采取公司制这一形式。本质上讲，投资专家们仍然是以出资额为限承担了有限责任，只不过该有限责任体现在普通合伙人层面，而非有限合伙层面，但其实并无区别。这就带来一个问题，既然允许法人作为普通合伙人，又何必一定要求基金管理人承担无限连带责任？

事实上，在投资业发达的美国，已经出现了普通合伙人承担有限责任的新型组织形式，还出现了完全抛弃普通合伙人与有限合伙人二元结构的更加激进的组织形式。前者为 Limited Liability Limited Partnership（LLLP），直译为有限责任有限合伙；后者为 Limited Liability Company（LLC），可译为有限责任企业。

---

① 王保树：《认识合伙企业法　解读合伙人责任》，载《人民法院报》2006 年 9 月 13 日第 005 版。

② 参见朱慈蕴：《公司作为普通合伙人投资合伙企业引发的法律思考》，载《现代法学》2008 年 9 月。当代世界各国基本均认可法人作为合伙企业的普通合伙人，即使禁止法人作为普通合伙人的我国台湾地区，其禁止理由也仅在于法人作为普通合伙人可能损害公司股东或公司债权人的利益，并未考虑公司可能阻断投资专家承担无限责任的问题。

在美国，有限责任有限合伙与有限合伙一样，主要适用于风险投资行业。有限责任有限合伙（LLLP）将有限合伙（LP）与有限责任合伙（LLP）[①]的优势相结合，依有限责任有限合伙组织形式的风险投资基金为例，不仅作为有限合伙人的出资人受有限责任的保护，作为普通合伙人的基金管理人也享有有限责任合伙（LLP）中普通合伙人有条件的有限责任的保护。即普通合伙人只对自己的过失给风险投资企业造成的损失承担无限责任，而对其他普通合伙人在管理风险投资基金过程中产生的过失不承担无限连带责任。[②]

有限责任企业（LLC）在一定程度上是合伙与公司的混合体，其既可以享有合伙企业一次纳税（不缴纳企业所得税）的待遇，同时出资人又以出资为限享有有限责任的保护。依我国民商事主体法的基本原则，美国的有限责任企业（LLC）的这种企业组织形式是一个矛盾体或是一个悖论，但这正体现了美国商事主体立法适应实践的灵活性以及美国政府对中小企业的扶持态度。[③]

从美国的新型企业发展趋势看，普通合伙人以自身财产承担无限连带责任并非投资行业应当固守之准则，有限合伙之二元性也难谓优势。我国立法应当关注投资实践的最新动向，积极研究创业投资和股权投资等领域的制度实践和制度创新，通过不断调整和完善相关法律政策体系，保持制度规范与行业发展变化之间的契合度。

① LLP即我国合伙企业法中的特殊的普通合伙企业，主要适用于财会、法律服务中介机构。其特点是：一个合伙人或者数个合伙人在执业活动中因故意或者重大过失造成合伙企业债务的，应当承担无限责任或者无限连带责任，其他合伙人以其在合伙企业中的财产份额为限承担责任。合伙人在执业活动中非因故意或者重大过失造成的合伙企业债务以及合伙企业的其他债务，由全体合伙人承担无限连带责任。

② 沈四宝、郭丹：《美国合伙制企业法比较评析及对中国法的借鉴》，载《甘肃政法学院学报》2006年3月。

③ 沈四宝、郭丹：《美国合伙制企业法比较评析及对中国法的借鉴》，载《甘肃政法学院学报》2006年3月。

CHAPTER

第三章

国有企业作为合伙人：政策初衷与实践效果

PRIVATE EQUITY FUND

第一节　国有企业能不能作为普通合伙人？

第二节　国有股东的转持义务及其豁免

第三节　“国控基金”与非“国控基金”

本章导读

国有企业作为有限合伙之合伙人，特别是普通合伙人的特殊性在于其国有身份。出于国有资产规范管理和保值增值的考虑，目前的法律法规和政策措施重点集中在国有企业投资身份、国有股权登记备案和转让处置、国有股权转持等领域和环节，并由此构成调整国有企业参与私募股权投资的规则体系。本章重点讨论相关政策规则的适用范围及其实施效果，介绍实践中的一些典型做法，并给出我们的意见和建议。

从总体上看，有关规定旨在加强国有企业和国有资产的规范管理，防止国有资产流失，确保国有资产保值增值。比如，禁止国有企业成为普通合伙人的立法目的是防止其因承担无限连带责任影响企业国有资产的安全；强化国有资产的形成、评估、流转等管理的目的在于规范国有企业对外合作、对外投资、重大资产转让等行为。客观地说，以资产监管、行为监管为特征的规则体系在规范国有资产管理、维护国有资产安全等方面确实发挥了积极作用，避免了很多违法违规行为。但从另一个角度看，这些做法也在很大程度上束缚了国有企业的手脚，抑制了其参与私募股权基金的空间和灵活性，突出表现在：一是国有资产严格的管理程序与私募股权基金灵活的决策机制和效率要求存在冲突。国资监管的很多规范规定得非常细、非常具体，每一个环节、每一个步骤都需要履行相应的决策程序或登记、备案程序，致使国有企业内部决策流程非常长，这与私募股权基金在及时把握市场机会，快速决策、快速投资方面的要求不相适应；二是国有资产的管理目标与风险投资的行业特点之间的差异。私募股权基金的行业属性决定了其投资行为本身面临很高的风险，很难保证每一笔投资都产生盈利或不发生损失。如何协调风险投资与国有资产保值增值之间的矛盾，也是国有企业面临的重大挑战；三是有些国有企业通过变通的做法已经突破了合伙企业法关于禁止国有企业担任普通合伙人的规定。比如，通过关联企业成为基金的普通合伙人，或通过协议安排担任基金管理人等。

这些做法，在一定程度上规避了现行法律法规的要求，但风险也是显而易见的：对国有企业而言，可能面临来自监管部门的处罚；对基金的其他合作方而言，则面临合作的不确定性或合法合规性质疑。如何解决国有企业面临的这一困境？我们认为，关键是要转变观念。要高度重视经济转型升级和产业结构变化过程中的制度创新和管理创新，积极研究新的企业组织形式、新型经济业态、新的合作模式的发展变革，及时调整监管思路和管理措施，保持监管与经济环境的契合度，避免管控与现实脱节，尽可能为国有企业“松绑”。

第一节 国有企业能不能作为普通合伙人？

一、国有企业的概念

何谓“国有企业”？是仅包括国有独资企业，还是也包括国有控股企业，抑或还包括国有参股企业？

1993年以前，我国的全民所有制企业称为“国营企业”，93年宪法修正案将“国营企业”改为“国有企业”，自此，“国有企业”登上历史舞台，但是，何谓“国有企业”却长期以来没有一个明确定义，经济学界众说纷纭，有学者将学界对“国有企业”定义的认识归纳为三类[①]：一是“独资说”，该说认为，国有企业是指国有独资企业，即资产完全由国家投入，产权完全为国家所有，由国家委派代理人管理，经济目标受国家控制或影响的企业；二是“控股说”，该说认为，国有企业是指国有独资企业和国家参股且国有股份达到一定量而能控制企业运行的非纯国有企业；三是“参股说”，该说认为，凡有国有资本投入的企业，无论企业中国有资本（或股份）占多大比重，均被定为国有企业，即国有企业包括国有独资企业、国有资本控股的企业和国有资本参股但没达到控股程度的企业。显然，就覆盖范围看，参股说大于控股说，控股说大于独资说。

学界对“国有企业”概念认识的差异也反映到有关法律法规中。首先是早期法律法规普遍回避对国有企业的定义，1993年以后大量法律文件涉及“国有企业”，但无论是国务院的发文，还是各部委文件，都未明确定义“国有企业”。2003年，因公安部发文咨询刑法中关于“国有公司、企业”的解释问题，财政部和国家统计局分别就其对“国有企业”的理解作出书面解

① 参见赖早兴、潘旭：《“国有企业”概念辨析》，载《商业研究》2004年总第305期。

释，[①] 但也未明确定义。2009 年施行的《中华人民共和国企业国有资产法》亦未对“国有企业”作出定义，而是另行使用了“国家出资企业”的概念，其第五条规定“本法所称国家出资企业，是指国家出资的国有独资企业、国有独资公司以及国有资本控股公司、国有资本参股公司”，这一定义类似于经济学界“参股说”，范围广泛，但由于该法规制的标的是国有资产，因此，所有保有国有资产的企业都包含在内并无不妥。该法特意创设了“国家出资企业”这一未曾使用过的概念以示与“国有企业”的区别。

较早明确定义“国有企业”的规范性文件是国家统计局、国家工商行政管理局印发的《关于划分企业登记注册类型的规定》（国统字［1998］200 号），该规定指出“国有企业是指企业全部资产归国家所有，并按《中华人民共和国企业法人登记管理条例》规定登记注册的非公司制的经济组织。不包括有限责任公司中的国有独资公司”。从这一定义看，国有企业仅指企业资本金全部由国家所有的非现代公司制的全民所有制企业。该规定虽为 2011 年的《国家统计局、国家工商行政管理总局关于划分企业登记注册类型的规定调整的通知》（简称“通知”）修订，但“通知”对“国有企业”的定义仍

① 一、财政部《关于国有企业认定问题有关意见的函》（财企函［2003］9 号）的理解是，对于“国有公司、企业”的认定，应从以下角度加以分析：1. 从企业资本构成的角度看，“国有公司、企业”应包括企业的所有者权益全部归国家所有、属《企业法》调整的各类全民所有制企业、公司（指《公司法》颁布前注册登记的非规范公司）以及《公司法》颁布后注册登记的国有独资公司、由多个国有单位出资组建的有限责任公司和股份有限公司。2. 从企业控制力的角度看，“国有公司、企业”还应涵盖国有控股企业，其中，对国有股权超过 50% 的绝对控股企业，因国有股权处于绝对控制地位，应属“国有公司、企业”范畴；对国有股权处于相对控股的企业，因股权结构、控制力的组合情况相对复杂，如需纳入“国有公司、企业”范畴，须认真研究提出具体的判断标准。二、国家统计局《关于对国有公司企业认定意见的函》（国统函［2003］44 号）的理解是，国有企业有广义、狭义之分。广义的国有企业是指具有国家资本金的企业，可分为三个层次：1. 纯国有企业。包括国有独资企业、国有独资公司和国有联营企业三种形式，企业的资本金全部为国家所有。2. 国有控股企业。根据国家统计局《关于统计上国有经济控股情况的分类办法》的规定，国有控股包括国有绝对控股和国有相对控股两种形式。国有绝对控股企业是指在企业的全部资本中，国家资本（股本）所占比例大于 50% 的企业。国有相对控股企业（含协议控制）是指在企业的全部资本中，国家资本（股本）所占的比例虽未大于 50%，但相对大于企业中的其他经济成分所占比例的企业（相对控股）；或者虽不大于其他经济成分，但根据协议规定，由国家拥有实际控制权的企业（协议控制）。3. 国有参股企业。是指具有部分国家资本金，但国家不控股的企业。国有与其他所有制的联营企业，按照上述原则分别划归第 2、3 层次中。狭义的国有企业，仅指纯国有企业。

然沿用了原规定。

对基金行业影响较大的有关“国有企业”定义的规范性文件是2012年6月由发改委发布的《股权投资企业备案文件指引》系列文件，其中《股权投资企业合伙协议指引》对“国有企业”概念作出界定：“本指引所称‘国有企业’，系指国有股权合计达到或超过50%的企业”。这一定义既包括企业资本金全部为国家所有的国有独资企业（公司），也包括国有资本绝对控股的企业（公司），范围口径大于前述规定。然而，伴随着私募投资基金的归口管理权由发改委转移至证监会，该系列文件已于2016年6月被废止。

与“国有企业”认定相关的规范性文件还有国资委出台的一系列监管文件，主要有《上市公司国有股东标识管理暂行规定》（国资发产权［2007］108号）（简称“108号文”）、《关于施行〈上市公司国有股东标识管理暂行规定〉有关问题的函》（国资厅产权［2008］80号）（简称“80号文”），以及《企业国有资产交易监督管理办法》（以下简称“32号令”）。其中，“108号文”及“80号文”构成了上市公司国有股东身份的认定标准（详见本章第二节），也是当前基金行业设计国有资本出资比例的指针，凡欲达到规避国有股转持目的的基金，均将国有资本出资比例调至总资本的50%以下，例如，绵阳科技城产业投资基金（有限合伙），该合伙企业的38名合伙人中，共有6名纯国资LP：全国社会保障基金理事会、中国邮政储蓄银行股份有限公司、中国建银投资有限责任公司、国开金融有限责任公司、英大国际控股集团有限公司。其各自认缴出资占绵阳基金总认缴出资额的比例分别为：21.36%，10.68%，5.34%，3.20%和3.20%。合计所持出资份额比例为43.78%，低于50%。[①]

国资委于2016年发布的“32号令”虽然未对“国有企业”下定义，但出于强化国资监管的考虑，进一步明确框定了国资监管的边界，即国有及国有控股企业、国有实际控制企业的产权转让、企业增资及重大资产转让行为都属于监管范围。“32号令”同时对所谓国有及国有控股企业、国有实际控

① 参见陈芳、陈曦：《PE基金之国有股东认定问题简析——私募基金实务系列之一》，http://www.goingconcern.cn/article/11558，访问日期：2017年2月26日。

制企业的内涵作出了界定，这就意味着今后如果被认定为此类企业，则其相关行为将受到国资监管的限制。

表 3-1 界定国有企业的有关规范性文件列表

序号	文件名称	发布部门	发布时间	是否有效	相关条款内容
1	《关于划分企业登记注册类型的规定》（国统字［1998］200 号）	国家统计局、国家工商行政管理局	1998 年	2011 年修订，有效	国有企业是指企业全部资产归国家所有，并按《中华人民共和国企业法人登记管理条例》规定登记注册的非公司制的经济组织。不包括有限责任公司中的国有独资公司。
2	《关于国有企业认定问题有关意见的函》（财企函［2003］9 号）	财政部	2003 年	有效	详见本节有关注释
3	《关于对国有公司企业认定意见的函》（国统函［2003］44 号）	国家统计局	2003 年	有效	详见本节有关注释
4	《关于施行〈上市公司国有股东标识管理暂行规定〉有关问题的函》（国资厅产权［2008］80 号）	国务院国资委①	2008 年	有效	持有上市公司股份的下列企业或单位应按照《上市公司国有股东标识管理暂行规定》（国资发产权［2007］108 号）标注国有股东标识： 1. 政府机构、部门、事业单位、国有独资企业或出资人全部为国有独资企业的有限责任公司或股份有限公司。 2. 上述单位或企业独家持股比例达到或超过 50% 的公司制企业；上述单位或企业合计持股比例达到或超过 50%，且其中之一为第一大股东的公司制企业。

① 国务院国有资产监督管理委员会的简称，全书同。

续表

序号	文件名称	发布部门	发布时间	是否有效	相关条款内容
					3. 上述“2”中所述企业连续保持绝对控股关系的各级子企业。 4. 以上所有单位或企业的所属单位或全资子企业。 以上仅适用于标注上市公司国有股东标识事项。
5	《中华人民共和国企业国有资产法》	全国人大常委会	2009 年 5 月 1 日施行	有效	本法所称国家出资企业，是指国家出资的国有独资企业、国有独资公司以及国有资本控股公司、国有资本参股公司。
6	《股权投资企业备案文件指引》	国家发展和改革委员会	2012 年	2016 年 6 月被废止	本指引所称“国有企业”，系指国有股权合计达到或超过 50% 的企业。
7	《企业国有资产交易监督管理办法》(32 号令)	国务院国资委、财政部	2016 年	有效	本办法所称国有及国有控股企业、国有实际控制企业包括： (一) 政府部门、机构、事业单位出资设立的国有独资企业(公司)，以及上述单位、企业直接或间接合计持股为 100% 的国有全资企业； (二) 本条第 (一) 款所列单位、企业单独或共同出资，合计拥有产 (股) 权比例超过 50%，且其中之一为最大股东的企业； (三) 本条第 (一)、(二) 款所列企业对外出资，拥有股权比例超过 50% 的各级子企业； (四) 政府部门、机构、事业单位、单一国有及国有控股企业直接或间接持股比例未超过 50%，但为第一大股东，并且通过股东协议、公司章程、董事会决议或者其他协议安排能够对其实际支配的企业。

二、国有企业作为普通合伙人的禁止性规定

《中华人民共和国合伙企业法》第三条规定，国有独资公司、国有企业、上市公司以及公益性的事业单位、社会团体不得成为普通合伙人。按照《关于〈中华人民共和国合伙企业法（修订草案）〉的说明》解释，本条规定的目的是为了防止国有企业和上市公司等因参加合伙可能使企业全部财产面临承担连带责任的风险。这一规定的法律效果是直接宣告国有企业无法成为私募基金的普通合伙人，其直接推论是，国有企业不能作为执行事务合伙人管理私募基金。

需要注意的是，这并不能当然推断出国有企业不能在基金业协会登记为基金管理人。主要原因在于，基金的组织形式并不只限于有限合伙制，还有大量的公司制和契约制基金，这些基金也需要基金管理人，而作为这些基金的管理人，并不受《中华人民共和国合伙企业法》的规制，国有企业当然可以作为公司制和契约制基金的管理人并在基金业协会登记。比如，查询中国证券投资基金业协会的公开信息可以看到，国新资本有限公司就是一家纯国资背景的基金管理人，其发行的“国新资本安澜成长一号基金”是一只契约型基金。

三、《合伙企业法》上“国有企业”的范围

从前述关于“国有企业”的相关规定看，发改委的定义已经随着文件的废止而不再适用，“108 号文”及“80 号文”只是国有股东标识的规定，并未定义“国有企业”，“32 号令”也只框定了企业监管范围，没有直接给出“国有企业”的定义，只有国家统计局、国家工商行政管理局印发的《关于划分企业登记注册类型的规定》所作出的定义明确且持续有效。该定义通常被认为是狭义的国有企业，对于国资监管而言过于狭窄，不利于国有资产保护，因此，关于国资监管的“32 号令”才把监管范围框定为“国有及国有控股企业、国有实际控制企业”，“108 号文”及“80 号文”也将国有股东的范围扩充至绝对控股企业，均未直接使用“国有企业”的概念。

《中华人民共和国合伙企业法》第三条直接使用了“国有企业”一词，并把“国有企业”和“国有独资公司”并列。我们认为，此处的“国有企业”只应适用国家统计局、国家工商行政管理局印发的《关于划分企业登记注册类型的规定》对国有企业作出的定义，即“国有企业是指企业全部资产归国家所有，并按《中华人民共和国企业法人登记管理条例》规定登记注册的非公司制的经济组织。不包括有限责任公司中的国有独资公司”。从前述有关监管文件（108 号文、80 号文、32 号令）的规定可知，立法者清楚“国有企业”的内涵较窄，要满足国资监管要求，势必要重新划定其适用边界，而不是使用现成的“国有企业”一词，而《中华人民共和国合伙企业法》恰恰使用了“国有企业”一词，可见立法者实际上就是要使用这个“狭义”的“国有企业”的概念，这也是为什么“国有企业”会和“国有独资公司”并列的原因。如果对此处“国有企业”作广义解释，则国有独资公司应当被包含进去，无需将二者并列。可见，立法者并非不了解不同规范性文件中“国有企业”概念的差异，通过将国有企业、国有独资公司等并列的方式加以规定恰能反映立法本意是在狭义层面上使用“国有企业”一词。

基于上述分析，我们认为《中华人民共和国合伙企业法》第三条所称“国有企业”是指尚未改制的、依据《中华人民共和国企业法人登记管理条例》登记的全民所有制企业。如果一个企业既非国有独资公司，也非全民所有制企业，则应当赋予其作为合伙企业普通合伙人的权利能力。有人可能会提出，于此情形，只需通过增加一个股东的方式即可改变企业纯国资的全民所有制性质，从而规避这一规定，因此“国有企业”不应当作上述解释。我们认为，所谓通过增加股东改变企业纯国资性质的情况并不可能发生，原因在于我国法律对全民所有制企业的改制有着严格的审批规定，此类公司不可能仅为了能做普通合伙人而进行改制，故而这种理由站不住脚。

因此，我们的结论是，只要不是国有独资公司或全民所有制企业，在从事基金业务时，不能仅仅因为其有国资成分或国资背景而被拒绝作为有限合伙制基金的基金管理人。事实上，基金业协会的登记实践也支持这种认识。例如，华融渝富股权投资基金管理有限公司在其工商登记信息中明确为“有限责任公司（国有控股)”，在基金业协会的基金管理人信息中，该公司是芜湖渝宾投资中心（有限合伙）等多个有限合伙制基金的基金管理人。

实践中，由于认识的不一致，出于最大限度规避“风险”的考虑，国资背景的企业往往通过与其他民营企业合资成立 GP 的方式间接作为基金管理人，或者由一家非国资背景的企业作为名义 GP，而将有关基金管理事务委托给国资背景企业来实际操盘。我们认为，统一认识有助于降低企业不必要的管理成本，基金业协会应当尽快就有关问题作出澄清与解释，有关立法部门也应当就“国有企业”的概念内涵与外延尽快作出权威解释与界定。

第二节 ┃ 国有股东的转持义务及其豁免

2009年6月，经国务院批准，财政部、国资委、中国证监会和全国社保基金会联合发布《境内证券市场转持部分国有股充实全国社会保障基金实施办法》[①]（简称《转持办法》）。根据《转持办法》规定，境内股份有限公司首次公开发行股票并上市时，如股份有限公司的股东被国资监管部门认定为“国有股东”，则需按实际发行股份数量的10%将上市公司部分国有股无偿划转至全国社会保障基金理事会名下。

被投资企业IPO是私募基金的重要退出路径之一，如果基金被认定为国有股东，国有股转持将对基金的预期收益产生重大影响。实践中，大量基金含有国资成分，如何界定基金是否属于国有股东，是基金募资及设计合伙人出资比例时需要考虑的重要问题。

一、国有股东

1. 国有股东的认定标准

不同于关于“国有企业”的定义，涉及国有股转持的“国有股东”按照转持办法的规定是指经国资监管部门确认的国有股东。国资监管部门分为两大类：负责监管金融类企业的财政部门，负责监管非金融类企业的国资委。

目前，业界普遍认为国资委主要是依据国务院国资委“80号文”来认定“国有股东”，以国有出资人对被出资单位的绝对控股或连续多层级的绝对控股，作为确定被出资单位“国有股东”身份的基本标准：(1) 政府机构、部门、事业单位、国有独资企业或出资人全部为国有独资企业的有限责任公司或股份有限公司。(2) 上述单位或企业独家持股比例达到或超过50%的公司制

---

① 国务院于2017年11月9日发布了《国务院关于印发划转部分国有资本充实社保基金实施方案的通知》（国发〔2017〕49号），该通知要求自其发布之日起《转持办法》停止执行，这标志着国有股转持制度的重大调整。但鉴于国务院的方案尚处于试点期间，且《转持办法》亦未明确废止，从理论研究角度，我们认为本节论述仍有参考意义。

企业；上述单位或企业合计持股比例达到或超过 50%，且其中之一为第一大股东的公司制企业。(3) 上述"(2)"中所述企业连续保持绝对控股关系的各级子企业。(4) 以上所有单位或企业的所属单位或全资子企业。

根据上述规定，国资成分低于 50% 的，即使相对控股或能够通过协议等方式控制企业，也不被认定为国有股东。

财政部门批复的"国有股东"一般是按照财政部《关于国有企业认定问题有关意见的函》(财企函〔2003〕9 号) 的精神确定，该文件对"国有公司、企业"的界定比较笼统，导致拟上市企业难以准确预测其股东是否属于国有身份。

值得注意的是财政部等部委就金融企业投资的私募基金履行转持义务有比较明确的规定，表明了其对金融企业投资的私募基金的国有股东身份认定的标准，在《关于进一步明确金融企业国有股转持有关问题的通知》(财金〔2013〕78 号)(简称"78 号文") 中，财政部规定"金融企业投资的企业首次公开发行股票并上市的，如果金融企业股权投资的资金为该金融企业设立的公司制私募基金，财政部门在确认国有股转持义务时，按照实质性原则，区分私募基金（含构成其资金来源的理财产品、信托计划等金融产品）的名义投资人和实际投资人。如私募基金的国有实际投资人持有比例合计超过 50%，由私募基金或其国有实际投资人按照《境内证券市场转持部分国有股充实全国社会保障基金实施办法》(财企〔2009〕94 号) 等相关规定，履行国有股转持义务。"

2. 私募股权基金中国有股东的认定

对于含有国资成分的有限合伙制私募股权基金，有两个问题需要明确：一是国有独资或国有绝对控股的合伙人单独或合计持有的合伙企业份额达到或超过 50%，该私募股权基金是否会被认定为国有股东？第二，若有限合伙制私募股权基金的 GP 是国有或国有控股企业，是不是该私募股权基金应被认定为国有股东？

关于第一个问题，实务中已有答案，西安通源石油（股票代码：300164）在其《首次公开发行股票并在创业板上市公告书》中载明，上海联新投资中心（有限合伙）持有的 114.937 万股股份在本次发行后划转给全国社会保障基金理事会持有。上海联新投资中心（有限合伙）系合伙制内资人民币股权投资基金，其LP中有两家国有绝对控股企业，上海联和投资有限公司出资份额占比为48.29%，中国科学院国有资产经营有限责任公司出资份额占比为19.32%，合计超过50%，且上海联和投资有限公司为最大份额持有人，根据上海市国有资产监督管理委员会于2010年2月24日签发的《关于西安通源石油科技股份有限公司部分国有股转持有关问题的批复》（沪国资委产权〔2010〕63号），上海联新投资中心（有限合伙）被认定为国有股东，依法须履行国有股转持义务。

关于第二个问题，从有限合伙企业的特点看，GP执行合伙事务，是实际控制人，LP出资但不参与合伙事务的执行，GP一般出资可能低至1%，剩余99%的资金都可能是LP来承担。在这种情况下，如果以实际控制来确定基金的国有或非国有性质，并进而予以划转，势必严重损害非国资成分LP的利益，国家在极少出资的情形下却无偿划转远超其出资额的份额，难谓公平。相关案例表明，在LP占绝对比例时，即使GP为国有或国有控股企业，基金也不被认定为国有股东。熙菱信息（股票代码：300588）的股东之一是嘉禾投资（合伙制基金），嘉禾投资的GP为中合盛资本管理有限公司（国有企业），GP出资比例为0.223%，不属于第一大股东，LP均为非国有企业，该基金未被认定为国有企业。①

3. 国资委80号文、32号令的影响

需要注意的是，“80号文”是关于标注上市公司国有股东的规定，在企业上市前其股东是否被认定为国有股东并非80号文的规制范围。因此，拟上市企业的股东即使不完全符合“80号文”关于上市公司国有股东标注的规定，也未必在IPO阶段不被认定为国有股东。实质重于形式才是国资监管部门认定拟上市企业国有股东身份的原则，是否“控制”企业或股比超过50%并非绝对依据，财政部在其《关于国有企业认定问题有关意见的函》（财企函［2003］9号）中提出“对国有股权处于相对控股的企业，因股权结构、

① 参见《熙菱信息：上海市锦天城律师事务所关于公司首次公开发行股票并在创业板上市的补充法律意见书（七）》，http://www.92to.com/shehui/2016/12-15/14510152.html，访问日期：2017年3月11日。

控制力的组合情况相对复杂，如需纳入‘国有公司、企业’范畴，须认真研究提出具体的判断标准”直接体现出国资监管部门对国有股东认定标准的弹性。基于这种认识，就能理解通源石油案例中，为何在GP作为实际控制人但非国有企业而LP所持国资份额超过50%时仍被要求国有股转持，也能解释熙菱信息案例中在LP均为非国有企业但GP是国有企业并实际控制基金时却不被要求国有股转持的原因，监管部门不是仅从“控制”的角度考虑问题，还会同时从国有资产筹集充实社保基金的角度考虑问题。

业界普遍认为，由于“80号文”并非企业IPO时国有股东认定的绝对标准，自国资委“32号令”于2016年6月出台后，监管层对IPO时国有股东的认定范围可能会扩大。主要原因在于“32号令”将国资监管的范围界定为“国有及国有控股企业、国有实际控制企业”。所谓“国有及国有控股企业、国有实际控制企业”包括：（1）政府部门、机构、事业单位出资设立的国有独资企业（公司），以及上述单位、企业直接或间接合计持股为100%的国有全资企业；（2）本条第（1）款所列单位、企业单独或共同出资，合计拥有产（股）权比例超过50%，且其中之一为最大股东的企业；（3）本条第（1）、（2）款所列企业对外出资，拥有股权比例超过50%的各级子企业；（4）政府部门、机构、事业单位、单一国有及国有控股企业直接或间接持股比例未超过50%，但为第一大股东，并且通过股东协议、公司章程、董事会决议或者其他协议安排能够对其实际支配的企业。可见，相对于“80号文”，“32号令”规定的国有企业涉及的范围更广。

此外，与“80号文”相比，“32号令”一个明显的变化是增加了第一大股东虽未绝对控股但能实际控制企业的情形。尽管“32号令”主要针对的是国有资产交易行为，并没有明确直接适用于上市公司国有股划转时国有股东的认定，但这是否会影响监管部门关于企业IPO时国有股东的认定，需要在实践中继续观察。

二、转持的触发条件、转持数量和转持方式

1. 触发条件

《转持办法》规定，股权分置改革新老划断后，凡在境内证券市场首次

公开发行股票并上市的含国有股的股份有限公司，除国务院另有规定的，均须依法履行其国有股转持义务。由此可知，发生在境外的 IPO、境内或境外再融资、上市公司并购重组、引入国有战略投资者、借壳上市等情形并不触发国有股转持。

需要注意的是，境外国资企业持有股权的境内企业在国内首次上市时，一般需要根据国资监管部门的认定来确定是否触发国有股转持义务。①

2. 转持数量

被认定的国有股东须按股份有限公司首次公开发行时实际发行股份数量的 10%，将股份有限公司部分国有股转由社保基金会持有，国有股东持股数量少于应转持股份数量的，按实际持股数量转持。

3. 转持方式

国有股东应于股份有限公司 IPO 时履行转持义务。国资委对国有股东身份和转持股份数量进行初步核定，并由财政部、国资委、证监会和社保基金会将上市公司名称、国有股东名称及应转持股份数量等内容向社会联合公告，应转持股份自公告之日起予以冻结。公告期后，国资委向中国证券登记结算有限责任公司下达国有股转持通知，由该公司将各国有股东应转持股份变更登记到社保基金会转持股票账户。若根据国家相关规定需要保持国有控股地位的，经国资委批准，允许国有股东在确保资金及时、足额上缴中央金库情况下，采取包括但不限于以分红或自有资金等方式履行转持义务。

如国有股东本身属于混合所有制的，则由该类国有股东的国有出资人按其持股比例乘以该类国有股东应转持的权益额从而确定实际转持数量，履行转持义务。具体方式有两种：一是直接划转，即在取得国有股东各出资人或各股东一致意见后，直接转持国有股，并由该国有股东的国有出资人对非国有出资人给予相应补偿；二是以现金代替划转，即由该国有股东的国有出资人以分红或自有资金一次或分次上缴中央金库。

① 参见孙立:《国有股转持有关法律问题简析》，http://www.grandall.com.cn/grandall-research-institute/legal-study/grandall-forum/13488.htm，访问日期：2017 年 2 月 26 日。

所谓“国有出资人”，根据国资委《国家出资企业产权登记管理工作指引》（国资发产权〔2012〕104号）的定义，是指履行出资人职责的机构、国有独资企业、国有独资公司单独或者共同出资设立的企业。因此，在计算混合所有制国有股东应转持的权益额时，如果该国有股东的上级是国有绝对控股企业，则应当逐级上溯至“国有出资人”。

三、转持豁免

1. 豁免转持的主体和条件

财政部等部委于2010年和2011年分别发布了《关于豁免国有创业投资机构和国有创业投资引导基金国有股转持义务有关问题的通知》（财企〔2010〕278号，已失效）和《关于豁免国有创业投资机构和国有创业投资引导基金国有股转持义务有关审核问题的通知》（财企［2011］14号，已失效），规定符合条件的国有创业投资机构和国有创业投资引导基金，投资于未上市中小企业形成的国有股，可申请豁免国有股转持义务。财政部又于2015年发布《关于取消豁免国有创业投资机构和国有创业投资引导基金国有股转持义务审批事项后有关管理工作的通知》（财资［2015］39号，简称《取消豁免审批的通知》），明确规定自该通知发布后对豁免创投机构和引导基金国有股转持义务事项不再进行审批。

《取消豁免审批的通知》对申请豁免转持的资质条件和办理程序作出了规定。资质条件需要从两个方面考察，一是国有创投企业或国有引导基金本身，二是被投资的未上市中小企业，两者都必须具备一定条件。

国有创投企业的经营范围必须符合《创业投资企业管理暂行办法》[①] 或者《私募投资基金监督管理暂行办法》的规定，且工商登记名称中注有“创业投资”字样，并须按该两办法规定完成发改委关于创投企业的备案或者完成在基金业协会的登记备案。国有引导基金应当为按照《关于创业投资引导基

① 《创业投资企业管理暂行办法》第十二条规定：创业投资企业的经营范围限于：创业投资业务、代理其他创业投资企业等机构或个人的创业投资业务、创业投资咨询业务、为创业企业提供创业管理服务业务、参与设立创业投资企业与创业投资管理顾问机构。

金规范设立与运作的指导意见》（国办发〔2008〕116 号）规定，规范设立并运作的国有创业投资引导基金。

同时，被投资的未上市中小企业应当符合下列条件：(1) 职工人数不超过 500 人。(2) 年销售（营业额）不超过 2 亿元。(3) 资产总额不超过 2 亿元。上述条件按照国有创业投资机构和国有创业投资引导基金初始投资行为发生时被投资企业的规模确定。

2. 转持豁免的备案公示

《取消豁免审批的通知》取消了财政部对豁免转持义务的审批，改为自行备案公示制，主要程序和流程包括：

(1) 创投机构或引导基金在被投资企业股东大会审议通过首次公开发行股票并上市议案后，自行确定是否符合豁免国有股转持义务条件。

(2) 自行确定符合豁免国有股转持义务条件的创投机构或引导基金，应登录中国投资协会股权和创业投资专业委员会官网（www.vcpe.org.cn）或中国证券投资基金业协会官网（www.amac.org.cn），下载并如实填报《豁免国有创业投资机构或国有创业投资引导基金国有股转持义务有关信息公示表》，创投机构或引导基金应将填写完成的《信息公示表》连同创投机构营业执照、备案管理部门同意创投机构备案文件及近一年年检结果的通知或中国证券投资基金业协会出具的资格审查无异议函、创投机构或引导基金初始投资时点之上一年度末被投资企业职工人数证明、省级以上国有资产管理部门出具的被投资企业国有股权管理批复文件等资料的扫描件，一并在中国投资协会股权和创业投资专业委员会官网或中国证券投资基金业协会官网向社会进行公示，公示期不少于 20 个工作日，接受社会监督。

(3) 创投机构或引导基金应同时登录财政部官网（www.mof.gov.cn）"资产管理司"频道"国有资本管理"专题栏目，下载《豁免国有创业投资机构或国有创业投资引导基金国有股转持义务公示情况表》，填写完成后发送至财政部资产管理司"czbzcgls@126.com"邮箱。

(4) 财政部在公示期满或核查确认后，将在财政部官网"资产管理司"频道"国有资本管理"专题栏目中公布公示结果。创投机构或引导基金应及时下载打印标注“公示无异议”或“公示有异议，经核查符合条件”字样的页面，作为被投资企业向证券监管部门提交公开发行并上市申请的附件。证券监管部门可登录财政部官网“资产管理司”频道“国有资本管理”专题栏目查询创投机构或引导基金豁免国有股转持义务公示结果的真实性。

四、避免国有股转持的条件

“80 号文”对国有股东的认定标准也是实践中基金管理者设计规避国有股转持方案的依据，常见做法有：

1. 全部国资背景出资人所持出资份额比例不超过 50%。比如，绵阳科技城产业投资基金（有限合伙）即采取这种做法。该合伙企业的 38 名合伙人中，共有 6 名纯国资 LP，其各自认缴出资占绵阳基金总认缴出资额的比例分别为：21.36%，10.68%，5.34%，3.20% 和 3.20%。合计持股比例为 43.78%，低于 50%。

2. 数个国资背景的投资人所持出资份额比例虽然超过 50%，但不是第一大出资人。比如，安硕信息（300380）招股说明书显示，北京君联睿智创业投资中心（有限合伙）（简称“君联睿智”）的纯国资合伙人包括：全国社保基金理事会，中国科学院国有资产经营有限责任公司及上海浦东科技投资有限公司。上述 3 名纯国资 LP 出资占君联睿智总出资额的比例分别为：30%，30%，3%。合计出资比例为 63%，超过 50%；但君联睿智的第一大出资人为联想控股有限公司，而非前述纯国资 LP。安硕信息（300380）申请 IPO 时，君联睿智未被认定为需要履行划转义务的国有股东。

需要说明，这种做法虽然能规避“80 号文”对国有股东的认定，但财政部发布的《关于进一步明确金融企业国有股转持有关问题的通知》（财金［2013］78 号）（简称“78 号文”）在认定国有股东时的口径与“80 号文”不一致。“78 号文”第一条规定，如公司制私募基金所投资的企业上市时，基金的国有实际投资人持有比例合计超过 50% 的，由私募基金或其国有实际投资人按照国有股转持的相关规定履行转持义务。即只要国资成分合计超过 50%，就必须履行国有股转持义务，不管第一大股东是否为国资

LP。当然，“78 号文”第一条适用的前提是“金融企业投资的企业首次公开发行股票并上市的，如果金融企业股权投资的资金为该金融企业设立的公司制私募基金”，对于非金融企业设立的有限合伙制私募基金并不当然适用。

3. 将基金设计为创投基金且所投资企业符合法定豁免要求。基金在工商登记名称中须注有“创业投资”字样，并须按规定完成发改委关于创投企业的备案或者完成在基金业协会的登记备案。同时，被投资的未上市企业应当符合下列条件：①职工人数不超过 500 人；②年销售（营业额）不超过 2 亿元；③资产总额不超过 2 亿元。

4. 在被投资企业上市前转让其所持股份。

5. 返程投资[①]。根据目前掌握的资料，[②]返程投资既有被认定为境外国有股东的情况，也有不被认定为境外国有股东的情况。因此，以返程投资方式规避国有股转持存在不确定性。

在嘉寓股份（300117）上市案中，根据嘉寓股份招股说明书披露，建银国际资产管理有限公司持有发行人嘉寓股份 8.69% 股份，其股东建银国际资产管理（开曼）有限公司持有其 100% 股权，中国建设银行股份有限公司为开曼公司的实际控制人。根据财政部批复，建银国际资产管理有限公司是发行人的境外（国有）法人股东，应根据转持办法规定向社保基金会划转股份。基于其与发行人控股股东新新资产协商一致的结果，新新资产承诺自愿无偿承担该公司的国有股转持义务。

与前述案例相反的结论出现在康得新（002450）上市案中。根据康得新招股说明书披露，通用技术集团香港国际资本有限公司持有发行人康得新 14.976% 股份，其股东中国通用技术（集团）控股有限责任公司（国务院批

① 根据国家外汇管理局《关于境内居民通过特殊目的公司境外投融资及返程投资外汇管理有关问题的通知》（汇发［2014］37 号），所谓“返程投资”是指境内居民直接或间接通过特殊目的公司对境内开展的直接投资活动。

② 案例参见孙立：《国有股转持有关法律问题简析》，http://www.grandall.com.cn/grandall-research-institute/legal-study/grandall-forum/13488.htm，访问日期：2017 年 2 月 26 日。

准的由国家投资组建的国有独资公司）直接和间接持有该公司合计100%股权。2010年3月22日，国务院国资委产权局出具文件，确认中国通用技术（集团）控股有限责任公司在港子公司通用技术集团香港国际资本有限公司应为外资企业，不界定为国有股东，在其投资的企业首发上市时无须承担国有股转持义务。

第三节 "国控基金"与非"国控基金"

一、对"国控基金"监管的法律规范和重点环节

《企业国有资产监督管理暂行条例》规定，企业国有资产是指国家对企业各种形式的投资和投资所形成的权益，以及依法认定为国家所有的其他权益；国有及国有控股企业、国有参股企业中的国有资产的监督管理均适用该条例规定。显然，具有国资成分的私募基金也应当接受国有资产管理部门的监督管理。

目前，国资委发布的与国有企业投资于股权投资基金相关的监管规定，主要涉及 2003 年《企业国有产权转让管理暂行办法》(第 3 号)、2004 年《关于企业国有产权转让有关问题的通知》(国资发产权［2004］268 号)、2005 年《企业国有资产评估管理暂行办法》(第 12 号)、2012 年《国家出资企业产权登记管理暂行办法》(第 29 号)、2016 年《企业国有资产交易监督管理办法》(第 32 号) 等规章文件，涵盖了股权投资原则、分类监管、投资估值、产权登记、股权转让等环节。

有学者认为，当前这些监管措施仅适用于公司制私募股权基金，"对有限合伙制股权投资基金缺乏必要的监管"、"国资委对国有企业以有限合伙组织形式参与股权投资基金尚未出台任何监管规则"。[①] 我们认为这种观点值得商榷。事实上，私募股权投资基金所采用的有限合伙制是企业的一种组织形式，仍然属于企业单位，而前述各监管规定均以"企业"为监管标的，并未限定于"公司"，因此，无法推出有限合伙企业不适用有关国资监管规定的结论。

从国资委的规定看，国资监管主要是通过控制国有及国有控股企业、国

① 参见韩瑞霞、胡波:《国有企业投资的股权投资基金监管问题研究》，载《中国物价》2017 年第 2 期。

有实际控制企业的交易行为达到避免国有资产流失的目的。被认定为国有及国有控股企业、国有实际控制企业的有限合伙制私募基金（以下简称“国控基金”）可能受到的国资监管的行为主要发生在：(1) 对外投资时；(2) 所投资企业股权转让时；(3) 重大资产转让时，(4) 增资时。

1. 对外投资监管

《企业国有资产评估管理暂行办法》（第 12 号，简称“12 号文”）规定企业[①]在发生特定类型的资产（产权）处置行为时必须对相关资产（产权）进行评估及备案，该规定还指出，项目核准文件和资产评估项目备案表是企业办理产权登记、股权设置和产权转让等相关手续的必备文件，这也就意味着资产（产权）评估及备案是国控基金在实施处置行为时必须履行的义务。按照“12 号文”的规定，企业有下列行为之一的，应当对相关资产进行评估：(1) 整体或者部分改建为有限责任公司或者股份有限公司；(2) 以非货币资产对外投资；(3) 合并、分立、破产、解散；(4) 非上市公司国有股东股权比例变动；(5) 产权转让；(6) 资产转让、置换；(7) 整体资产或者部分资产租赁给非国有单位；(8) 以非货币资产偿还债务；(9) 资产涉讼；(10) 收购非国有单位的资产；(11) 接受非国有单位以非货币资产出资；(12) 接受非国有单位以非货币资产抵债；(13) 法律、行政法规规定的其他需要进行资产评估的事项。

上述行为基本涵盖了全部企业重要资产处置行为，若国控基金拟采取以上行为，必须事先进行资产评估并将有关评估结果报备于国资监管机构，在获得备案表后方可实施有关行为。事实上，“国控基金”作为专业投资机构，其核心业务是对外投资，对外投资是否落入以上评估备案范围值得研究。

考察这 13 项行为，立法者似乎将“产权”与“资产”分立，产权仅指法学界所指之股权，如在第 (5) 项“产权转让”之后又在第 (6) 项中写明“资产转让”。依照这种概念区分，在与对外投资有关的第 (2) 项“以非货币资

① 《企业国有资产评估管理暂行办法》（第 12 号）第二条规定，各级国有资产监督管理机构履行出资人职责的企业（以下统称所出资企业）及其各级子企业（以下统称企业）涉及的资产评估，适用本办法。我们认为，此处所统称的“企业”包括了国有独资企业（公司）及国有控股企业。

产对外投资”和第（10）项“收购非国有单位的资产”的理解上，我们认为显然不包括以货币资产对外投资的情形，因为以货币资产对外投资既不属于第（2）项，也不属于第（10）项规制的范围。也就是说，“国控基金”在以现金对外投资时应不需要事先进行评估并办理备案手续。

但实际情况并非如此，据了解，实践中除“对外新设企业”之外的资产（产权）处置行为都被要求上报监管部门并进行评估备案。这样的做法与基金本身的运作规律存在较大冲突，一方面是基金对拟投资企业的估值一般很难用传统评估方法实现，另一方面备案工作可能耗时数月，基金效率会为此降低甚至出现丧失机会的风险。

2. 所投资企业股权转让监管

国资委 2003 年出台的《企业国有产权转让管理暂行办法》（第 3 号，简称“3 号令”）规定，“持有国有资本的企业”将所持有的企业国有产权[①]有偿转让给境内外法人、自然人或者其他组织（以下统称受让方）的活动原则上应当在依法设立的产权交易机构中公开进行交易。产权转让必须履行相应的报批手续，产权转让“应当委托具有相关资质的资产评估机构依照国家有关规定进行资产评估。评估报告经核准或者备案后，作为确定企业国有产权转让价格的参考依据”。2016 年出台的《企业国有资产交易监督管理办法》（第 32 号，简称“32 号令”）对国有产权转让的监管也有类似规定。

“3 号令”及“32 号令”关于国企转让产权（即股权）的规定对于“国控基金”从所投资企业退出构成较大影响。一般的，私募股权基金都会与所投资企业签订对赌条款，即如果被投资企业在未来不能实现预先设定的业绩目标，则其原股东有义务按照事先约定的价格回购私募基金所持有的企业股份。然而，根据现行国资监管规则，企业国有股权转让必须以在监管部门认可的产权交易所挂牌的方式进行。在这样的规则下，对赌条款可能会无法执行。而且，基于产权交易价格必须在评估基础上确定的要求，基金在退出价

① 依据 3 号令的规定，所称企业国有产权是指国家对企业以各种形式投入形成的权益、国有及国有控股企业各种投资所形成的应享有的权益，以及依法认定为国家所有的其他权益。

格的确定方面可能会受到制约。

3. 重大资产转让监管

"32 号令"规定，国有及国有控股企业、国有实际控制企业在转让其重大资产时也必须进场交易。"国控基金"在经营过程中，可能因为各种原因获得非股权的资产，如房产、土地使用权、知识产权或债权等等，在处置这些资产的时候，除了评估备案之外，必须在交易场所公开挂牌转让。这对"国控基金"资产处置的效率可能构成影响。

4. 增资监管

按照"32 号令"的规定，企业增资通过产权交易机构网站对外披露信息公开征集投资方，时间不得少于 40 个工作日。摘牌的投资方数量较多时，可以采用竞价、竞争性谈判、综合评议等方式进行多轮次遴选。这一方面会延长交易时间，另一方面可能发生基金拟招募的合意投资人不一定成为最终投资者的情况。

二、如何避免被认定为"国控基金"

1. 相关法律规则和概念分析

避免被认定为"国控基金"，从而不适用相关国资监管政策的主要做法是按照"80 号文"的规定和标准，降低国有出资比例。但考虑到国资监管的对象与"80 号文"并不完全一致，如果要避免被认定为"国控基金"，就不能仅仅考虑"80 号文"的规定，还要研究有关监管制度涉及监管对象范围。

"3 号令"规制的企业范围是"国有及国有控股企业"；"12 号文"规制的范围是"各级国有资产监督管理机构履行出资人职责的企业（以下统称所出资企业）及其各级子企业（以下统称企业）"；"32 号令"规制的范围为"国有及国有控股企业、国有实际控制企业"。其中，"32 号令"规制的范围最为广泛，不仅限于国有及国有控股企业，还包括国有实际控制企业。因此，如果基金不属于"32 号令"规制的范围，则前述监管规定均不适用。因此，避免基金被认定为国控基金的方案应主要针对"32 号令"的规定设计。

对于"32 号令"中的所谓"国有及国有控股企业、国有实际控制企业"，

《企业国有资产交易监督管理办法》第四条给出的解释为，“所称国有及国有控股企业、国有实际控制企业包括：（一）政府部门、机构、事业单位出资设立的国有独资企业（公司），以及上述单位、企业直接或间接合计持股为100%的国有全资企业；（二）本条第（一）款所列单位、企业单独或共同出资，合计拥有产（股）权比例超过50%，且其中之一为最大股东的企业；（三）本条第（一）、（二）款所列企业对外出资，拥有股权比例超过50%的各级子企业；（四）政府部门、机构、事业单位、单一国有及国有控股企业直接或间接持股比例未超过50%，但为第一大股东，并且通过股东协议、公司章程、董事会决议或者其他协议安排能够对其实际支配的企业”。

对于“国有控股”的概念，该条没有给出进一步详细说明。原国家国有资产管理局、国家体改委于1994年联合颁布的《股份有限公司国有股权管理暂行办法》（国资企发［1994］81号，已失效）第十一条规定：“国有股权控股分为绝对控股和相对控股。绝对控股是指国有股权持股比例占50%以上（不含50%）；相对控股是指国有股权持股比例高于30%低于50%，但因股权分散，国家对股份公司具有控制性影响。计算持股比例一般应以同一持股单位的股份为准，不得将两个或两个以上国有股权持股单位的股份加和计总”。尽管该文已于2008年1月被废止，但目前仍有效力的国资委《关于印发企业国有资产产权登记表证填报说明的通知》（国资产权［2004］1255号）在其填表说明注释中仍然规定“国有控股公司是指国有股权处于控股地位的公司，其中绝对控股的，国有股权比例不低于50%（含50%）；相对控股的，国有股权比例一般不低于30%”。正是基于这两份文件的规定，实践中一般对“国有控股”又区分出绝对控股和相对控股，绝对控股是持股比例超过50%，而相对控股则要求持股比例超过30%但低于50%，并且相对大于企业中的其他经济成分所占比例。也正是因为存在30%这条线，实践中多数私募基金为稳妥起见，均将国有出资份额控制在认缴总额的30%以内。此外，“32号令”还规定国有资本通过协议方式对其实际控制的企业也属于受监管范围。

2. 非“国控基金”的参考标准

基于以上分析，私募股权基金的认缴总额中，如果国有出资份额低于认缴总额的 30%，且没有签署任何形式的控制协议，则基金一般不应被认定为“国控基金”；即使超过 30%，并低于 50%，但不是第一大出资人（第一大出资人为民营企业的），也不应被认定为“国控基金”；几家国企合计的出资份额虽然超过 50%，但第一大出资人是民营企业的，也不应被认定为国控基金。稳妥起见，国资成分最好低于 30%。

三、地方政府对国资参与私募投资基金的制度创新

严格的国资监管在防止国有资产流失、加强国有资产规范运营等方面发挥着重要作用。但从创业投资的角度看，也存在着与私募股权投资行业的业务特点和市场发展不相适应的问题。特别是有些程序性要求对投资决策和投资效率的影响，已经成为国有企业和国有资本进入私募股权基金和创投领域必然面对现实问题。

目前，这些问题已经引起有关部门和地方的关注，并通过相关的政策调整积极探索解决方法。比如，上海市于 2014 年出台了《关于加快上海创业投资发展若干意见的通知》（沪府发〔2014〕43 号，简称“沪 43 号文”），开始探索实施国有控股创业投资企业投资项目评估管理改革试点。其中规定，试点企业投资项目可采取估值报告方式，资产评估报告或估值报告可实行事后备案；对已投资项目不再参与增减资的，可采用内部估值方式；在投资时已约定退出价格的，可按约定价格退出，不再进行评估；鼓励国有创业投资企业探索创新混合所有制模式。

需要关注的是，“沪 43 号文”在资产评估、产权备案、退出价格等方面的规定与国资委“12 号文”、“3 号令”及“32 号令”的规定存在冲突。鉴于“沪 43 号文”属于地方规章，国资委的文件属于部门规章，具有同等效力，根据《中华人民共和国立法法》的有关规定，在部门规章与地方政府规章之间对同一事项的规定不一致时，由国务院裁决。上海市的创投企业如何适用这些规范，有待进一步观察。

小贴士　企业国有资产交易未履行规定程序的效力[①]

1. 未依法评估的企业国有资产交易是否有效?

关于该问题，最高人民法院裁判观点经历了一个明显的发展变化过程。

合同法司法解释二于2009年4月发布实施前，地方各级法院也多以违反法律、行政法规的强制性规定而将未经评估的企业国有资产交易合同认定无效。如［2008］民申字第461号侵权纠纷申请再审案中，最高人民法院认定“《国有资产评估管理办法》第三条规定……属于强行性规定，而非任意性规定。原判决根据该规定认定本案所涉房地产转让合同无效正确”。

合同法司法解释二实施后，最高人民法院在诸多案例中明确，《企业国有资产法》和《国有资产评估管理办法》关于国有资产评估管理的规定系管理性规定而非效力性规定，不能据此认定未经评估的交易合同无效。

罗玉香案（案号：［2013］民申字第2119号）中，最高人民法院认为：有关国有资产评估的强制性规定是效力性的还是管理性的，需要通过综合分析来确定。首先，有关强制性规定约束的应当是国有资产占有单位。……违反国有资产评估规定的责任应当由国有资产占有单位及其责任人员承担。如果认定合同无效，则受让人在无义务的情况下也承担了法律后果。其次，有关强制性规定没有对合同行为本身进行规制，没有规定当事人不得就未经评估的国有资产订立转让合同，更没有规定未经评估、转让合同无效。第三，未经评估而转让国有资产不必然导致国家利益或者社会公共利益受损害。……如果认定有关规定是效力性的，进而一概认定转让合同无效，当事人（包括受让人在资产贬值后）就可能据此恶意抗辩，违背诚实信用原则，就会危及交易安全和交易秩序。

因此，从法律条文的文义和立法宗旨来看，都应认定关于国有资产转让须经评估的强制性规定是管理性的，而非效力性的。如果出现国有资产占

---

① 本文部分材料节选自天同律师事务所朱华芳律师：《最高人民法院裁判规则：企业国有资产交易未履行规定程序的效力》，http://blog.sina.com.cn/s/blog_887215d80102wrg7.html，访问日期：2017年4月7日。

有单位与他人恶意串通，故意压低资产转让价格的情形，则可按照合同法第五十二条的规定，以恶意串通，损害国家利益为由认定合同无效，这同样能达到保护国有资产的目的。

山西能源案（案号：[2013]民申字第2036号）中，最高人民法院认为：《国有资产评估管理办法》第3条的立法目的是为了保护国有资产，避免国有资产因低价转让而流失。但这并不等于在流通领域特别是市场主体间就财产流转发生争议时，要对占有、使用、经营国有资产的民事主体给予特殊保护。

联大集团案（案号：[2013]民二终字第33号）中，最高人民法院认为：虽然《国有资产评估管理办法实施细则》第十条规定“对于应当进行资产评估的情形没有进行评估，或者没有按照《办法》及本实施细则的规定立项、确认，该经济行为无效。”但该细则属于部门规章，不是法律、行政法规，不能直接否认案涉协议的效力。

需要注意的是，近年仍有最高人民法院或高院认定未经评估的国有资产交易合同无效的个案。如最高人民法院[2013]民申字第1301号承租人优先购买权纠纷申请再审案及贵州高院[2014]黔高民提字第7号股权转让纠纷案。

2. 未依法取得审批的企业国有资产交易合同是否有效?

最高人民法院对此问题的裁判观点同样有个发展变化过程。

在最高人民法院[2006]民二终字第70号民事判决书中，最高人民法院认为案涉国有产权收购合同因未依照当时的规范性文件要求经省级人民政府审批而应认定无效。但现在司法实务界的主流观点是未经审批不生效，人民法院应当秉持鼓励交易的原则，寻求程序瑕疵的补救，以成就合同生效的法定条件。在华融公司案和陈发树案中，最高人民法院均持该观点。

华融公司（案号：[2007]民二终字第190号）案中，最高人民法院认为案涉股权置换协议中关于股权置换的条款应由财政部审批后才生效，而该案一审法庭辩论终结前，当事人尚未办理股权置换的审批手续，故应认定协议中的股权置换条款未生效。由于华融公司请求继续履行报批义务，且该案存在继续履行报批义务的可能性，故贵绳集团等应承担继续履行报批义务的责任。

陈发树案（案号：[2013]民二终字第42号）中，最高人民法院认为，根据19号令，国有企业云南红塔转让所持云南白药集团上市股份的《股份转让协议》依法属于应当办理批准手续才生效的合同。而云南红塔的上级主管机关中烟总公司明确作出不同意本次转让的批复，据此协议已无法经由财政部批准，故应认定为不生效。且因协议已确定无法得到有权机关批准，最高人民法院判决云南红塔向陈发树返还股权转让款及相应利息。

该案中，虽然当事人在协议中明确规定“本协议自签订之日起生效”，但最高人民法院认为，《中华人民共和国合同法》第四十四条和《中华人民共和国合同法解释（一）》第九条对合同生效的要求，是合同的法定生效条件，属于强制性规定，不允许当事人通过约定的方式予以变更。

对最高人民法院的上述二审判决，陈发树提出再审申请，要求云南红塔为未能取得审批承担缔约过失责任。最高人民法院审查后认定，云南红塔已按照协议约定，积极履行了报批、信息披露等法律手续，只是由于其上级主管机构中烟总公司不同意本次股权转让导致协议未生效，云南红塔无需承担缔约过失责任。

虽然现在主流观点是未审批不生效，但最高人民法院内部对此似未达成一致意见。2011年最高人民法院审判监督庭编写的《全国法院再审典型案例批注》论及此题时表示：

“未经审批的国有股权的转让，涉及国家利益和社会公共利益，鉴于很多现实条件，事后补办的资产评估、交易方式的模拟都无法对当时的交易条件作出令人满意的补正。对程度要求的放松，将导致国有资产的大量流失。因此，在一、二审程序中处理该类纠纷应当严格要求，不宜将未经审批的股权转让行为认定为不生效。但基于再审案件的特殊性，再审审理该类纠纷，应当综合考虑原审判决作出之后的法律效果和社会效果，地方政府及国有资产管理部门的基本立场，不宜轻易否定转让行为的效力。”

3. 未依法在产权交易场所内进行的企业国有资产转让是否有效？[①]

上海市高级人民法院：合同无效

① 本段节选自广东胜伦律师事务所:《最高人民法院：国有产权未进场交易，合同未必无效》，http://www.pkulaw.cn/fulltext_form.aspx?Db=lawfirmarticles&gid=1778404940，访问日期：2017年4月7日。

巴菲特投资公司诉上海自来水案（［2009］沪高民二［商］终字第22号）

上海市高级人民法院二审认为：法律规定企业国有产权转让应当进场交易的目的，在于通过严格规范的程序保证交易的公开、公平、公正，最大限度地防止国有资产流失，避免国家利益、社会公共利益受损。自来水公司转让讼争股权时，未依照国家的规定处置，擅自委托第三人金槌拍卖公司拍卖，并在拍卖后与原告巴菲特公司订立股权转让协议，其行为不具合法性，确认《光大银行法人股股权转让协议》无效。

最高人民法院：合同有效

甘肃青旅与林嘉锋、陈国良房屋买卖合同纠纷案（［2014］民提字第216号）

最高人民法院再审认为：国有资产转让程序的规定，系对履行出资人职责的机构及相关人员行为的规范，是法律对国有资产管理者课以的义务，均属规范内部程序的管理性规定，而非效力性强制性规定，不应影响国有企业与第三人签订合同的效力。

同时，对于案涉资产转让是否损害社会公共利益的问题上，最高人民法院亦认为，根据《最高人民法院物权法》第三条的规定，国家实行社会主义市场经济，保障一切市场主体的平等法律地位和发展权利。在市场经济条件下，国有企业参与市场交易与其他市场主体地位平等，其资产利益不能等同于社会公共利益。

4

CHAPTER

第四章

监管框架：历史、现状与趋势

PRIVATE EQUITY FUND

本章导读

本章介绍我国对私募股权基金加强监管的过程，重点梳理 VC 基金、PE 基金和外资基金的监管规则体系。一个有效的监管体系对于确保行业健康发展至关重要。面对私募股权投资这一新兴事物，尤其是在需要综合考虑多个政策目标的情形，如何保持规范管理与创新发展之间的平衡、如何解决监管政策的阶段性与监管目标的连续性之间的矛盾，如何协调不同市场主体之间的利益诉求和利益冲突，不仅对监管机构构成巨大挑战，也考验其他市场参与者的智慧和经验。从我们梳理的情况看，总体的监管框架逐步形成，监管思路也在逐步调整优化，但在监管规则的一致性、体系化，以及制度创新、制度借鉴、制度本土化等方面仍有很大的空间和余地。

一是就监管思路而言，如何协调好监管与自律的关系，更好的发挥行业自律的作用？我国对私募股权基金行业采用了监管与自律并重的思路。但实际上，行政管理始终是监管的主要措施和手段，行业自律的作用和功能并不明显。比如，行业准入管理，基金管理人的设立并非行政审批事项，但目前很多地方的行政管理部门已经停止受理基金管理公司的设立申请。同时，已设立的基金管理公司的资本实缴数额、从业人员的数量和资质等也成为基金业协会是否准予登记的重要判断标准。这些做法，不仅带有明显的行政化色彩，也为从业者设置了更多的显性障碍和隐形障碍。与此相对应，行业自律的功能弱化和缺位现象则比较突出，行业自律组织在行业指导、市场研究、行业交流、投资者教育等方面的作用并未充分发挥。比如，如何加大投资者教育力度，帮助投资者增强风险意识和判断能力；如何完善行业发展中的突出问题和重大风险事件的研究和跟踪机制，及时总结教训、提示风险；如何提高行业交流的效果，增强行业指导的针对性、政策建议的有效性等。

二是从监管体系看，如何认识统一监管与分类监管的差异，确保监管更好的反映行业发展的内在规律和要求？按照证监会提出的“统一监管、功能监管、适度监管、分类监管”的思路，统一监管与分类监管各有所属、相互补充，并不矛盾，但有两个问题需要关注。一是分类监管不能机械化、不能搞成条块分割，要考虑私募股权基金在业务领域、投资范围等方面的特点和实际。随着行业的快速发展，传统的以投资阶段划分投资机构的标准正在弱化，VC、PE之间的界限不再泾渭分明，业务渗透和融合现象越来越明显，政策措施的配置、区别化的监管要求应当适应这些变化。二是证监会层面的统一监管可以解决各类私募投资基金的归口管理问题，减少多头管理的弊端。但在政策支持、资金募集和资金使用等领域无法解决金融机构分业监管产生的问题，比如由于银行、保险、信托等金融机构对于资金使用和投向的不同要求造成的资金募集不确定性问题、不同投资人之间的协调成本问题等。

三是从监管规则和政策措施的角度看，如何平衡制度的安定性与管理灵活性的关系，找准行业管理的“抓手”？立法位阶低、政策性强是我国私募股权基金监管规则体系的突出特点，直接后果是监管存在滞后性、被动性，“头痛医头、脚痛医脚”，很难避免“打补丁”的现象。针对这一问题，除了适度提高相关监管规则的立法层级，强化监管规则的体系化建设外，更重要的是明确监管的重点，控制好关键环节，其他交给市场和行业自律。准入制度、合格投资者制度、信息披露制度等，既是监管层重点关注的事项，实践证明也是十分有效的“抓手”，建议以完善这些制度为重点，进一步梳理、调整现有规定和政策措施，形成层次分明、系统、清晰的规则体系，避免监管规则的频繁变动。同时，加大规则和政策执行的严肃性和一致性，给市场和从业者以明确指引和预期。

第一节 ┃ 监管体系的变迁及其特点

一、我国私募股权基金监管简史

我国私募股权投资活动发端于20世纪80年代中期，主要是为适应科技体制改革的需要、促进高新技术产业发展、促进科技成果转化，而由政府推动产生的新兴资本市场业务。初期的政策针对的是风险投资、创业投资。从政策演变看，我国早期关于私募股权投资的规定，多集中在创投方面，尚未出现类似西方发达国家PE、VC等基于被投资企业的发展阶段而对应的投资分类概念。监管层面没有区分创业投资和股权投资。

2005年国家发改委等10部委共同颁布《创业投资企业管理暂行办法》（第39号，简称“39号文”）及《产业投资基金试点总体方案（征求意见稿）》（简称《产业基金方案》），从中可以看出，监管者将股权投资基金大致分为两类，一类是创业投资基金（39号文称为“创业投资企业”），一类是产业投资基金。[①]“39号文”规定，创业投资企业系指向创业企业进行股权投资的企业组织，而所谓“创业企业”则为“在中华人民共和国境内注册设立的处于创建或重建过程中的成长性企业，但不含已经在公开市场上市的企业”。《产业基金方案》规定产业基金投资于未上市企业。可见创业投资基金所投向的创业企业与产业投资基金所投向的未上市企业的界限并非泾渭分明，但从其主旨看，已经具备了区别对待不同类型基金并分别监管的态势，但此时除个别地方政策外，尚无统一的针对股权投资基金的监管政策。

2011年1月，国家发改委《进一步规范试点地区股权投资企业发展和备案管理工作的通知》（简称“253号文”，注：现已废止）出台前，创投基金主要依据“39号文”在发改委进行自愿备案，只有完成备案的企业才能获得

① 我国曾于1995年出台《境外设立中国产业投资基金管理办法》，允许境内非银行机构在境外发起设立投资于境内产业项目的投资基金，鉴于此类基金设立在境外，故不宜将之认定为我国的产业基金。

发改委有关政策支持，才有资格获得全国社保基金注资，弘毅、鼎晖等基金均完成了相关备案。

而此时中央层面仅成立了三批共计十支试点产业投资基金，大量的股权投资基金此时主要依托地方性试点股权投资基金政策和法规而蓬勃发展，天津、上海、北京、苏州等地方政府纷纷出台了鼓励、规范私募股权基金发展的地方政策和法规，以各种优惠政策吸引私募股权基金落户本地，导致各地独立监管股权投资基金格局的形成。2008 年至 2011 年期间，国家发改委在开展产业投资基金试点的同时，对部分地方高科技园区内的私募股权基金开展了备案管理的先行先试工作，先行先试政策鼓励但并未强制私募股权基金向监管部门申请备案。

2011 年 1 月，国家发改委下发“253 号文”，将私募股权基金备案管理的试点地区扩展到江苏省等 7 地，并要求试点地区设立的募集规模达到 5 亿元以上的基金必须进行备案管理，5 亿元以下的基金则豁免备案。该文的下发标志着国家发改委对私募股权基金监管思路的转变，由自愿备案转向强制备案，加强了较大规模的基金的监管力度，将私募股权基金正式纳入监管范围，同时也进一步确立了对股权投资企业区别于创业投资企业加以规范的监管思路。2011 年 11 月，在“253 号文”的基础上，国家发改委下发《关于促进股权投资企业规范发展的通知》(简称“2864 号文”，注：现已废止)，要求在全国范围内对私募股权基金强制备案，募集规模 5 亿元以上的在国家发改委备案，5 亿元以下的在省级管理部门备案。

至此形成了以国家发改委强制备案为核心的全国性统一监管体系。PE 基金和 VC 基金在发改委形成了两套各自独立的备案体系。由此看出，发改委已经将 PE 基金和 VC 基金视为两类不同的企业，对 PE 基金的监管逐步强化，而对 VC 基金则重在政策扶持，主要是提供税收优惠、豁免国有股转持义务、支持符合条件的 VC 基金发行企业债券，并通过设立创业投资引导基金以参股和提供融资担保等方式扶持 VC 基金的发展。

2013 年 6 月，中央编办印发《关于私募股权基金管理职责分工的通知》，明确由证监会负责股权投资基金行业的监督管理，国家发改委负责组织拟订行业发展政策措施，并会同有关部门根据产业政策制定政府对私募股权基金出资的标准和规范。据此，股权投资基金的具体监管工作由发改委转移至证监会，发改委不再受理PE基金备案。随后，经中央编办同意后，证监会委托基金业协会具体负责有关私募基金登记备案的自律监管职能。从2014年6月30日证监会公布的《私募投资基金监督管理暂行办法》及基金业协会发布的有关自律监管文件看，证监会的监管范围不仅包括PE基金，也包括VC基金，但发改委仍保留对VC基金自愿备案的管理（凡需要取得政府政策扶持或希望获得诸如全国社保基金注资的VC基金必须在发改委备案后才能申请有关待遇），从而形成了VC基金在基金业协会强制备案，但在发改委自愿备案的两边备案监管模式。

二、我国私募股权基金监管的特点

1. 监管体系的建立经历了一个从无到有，逐步规范和完善的过程。私募基金作为舶来品，随着我国改革开放而逐步在经济生活中生根发芽、显现生机，监管部门对私募基金的作用及其对经济影响的认识也是逐步深入，在实践中经过反复摸索才初步形成符合我国私募基金行业发展的监管制度体系，在此过程中的制度缺失缺陷、部门之间的监管冲突在所难免。

2. 相对于行业发展，监管思路的形成具有一定的被动性和滞后性。尽管私募基金行业出现在我国的时间不过二、三十年左右，但近年来的发展突飞猛进，在金融资管行业中的地位举足轻重，已经成为实体经济转型升级的重要推动力。监管部门面对基金行业的勃兴，在行业发展预见方面略显不足，基本上是在基金业务实践积累了一些比较突出的矛盾后，监管部门才能就有关问题制订相应规则。例如，前两年，部分机构和人员以私募基金的名义搞非法集资犯罪活动，致使大量投资者上当受骗，尽管主要是因为投资者风险意识欠缺，但监管部门对基金的规范运作缺乏制度性约束也是重要原因之一。

3. 监管的规则体系整体上存在立法位阶较低，政策性较强等特点。《中华人民共和国证券投资基金法》这部基金业的基本大法主要规制的是证券投资基金，对私募股权基金仅有原则性规定，尚无法起到直接指导行业实践的作用。目前私募股权基金立法层次最高的规范性文件主要是证监会于2014年发布的《私募投资基金监督管理暂行办法》，该文件仅属于部门规章，法律效力弱于法律法规，而其他现行有效的规制基金行业行为规范的文件多属于行业自律性文件，法律位阶更低，难以全面担负规范引领基金行业发展的重任，甚至不能作为司法裁判的依据。

4. 部分监管措施和监管重点受金融监管体制和外部环境影响较大。当前我国的金融监管体制仍然具有条块分割的特点，不同类型的金融机构分属不同政府部门监管，监管要求和监管措施并不统一。私募基金虽然归口于证监会，但基金的资金来源并不限于证监会属下的金融机构，证监会对于基金募集等方面的规范文件的适用范围一般仅限于其属下金融机构而不及于其他金融机构，这就导致监管措施不一致或相互抵牾的情况发生。这也正是监管部门提出“统一监管、功能监管”原则的原因之所在。

第二节 ┃ 多角度的 VC 基金扶持政策

一、监管 VC 基金的主要规范文件

发改委“39 号文”确立了 VC 基金接受发改委监管的制度，其第三条规定“凡遵照本办法规定完成备案程序的创业投资企业，应当接受创业投资企业管理部门的监管，投资运作符合有关规定的可享受政策扶持。未遵照本办法规定完成备案程序的创业投资企业，不受创业投资企业管理部门的监管，不享受政策扶持”，在其后政府发布的各项与 VC 基金优惠政策有关的规范性文件中，均明确规定凡欲享受国家优惠政策之 VC 基金必须按照“39 号文”的规定进行备案。随着证监会被确立为私募基金的归口监管部门，VC 基金同样被纳入到证监会管理的范围，《私募投资基金监督管理暂行办法》专门在第八章就 VC 基金作出特别规定，确定基金业协会在基金管理人登记、基金备案、投资情况报告要求和会员管理等环节对 VC 基金采取区别于其他私募基金的差异化行业自律，并提供差异化会员服务。

2016 年 9 月，国务院发布《关于促进创业投资持续健康发展的若干意见》（国发〔2016〕53 号），再次强调要加大创投企业政策支持的力度，进一步拉大了 PE 基金与 VC 基金在享受政策优惠上的差距，VC 基金与 PE 基金在中国的区别已不仅在于其所投资企业的类型（一般认为，VC 基金投资于初创企业，PE 基金投资于成熟或准成熟企业）及不同的监管制度，更在于其不同的政策扶持力度。

二、扶持 VC 基金的主要政策措施

1. 税收政策

目前国家层面针对创投基金的税收优惠政策主要是国家税务总局 2009 年 4 月发布的《关于实施创业投资企业所得税优惠问题的通知》（国税发［2009］87 号）。该通知规定，创业投资企业采取股权投资方式投资于未上

市的中小高新技术企业2年（24个月）以上，符合条件的，可以按照其对中小高新技术企业投资额的70%，在股权持有满2年的当年抵扣该创业投资企业的应纳税所得额；当年不足抵扣的，可以在以后纳税年度结转抵扣。所谓的条件是：（1）经营范围符合“39号文”规定，且工商登记为“创业投资有限责任公司”、“创业投资股份有限公司”等专业性法人创业投资企业。（2）按照“39号文”规定的条件和程序完成备案，经备案管理部门年度检查核实，投资运作符合39号文的有关规定。（3）创业投资企业投资的中小高新技术企业，除应按科技部等部委有关规定通过高新技术企业认定以外，还应符合职工人数不超过500人，年销售（营业）额不超过2亿元，资产总额不超过2亿元的条件。

同时，各地方政府为促进本地创投企业发展，制定了不少针对创投企业的优惠政策，其中有些政策涉及税收优惠（参见本书专题篇之专题五）。但根据2014年12月国务院发布的《国务院关于清理规范税收等优惠政策的通知》（国发〔2014〕62号，简称“62号文”）规定，各地区一律不得自行制定税收优惠政策；未经国务院批准，各部门起草其他法律、法规、规章、发展规划和区域政策都不得规定具体税收优惠政策。这意味着，税收优惠政策将由国家统筹考虑制定，各地不能自行其是，将有利于避免政策的随意性，减少政府对市场的干扰。“62号文”的出台制止了部分地区不规范的税收优惠政策。但“62号文”出台不足半年，随着经济形势的恶化，为稳定企业经营，国务院又发布了《关于税收等优惠政策相关事项的通知》（国发〔2015〕25号），宣布暂停执行“62号文”，各地税收优惠政策得以继续执行。

2. 政策性创业投资引导基金

引导基金是由政府设立并按市场化方式运作的政策性基金，主要通过扶持创业投资企业发展，引导社会资金进入创业投资领域。引导基金的宗旨是发挥财政资金的杠杆放大效应，增加创业投资资本的供给，克服单纯通过市场配置创业投资资本的市场失灵问题。特别是通过鼓励创业投资企业投资处于种子期、起步期等创业早期的企业，弥补一般创业投资企业主要投资于成长期、成熟期和重建企业的不足。“39号文”规定，国家与地方政府可以设立创业投资引导基金，通过参股和提供融资担保等方式扶持创业投资企业的设立与发展。发改委《关于创业投资引导基金规范设立与运作指导意见的通知》（国办发〔2008〕116号）指出，引导基金不用于市场已经充分竞争的领域，不与市场争利。

政府设立引导基金，通过政府信用，吸引保险资金、社保资金等机构投资者的资金以及民间资本、国外资本等社会资金聚集，形成资本供给进入创业投资领域，这为创业投资提供一个很好的资金来源渠道。投中数据终端CVSource统计显示，截至2015年底，国内共成立457支政府引导基金，目标设立规模达12806.9亿元。进入2016年之后，政府引导基金的设立继续呈增长态势。到2016年9月底，相关统计显示中国已披露的政府引导基金规模已经达到了3.3万亿元，这大致相当于2015年之前5年里中国VC/PE市场上募集基金的总额。海量的政府引导基金进入市场之后，已经明显的改变了私募股权投资机构的募资生态。很多机构将与政府引导基金合作作为未来的发展重点，实现管理规模的成倍增长。[①]

3. 国有股转持义务豁免

财政部等部委于2009年联合发布《境内证券市场转持部分国有股充实全国社会保障基金实施办法》，规定自股权分置改革新老划断后，凡在境内证券市场首次公开发行股票并上市的含国有股的股份有限公司，除国务院另有规定的，均须按首次公开发行时实际发行股份数量的10%，将股份有限公司部分国有股转由社保基金会持有，国有股东持股数量少于应转持股份数量的，按实际持股数量转持。该规定的出台使得众多具有国资成分的股权投资基金在其投资的被投资公司上市时需转持其持有的部分甚至全部被投资公司股权，在一定程度上影响了股权投资基金从事投资的积极性。[②]

为提高国有资本从事创业投资的积极性，鼓励和引导国有创业投资机构

---

① 陶辉东:《3万亿政府引导基金 颠覆VC/PE募资生态》，https://mp.weixin.qq.com/s/q3ZOaZtQOk4166e6p_tILQ，访问时间：2017年1月29日。

② 郭强主编:《中国资产管理：法律和监管的路径》，中国政法大学出版社2015年版，第113页。

加大对初创期、中早期中小型企业的投资，促进我国创业投资事业的发展和科技创新目标的实现，财政部等部委于 2010 年和 2011 年分别发布了《关于豁免国有创业投资机构和国有创业投资引导基金国有股转持义务有关问题的通知》（财企〔2010〕278 号，注：现已失效）和《关于豁免国有创业投资机构和国有创业投资引导基金国有股转持义务有关审核问题的通知》（财企［2011］14 号，注：现已失效），规定符合条件的国有创业投资机构和国有创业投资引导基金，投资于未上市中小企业形成的国有股，可申请豁免国有股转持义务。为进一步鼓励国有资本加大投资中小企业力度，财政部又于 2015 年发布《关于取消豁免国有创业投资机构和国有创业投资引导基金国有股转持义务审批事项后有关管理工作的通知》（财资［2015］39 号，简称《取消豁免审批的通知》），明确规定自该通知发布后对豁免创投机构和引导基金国有股转持义务事项不再进行审批。

4. 退出机制

“39 号文”指出，创业投资企业可以通过股权上市转让、股权协议转让、被投资企业回购等途径，实现投资退出。国家有关部门应当积极推进多层次资本市场体系建设，完善创业投资企业的投资退出机制。值得关注的是，国有引导基金在退出安排上显示出与盈利性基金的不同，主要体现在引导基金享有在特定条件下的强制退出权和收益债权化。《政府投资基金暂行管理办法》（财预［2015］210 号）规定，财政部门应与其他出资人在投资基金章程中约定，有下述情况之一的，政府出资可无需其他出资人同意，选择提前退出：(1) 投资基金方案确认后超过一年，未按规定程序和时间要求完成设立手续的；(2) 政府出资拨付投资基金账户一年以上，基金未开展投资业务的；(3) 基金投资领域和方向不符合政策目标的；(4) 基金未按章程约定投资的；(5) 其他不符合章程约定情形的。《新兴产业创投计划参股创业投资基金管理暂行办法》（财建〔2011〕668 号）也有类似表述。

收益债权化是指在特定条件下引导基金的退出不与创投企业经营业绩挂钩，而采用贷款回收的方式来结算的做法，其目的是以让利的方式促进引导基金加速流转。科技部等发布的《关于 2014 年度科技型中小企业创业投资引导基金项目申报工作的通知》（国科办计［2014］24号）及《国家科技成果转化引导基金设立创业投资子基金管理暂行办法》（国科发财〔2014〕229号）均规定，引导基金参股4年内退出的，转让价格为引导基金原始投资额；参股4年以上6年以内退出的，转让价格为引导基金原始投资额及从第5年起按照转让时中国人民银行公布的1年期贷款基准利率计算的利息之和；参股满6年仍未退出的，将与其他出资人同股同权在存续期满后清算退出。《宜昌市三峡产业引导股权投资基金管理暂行办法》规定，3年内从天使基金、种子基金退出时可以最高只收回原始投资额；3年内从其他子基金退出时，转让价格按照引导基金原始投资额与中国人民银行公布的同期贷款基准利率计算的收益之和确定。当然，收益债权化并非引导基金的普遍做法，《政府投资基金暂行管理办法》（财预［2015］210号）指出，政府投资基金募资、投资、投后管理、清算、退出等通过市场化运作。北京市《中小企业创业投资引导基金管理细则》（京财经一〔2015〕2503号）明确规定，引导基金遵循市场规则，与社会投资机构共担风险、共负盈亏，其出资形成的股权（或合伙人出资份额），一般情况下与社会投资机构同股同权、同进同退。

5. 拓宽融资渠道

国务院《关于促进创业投资持续健康发展的若干意见》（国发〔2016〕53号）提出，支持创业投资企业及其股东依法依规发行企业债券和其他债务融资工具融资，增强投资能力。研究鼓励长期投资的政策措施。倡导长期投资和价值投资理念，研究对专注于长期投资和价值投资的创业投资企业在企业债券发行、引导基金扶持、政府项目对接、市场化退出等方面给予必要的政策支持。发改委办公厅于2014年发布《关于进一步做好支持创业投资企业发展相关工作的通知》，明确表态支持符合条件的创业投资企业发行企业债券。加快审核专项用于投资小微企业的创业投资企业发债申请。支持符合条件的创业投资企业的股东或有限合伙人发行企业债券，用于投资创业投资企业。

小贴士 安徽首支创投企业债券成功发行

人民网合肥2月4日电（韩震震）2月4日，安徽省发改委发布消息：1月30日，由国家发展改革委核准的安徽省铜陵市铜陵发展投资集团有限公司企业债券成功发行，共募集资金5亿元，期限7年，票面利率6.88%，采用固定利率形式，单利按年计息。

据安徽省发改委财金处相关负责人介绍，所筹资金分别用于增资发行人子公司铜陵市天源股权投资集团有限公司的资本金、以股权投资的形式专项用于投资小微企业、投资安徽铜陵明源循环经济产业创业投资基金共3个项目建设。

据了解，2014年5月印发的《国家发展改革委办公厅关于进一步做好支持创业投资企业发展相关工作的通知》中，首次提出支持符合条件的创业投资企业的股东或有限合伙人发行企业债券，用于投资创业投资企业。

安徽省发改委把握国家利用企业债券融资支持创业投资行业发展的政策机遇，积极组织和支持符合条件的企业申报发行相关企业债券，铜陵发展投资集团有限公司就是安徽省首支上报的该类债券，并于2014年12月获批。

上述负责人介绍，用于创业投资企业发展的企业债券获准发行，将对促进创业和股权投资企业发展，缓解中小微企业融资难等将发挥重要作用。

第三节 规范 PE 基金的重要制度和政策措施

随着中编办将 PE 基金的监督管理职责划归证监会，证监会与发改委的 PE 监管之争落下帷幕，发改委意图要求 PE 基金强制备案的“发改办财金〔2011〕253 号文”及“发改办财金〔2011〕2864 号文”也先后废止。证监会于 2014 年 8 月出台了《私募投资基金监督管理暂行办法》，该办法是《私募投资基金管理暂行条例》（送审稿）[①] 获得国务院批准前位阶最高的直接规范 PE 基金的部门规章。接受证监会指导和监督的中国证券投资基金业协会（简称“基金业协会”）作为 PE 基金行业自律组织，自 2014 年起，陆续发布了以 PE 基金登记备案为核心的一系列自律监管规范，涵盖了私募基金管理人及 PE 基金的登记备案、基金的募集行为、法律文件、风险控制、内部管理、信息披露、业务外包及从业人员资格等方面，基本建立起一套完整的自律监管体系。

依据《私募投资基金监督管理暂行办法》及基金业协议发布的自律监管规范文件，私募基金管理人必须根据基金业协会的规定，向基金业协会申请登记，否则不得从事基金募集活动。私募基金募集完毕，私募基金管理人应当根据基金业协会的规定，办理基金备案手续。私募基金只能向合格投资者募集，单只私募基金的投资者人数累计不得超过证券投资基金法、公司法、合伙企业法等法律规定的特定数量，即契约型基金或股份公司型基金累计不得超过 200 人，有限公司型基金累计不得超过 50 人、有限合伙型基金累计不得超过 50 人。私募基金必须不得公开募集或者变相公开募集，不得通过报刊、电台、电视、互联网等公众传播媒体或者讲座、报告会、分析会和布告、传单、手机短信、微信、博客和电子邮件等方式，向不特定对象宣传推介。私募基金管理人、私募基金销售机构不得向投资者承诺投资本金不受损

① 该送审稿于 2014 年 4 月在征求完 13 个部委意见后，由证监会上报至国务院，截至本书出版尚未获得通过。

失或者承诺最低收益。

1. 登记备案管理

私募基金登记备案和自律管理是保障我国私募基金行业合规健康发展的重要制度安排，基金业协会于2016年2月5日发布了《关于进一步规范私募基金管理人登记若干事项的公告》（以下简称"《公告》"）。《公告》取消了私募基金管理人登记证明，并对私募基金管理人持续信息报送、法律意见书、高管人员基金从业资格等方面提出了规范要求。

根据基金业协会统计，截至2016年12月底，中国证券投资基金业协会已登记私募基金管理人17433家，同比减少7572家；备案私募基金46505只，同比增加22451只；基金实缴规模7.89万亿元，同比增长95%；私募基金从业人员27.20万人，同比减少10.74万人。共注销12834家私募基金管理人。已登记的私募基金管理人共有高管51122人，[①] 按正在运行的私募基金产品实缴规模划分，管理规模在20亿~50亿元的私募基金管理人有439家，管理规模在50亿~100亿元的有157家，管理规模大于100亿元的有133家。

此外，政府出资设立的产业投资基金必须接受发改委管理。发改委《政府出资产业投资基金管理暂行办法》（发改财金规〔2016〕2800号）规定，建立全国政府出资产业投资基金信用信息登记系统，并指导地方发展改革部门建立本区域政府出资产业投资基金信用信息登记子系统。中央各部门及其直属机构出资设立的产业投资基金募集完毕后二十个工作日内，应在全国政府出资产业投资基金信用信息登记系统登记。地方政府或所属部门、直属机构出资设立的产业投资基金募集完毕后二十个工作日内，应在本区域政府出资产业投资基金信用信息登记子系统登记。发展改革部门应于报送材料齐备后五个工作日内予以登记。对于未通过产业政策符合性审查的政府出资产业投资基金，各级发展改革部门应及时出具整改建议书，并抄送相关政府或部门。对未登记的政府出资产业投资基金及其受托管理机构，发展改革部门应

① 中国证券投资基金业协会：2016年私募基金登记备案情况综述，http://www.amac.org.cn/xhdt/zxdt/391651.shtml，访问日期：2017年1月30日。

当督促其在二十个工作日内申请办理登记。逾期未登记的，将其作为“规避登记政府出资产业投资基金”、“规避登记受托管理机构”，并以适当方式予以公告。

按照基金业协会的解释,[①] 私募基金登记备案不是行政审批。进行登记和备案是基金业协会履行行业自律监管职能的需要。但私募基金未经登记备案属于违反行政管理的行为，为法律所禁止。按照《中华人民共和国证券投资基金法》第一百三十三条及第一百三十四条的规定，基金管理人不履行登记手续、基金募集完毕不履行备案手续的，要受到没收违法所得、罚款等相应行政处罚。

2. 投资者适当性管理

证监会2014年8月公布的《私募投资基金监督管理暂行办法》(简称《基金监督办法》）第十二条规定：私募基金的合格投资者是指具备相应风险识别能力和风险承担能力，投资于单只私募基金的金额不低于100万元且符合下列相关标准的单位和个人：(1）净资产不低于1000万元的单位；(2）金融资产不低于300万元或者最近三年个人年均收入不低于50万元的个人。前款所称金融资产包括银行存款、股票、债券、基金份额、资产管理计划、银行理财产品、信托计划、保险产品、期货权益等。

基金募集机构必须就投资者是否具备相应的风险承受能力进行适当性管理。证监会发布并于2017年7月1日施行的《证券期货投资者适当性管理办法》(简称《适当性管理办法》)，以部门规章的形式制定了适用于私募股权基金在内的统一的投资者适当性管理规定。《适当性管理办法》共四十三条，主要规定五项制度安排：一是形成了依据多维度指标对投资者进行分类的体系，统一投资者分类标准和管理要求；二是明确了产品分级的底线要求和职责分工，建立层层把关、严控风险的产品分级机制；三是规定了经营机构在适当性管理各个环节应当履行的义务，全面从严规范相关行为；四是突出对普通投资者的特别保护，向投资者提供有针对性的产品及差别化服务；

① 参见《基金业协会关于私募基金登记备案相关规则要点汇总（2015年6月)》。

五是强化了监管职责和法律责任，确保适当性义务落到实处。

《适当性管理办法》将投资者分为普通投资者和专业投资者，规定经营机构应当为产品或服务划分风险等级，并根据适当性匹配原则对投资者进行分类管理，强化保护普通投资者。

基金业协会根据《适当性管理办法》的规定于2017年6月28日发布了《基金募集机构投资者适当性管理实施指引（试行）》，主要是增加了产品或服务的风险等级划分，要求募集机构按照普通投资者和专业投资者的分类方法对有关投资者进行分类。同时，基金业协会还以附件的形式提供了投资者适当性管理参考模板，包括投资者信息表、投资者风险测评问卷、基金产品或者服务风险等级划分参考标准、投资者风险匹配告知书及投资者确认函、风险不匹配警示函及投资者确认书、投资者转化表等六类。基金募集机构应当在募集资金时使用有关参考模板，在销售产品或者提供服务的过程中，勤勉尽责，审慎履职，并基于投资者的不同风险承受能力以及产品或者服务的不同风险等级等因素，提出明确的适当性匹配意见，将适当的产品或者服务销售或者提供给适合的投资者。

3. 募集行为规范管理

基金业协会发布并于2016年7月15日施行了《私募投资基金募集行为管理办法》（简称《基金募集办法》），该办法体现了证监会对私募基金的监管三原则：重在自律原则、底线监管原则和促进发展原则，同时也是私募基金行业的三条监管底线（即坚持诚信守法、不得变相公募、严格投资者适当性管理）的具体化。对私募基金管理人、私募基金不设前置审批，仅采取事后登记备案的方式进行统计监测，主要发挥行业自律组织的作用和功能，通过对私募基金管理人和从业人员的自律管理，建立全行业诚信体系，引导提升规范运作水平。《基金募集办法》对私募基金的募集从主体到基金份额发售、认缴，再到退出等活动均作出了详细规定，是较为完备的私募行为规范。

4. 内部控制管理

基金业协会2016年2月发布《私募投资基金管理人内部控制指引》（以下简称《内部控制指引》），要求在私募投资基金的资金募集、投资研究、投资运作、运营保障和信息披露等各个环节中强化内部控制，《内部控制指引》分为五章，共三十三条，主要从私募基金管理人内部控制的目标与原则、内部环境、风险评估、控制活动、信息与沟通及内部监督等方面的制度建设进行自律管理，构成了私募基金管理人内部控制的自律监管框架。和征求意见稿相比，《内部控制指引》新增了一条“私募基金管理人应当遵循专业化运营原则，主营业务清晰，不得兼营与私募基金管理无关或存在利益冲突的其他业务”，强调了私募基金公司的专业性，不能既从事基金管理业务又经营实业或者搞 P2P 等平台业务。随后基金业协会又发布了《私募投资基金合同指引 1-3 号》，明确了私募基金规范性内容框架，厘清了私募基金当事人各方的权利义务，强化了各类基金的内部治理，体现出不同组织形式私募基金的差异化特点。减少了基金合同内容的随意性，通过合同文本规范化控制借私募之名的违法违规活动。

5. 外包业务管理

基金业务外包是基金管理行业发展到一定阶段的必然产物，是市场竞争与基金管理人专业化经营的现实需要，也是国际成熟市场的通行做法。外包机构为基金管理人提供销售、销售支付、份额登记、估值核算、信息技术系统等业务的服务，有利于基金管理人降低运营成本，提高核心竞争力。

基金业协会于 2014 年出台《基金业务外包服务指引（试行）》，该指引要求外包机构应在业务开展前到基金业协会备案，基金业协会对外包机构通过基金业协会网站电子备案平台填报资料的完整性进行核对，材料齐备的给予备案。外包机构应在每季度、年度向协会报送外包业务情况表、运营情况报告。外包机构应当对备案材料的真实、准确、完整负责。

截至 2015 年底，基金业协会公示了三批私募基金业务外包服务机构，共计 44 家。2017 年 3 月，基金业协会在结合指引的基础上，起草并公布了《私募投资基金服务业管理办法（试行）》，管理办法合并了指引的主要条款，包括服务机构的法律地位、基金管理人在业务外包中的法定职责、募集结算资金的安全保障机制等，同时，新增了各类服务业的定义、业务边界、权责划分和退出机制等内容，分专章对基金份额登记、基金估值核算和信息技术系统等三类服务业务进行了重点规范。

6. 信息披露管理

信息披露是私募基金行业实现自律管理的关键环节，信息披露效果直接影响行业运率。私募基金信息披露行为的合理和规范，可以帮助信息披露义务人和投资者实现有效的互联互通，最大程度减少信息不对称，为投资者提供良好的法律保障，促进市场的长期稳定。基金业协会于2016年2月出台《私募投资基金信息披露管理办法》，并于2016年9月发布《私募投资基金信息披露内容与格式指引2号-适用于私募股权（含创业）投资基金》，反映了监管层重视和加强对私募股权投资信息披露的自律监管，同时提高了私募股权类基金的隐性运营门槛。在信息披露的时间和频度上，半年报需在当年9月底之前完成，年度报告完成时间放宽到次年6月底之前完成。在披露内容方面，此次指引文件作出非常详细的要求。以年报为例，需要披露的内容有：一是基金产品情况，包含基金基本情况、基金产品说明、基金管理人和基金托管人、基金投资者情况（选填）、外包机构情况；二是基金运营情况，包含累计运营情况、持有项目说明表；三是主要财务指标、基金费用及利润分配情况，包含主要会计数据和财务指标、基金费用明细、过去三年基金的利润分配情况；四是基金投资者变动情况；五是管理人报告；六是托管人报告；七是审计报告。根据《私募投资基金信息披露管理办法》第六条规定，投资者可以登录中国基金业协会指定的私募基金信息披露备份平台进行信息查询。

7. 从业人员管理

私募股权基金从业人员需要参加基金业协会组织的基金从业资格全国统一考试，根据其发布的《基金从业资格考试大纲（2016年度修订）的通知》，基金业协会于2016年9月增设科目三《私募股权投资基金基础知识》考试，参加考试的人员通过科目一和科目二考试，或通过科目一和科目三考试成绩合格的，均可申请注册基金从业资格。同时，为促进基金行业持续健康发展，保护基金持有人利益，基金业协会于2014年12月制定了《基金从业人员执业行为自律准则》，对基金从业人员执业行为作出明确规范。

第四节 | 外资基金的分类监管框架

从目前有关法律法规及各部门的规范性文件看，对于境外投资者参与我国境内私募股权投资，有关机关基本上是从外商设立或参与设立不同投资主体的角度进行分类监管，主要涉及外商投资创投企业、外商设立有限合伙制投资基金，以及外商设立投资性公司等领域。这些领域基本上都涉及不同的外商投资方式及组织形式，并针对不同情况形成不同的监管要求。

一、外商投资创投企业的监管

2003 年 3 月实施的《外商投资创业投资企业管理规定》(简称"《外资创投规定》", 2015 年修订) 对外资创投企业的设立登记、投资运作及审核监管等方面作出比较全面的规定，外资创投企业可以分为公司制和非法人制。其中非法人制企业的组织形式依托于《中华人民共和国中外合作经营企业法》，属于合作制，但由于《外资创投规定》规定，"非法人制创投企业的投资者也可以在创投企业合同中约定在非法人制创投企业资产不足以清偿该债务时由必备投资者承担连带责任，其他投资者以其认缴的出资额为限承担责任"，因此，非法人制外资创投企业与后来《中华人民共和国合伙企业法》规定的有限合伙制类似。

1. 外资创投企业的设立条件

设立外资创投企业应具备下列条件：(1) 投资者人数在 2 人以上 50 以下；且应至少拥有一个必备投资者；(2) 外国投资者以可自由兑换的货币出资，中国投资者以人民币出资；(3) 有明确的组织形式；(4) 有明确合法的投资方向；(5) 除了将本企业经营活动授予一家创业投资管理公司进行管理的情形外，创投企业应有三名以上具备创业投资从业经验的专业人员；(6) 法律、行政法规规定的其他条件。

2. 合格投资者审核

必备投资者应当具备下列条件：(1) 以创业投资为主营业务；(2) 在申

请前三年其管理的资本累计不低于1亿美元，且其中至少5000万美元已经用于进行创业投资。在必备投资者为中国投资者的情形下，业绩要求为：在申请前三年其管理的资本累计不低于1亿元人民币，且其中至少5000万元人民币已经用于进行创业投资；（3）拥有3名以上具有3年以上创业投资从业经验的专业管理人员；（4）如果某一投资者的关联实体满足上述条件，则该投资者可以申请成为必备投资者。所称关联实体是指该投资者控制的某一实体、或控制该投资者的某一实体、或与该投资者共同受控于某一实体的另一实体。所称控制是指控制方拥有被控制方超过50%的表决权；（5）必备投资者及其上述关联实体均应未被所在国司法机关和其他相关监管机构禁止从事创业投资或投资咨询业务或以欺诈等原因进行处罚；（6）非法人制创投企业的必备投资者，对创投企业的认缴出资及实际出资分别不低于投资者认缴出资总额及实际出资总额的1%，且应对创投企业的债务承担连带责任；公司制创投企业的必备投资者，对创投企业的认缴出资及实际出资分别不低于投资者认缴出资总额及实际出资总额的30%。

3. 投资范围审核

外资创投企业的境内投资视为外商投资，比照执行《指导外商投资方向规定》和《外商投资产业指导目录》的规定。创投企业投资于任何鼓励类和允许类的所投资企业，应向所投资企业当地授权的外经贸部门备案。根据商务部《关于下放外商投资审批权限有关问题的通知》（商资发［2010］209号），注册资本3亿美元以下外商投资性公司和资本总额3亿美元以下外商投资创业投资企业、外商投资创业投资管理企业的设立及其变更事项，由地方审批机关（省级商务主管部门和国家级经济技术开发区）负责审批和管理，超过额度的企业的设立与变更，则由商务部负责审批和管理。

4. 年度备案

外资创投企业应于每年3月份填写《外商投资创业投资企业情况备案表》，将上一年度的资金筹集和使用等情况报省级商务主管部门和国家级经济技术开发区。省级商务主管部门和国家级经济技术开发区应于5月份将情况汇总报商务部。商务部《关于完善外商投资创业投资企业备案管理的通知》

（商资函［2012］269号）进一步规定，省级商务主管部门应于每年5月31日前将备案信息通过外商投资企业审批管理系统向商务部报备。商务部在商务部网站及时发布和更新完成备案手续的创投企业名单。列入备案名单的创投企业可适用国家有关政策、办理变更及开展境内投资业务。各地商务主管部门对于未在商务部网站发布的创投企业，不得办理其相关变更手续或准许其开展境内投资业务。

5. 政策扶持

外资创投企业的所投资企业注册资本中，如果创投企业投资的比例中外国投资者的实际出资比例或与其他外国投资者联合投资的比例总和不低于25%，则该所投资企业将享受外商投资企业有关优惠待遇；如果创投企业投资的比例中外国投资者的实际出资比例或与其他外国投资者联合投资的比例总和低于该所投资企业注册资本的25%，则该所投资企业将不享受外商投资企业有关优惠待遇。

"39号文"规定，依法设立的外商投资创业投资企业，投资运作符合相关条件，可以享受本办法给予创业投资企业的相关政策扶持。对于符合国家税务总局《关于实施创业投资企业所得税优惠问题的通知》（国税发［2009］87号）规定条件的外资创投企业也可以享受所得税抵扣的优惠政策。

二、外商设立投资性公司监管

2004年12月，商务部修订的《商务部关于外商投资举办投资性公司的规定》正式实施。该规定为了促进外国投资者来华投资，引进国外先进技术和管理经验，允许外国投资者根据中国有关外国投资的法律、法规，在中国设立投资性公司。外国投资者可以在中国以独资或与中国投资者合资的形式设立的从事直接投资的公司，公司形式为有限责任公司。为进一步鼓励跨国公司来华投资，完善投资性公司功能，该规定随后被三次修订。

三、外商设立有限合伙制投资基金监管

2009年11月，国务院颁布《外国企业或者个人在中国境内设立合伙企

业管理办法》（第 567 号），随后工商总局发布《外商投资合伙企业登记管理规定》并于 2014 年重新修订，从而开启了外国企业或者个人以设立合伙企业的方式在中国境内投资的大门。实践中，以外商不同的合伙人地位，可以细分为两种外资有限合伙制股权投资基金：一是境外投资者在境内直接以外商投资合伙企业形式设立股权投资基金，境外投资者作为基金的有限合伙人；二是境外投资者通过在境内设立外商投资企业担任普通合伙人（业界简称“FIE GP”）发起设立有限合伙形式的股权投资基金。[①]

1. 外商投资合伙企业的企业性质

根据商务部《关于外商投资管理工作有关问题的通知》（商资函［2011］72 号）的规定，以投资为主要业务的外商投资合伙企业视同境外投资者，其境内投资应当遵守外商投资的法律、行政法规、规章。投资范围应当符合《指导外商投资方向规定》和《外商投资产业指导目录》的规定。

2. 境外投资者作为普通合伙人的合伙企业的性质

境外投资者通过在境内设立外商投资企业担任普通合伙人发起设立有限合伙形式的股权投资基金，有限合伙人为中国投资者，此类基金的性质属于内资还是外资在实践中有不同认识。有鉴于境外投资者作为普通合伙人一般仅出资 1% 左右，工商部门基本不会对基金加注外资标记，不认为是外资企业，也就是说，此类基金无须作为外资企业进行监管。但据有关新闻报道，发改委于 2012 年向上海发改委出具《国家发展改革委办公厅关于外资股权投资企业有关问题的复函》，针对试点中的黑石人民币基金是否适用《外商投资产业指导目录》问题进行回复。“复函”明确指出，对于上海黑石股权投资合伙企业（有限合伙）及此类普通合伙人是外资、有限合伙人是内资的有限合伙制股权投资企业，应按照外资政策法规进行管理，其投资项目适用《外商投资产业指导目录》，也就是说，此类基金仍然要遵守外商投资政策，此类基金不得投资于禁止类行业，但在鼓励类，允许类和限制行业的投资一

① 郭强主编：《中国资产管理：法律和监管的路径》，中国政法大学出版社 2015 年版，第 120 页。

般是允许的，但就限制类行业，相关的限制仍需满足（鉴于对限制类行业的投资限制往往是外商投资的比例不超过50%，而在FIE GP基金中，间接的外资比例远小于此，上述限制似乎不会成为一个很大的问题）。审批手续上，有商务部门表示，FIE GP基金的项目投资不属于商务部门的审批范围，但建议最好在投资前，特别是对限制类行业的投资，与有关商务部门沟通确认。有学者认为，这表明国家在对待外商投资PE的态度仍然较为谨慎。[①]

3. 地方QFLP（合格境外有限合伙人）

尽管在2010年即开始允许设立外商投资合伙企业，但国家外汇局未就有关结汇问题出台相关政策，导致外商投资合伙企业结汇困难。为解决这一问题，部分地区开展了QFLP制度试点，允许境外机构投资者在通过资格审批和相关监管程序后，将其外汇资本金兑换为人民币，投资于国内基金。例如，北京于2011年2月出台了《关于本市开展股权投资基金及其管理企业做好利用外资工作试点的暂行办法》及其实施细则，上海于2010年3月出台了《关于本市开展外商投资股权投资企业试点工作的若干意见》，对试点QFLP基金及试点基金管理企业的申请与认定、试点QFLP基金投资运作以及监督管理等方面作出规定。[②]但随着国家外汇局《关于在部分地区开展外商投资企业外汇资本金结汇管理方式改革试点有关问题的通知》（36号文，已失效）及《关于改革外商投资企业外汇资本金结汇管理方式的通知》（汇发［2015］19号）、《关于改革和规范资本项目结汇管理政策的通知》（汇发〔2016〕16号）的出台，在全国范围内实施外商投资企业外汇资本金结汇管理方式改革，实行意愿结汇制度，外资合伙企业结汇的政策障碍已不存在，因此，地方QFLP政策已渐失存在意义。

① 张毅、杜宏晖、胡夏：《发改委关于外商投资企业作为普通合伙人的人民币基金的答复》，http://www.chinalawinsight.com/2012/07/articles/corporate/发改委关于外商投资企业作为普通合伙人的人民币/，访问日期：2017年1月31日。

② 郭强主编：《中国资产管理：法律和监管的路径》，中国政法大学出版社2015年版，第124页。

第五节 监督与自律并重的监管思路及其挑战

自中编办2013年6月发文确定证监会为私募股权基金的归口管理部门后，证监会提出积极探索适应私募基金发展的工作思路，其根本宗旨是：坚持适度监管，维护私募市场活力；坚持服务实体经济，促进私募基金行业规范健康发展。证监会及其委托开展行业自律管理的基金业协会开展了系统的监管规章制度的制订工作，陆续发布了70份左右的行业规范性文件，全面覆盖了私募基金及管理人的登记备案、私募基金的募集行为、投资顾问业务、信息披露、内部控制、合同指引、托管业务、外包业务及从业人员管理等多个方面，形成了“一法、两规、七办法、二指引、多公告”[①] 的监管规范体系。按照规划，证监会还将尽快推动出台《私募投资基金管理暂行条例》，为私募股权基金纳入证监会监管范围奠定上位法基础。

一、优化监管思路和监管原则

自2012年开启的大资管格局，深刻影响了私募基金监管的基本原则，各经营机构私募产品规则的统一趋势逐渐显现，2016年发布的《证券期货投资者适当性管理办法》及《证券期货经营机构私募资产管理业务运作管理暂行规定》就反映了监管趋同的迹象。在这种背景下，证监会提出私募基金监管要遵循“统一监管、功能监管、适度监管、分类监管”的基本原则，按照“扶优限劣”、“差异化监管”的方法路径开展监管工作。

统一监管就是落实《中华人民共和国证券投资基金法》和中央编办关于

① 一法是指：《中华人民共和国证券投资基金法》；两规是指：《私募投资基金监督管理暂行办法》、《证券期货经营机构私募资产管理业务运作管理暂行规定》；七办法是指：《私募投资基金管理人登记和基金备案办法》（试行）、《私募投资基金信息披露管理办法》、《私募投资基金募集行为管理办法》、《私募投资基金服务业务管理办法（试行）》、《私募投资基金管理人从事投资顾问服务业务管理办法》、《私募投资基金托管业务管理办法》、《基金从业资格管理办法》，其中后3部办法截至2017年2月尚未发布；二指引是指：《私募投资基金管理人内部控制指引》、《私募投资基金合同指引》，多公告是指《私募基金登记备案相关问题解答（1-13）》等文件。

私募股权基金监管职责分工要求，将私募证券基金、私募股权基金、创业投资基金和其他私募基金等各类私募投资基金进行统一监管。

功能监管就是对不同经营机构下的私募基金业务，鉴于其具有同样的功能属性，实行统一的监管政策。各类私募基金执行统一的合格投资者标准，均应当遵守非公开募集、投资运作、信息披露等规范性要求，防范监管套利。目前，证监会已探索实施对证监会监管的证券公司、基金管理公司、期货公司及其子公司从事私募基金业务的统一功能监管。

适度监管就是私募基金不设行政审批，实行事中事后监管，充分发挥投资者和市场对私募基金管理人的约束作用以及私募基金管理人的自我约束作用。行业监管和自律主要从资金募集、投资运作、信息披露等环节入手，提出原则性底线监管要求。

分类监管就是在统一立法、统一登记备案基础上，根据各类别私募基金投资标的不同，对私募证券基金、私募股权基金和创业投资基金等分别进行备案，提出不同的监管要求。同时，根据各类私募基金的管理规模大小、投资者人数、合规风险程度、投诉举报等维度，以问题和风险为导向，进行分类监测和检查。

在扶优限劣方面，证监会创造条件鼓励优秀机构做大做强，同时清理违规、失联和空壳机构。一是允许符合条件的私募基金管理机构申请公募基金管理业务牌照；二是允许符合条件的私募机构在银行间债券市场开户；三是研究并尽快明确私募机构在股转系统挂牌问题；四是推动引导保险资金等长期资金投资符合条件的创业投资基金；五是支持有条件的私募机构开展境外投资业务；六是通过分类公示、推出行业最佳实践等方式，宣传优秀私募机构。

在差异化监管方面，基金业协会对于不同类别的私募基金从业人员资格考试范围、信息披露内容和频率、托管机构资质要求、合同指引版本等方面进行差异化自律探索。[①]

① 参见李丹丹：《证监会详解私募基金监管思路》，载《上海证券报》，http://www.cnstock.com/v_news/sns_yw/201604/3779559.htm，访问日期：2017 年 3 月 5 日。

二、构建更为有效的监管框架和自律体系

从2016年开始，证监会明显加快了监管动作频率，相关规章制度发布速度也在加快，从严监管、依法监管、全面监管的口号正在加速落地，按照证监会负责人的解释，证监会将以行为规范为主，从以下五个方面构建符合私募投资基金特点的适度而有效的监管及自律体系：

1. 准确把握市场进入制度，既维护市场活力和效率，又在进入环节提高市场机构的规范化水平。对私募基金管理人机构和私募基金采取事后登记备案制度，并就私募基金管理人的专营性和合规性、从业人员资质和基本的展业保障等方面提出规范性要求。

2. 完善合格投资者制度，规范私募基金募资行为，有效防范非法集资。对私募基金不实行前置审批。对于合格投资者标准和评估程序，以及资金募集对象、方式和规则等方面进一步完善，以防范违规募集和非法集资行为。

3. 加强基础设施建设，完善风险监测体系，及时发现风险隐患。研究开发私募基金监管信息系统，建立健全私募基金信息统计和风险监测指标体系，以及时掌握行业发展状况，发现风险隐患。

4. 加强事中事后监管，加大检查执法力度，倒逼市场机构在事前即树立合规意识。构建起包括“机构自查、随机抽查、专项检查、个案检查”在内的立体式现场检查制度，并加快建立私募基金突发事件应急处置机制。

5. 探索分级分类监管，完善分类公示制度，建立私募机构守信激励和失信约束机制。根据私募机构的合规守信情况和不同类型私募基金的特点，研究制定分级标准，在风险监测、现场检查、信息披露等方面提出不同监管要求，并实施差异化监管安排。在此基础上，完善分类公示制度，一方面对合规水平和诚信水平较高的机构给予有力激励，另一方面对违规失信机构给予应有的诚信约束。[①]

---

① 参见《凝聚多方共识　扶持监管并举　合力推进私募基金行业健康发展——李超副主席在中国私募基金业2016论坛上的讲话》，http://www.amac.org.cn/xhdt/zxdt/390657.shtml，访问日期：2017年3月5日。

三、监管框架和监管思路调整的影响

1. 有利于强化投资者保护，促进行业健康发展。着力完善针对基金管理者的市场准入制度和针对投资者的合格投资者制度，从供求两个方面维护私募基金市场的交易秩序，对于保护市场中的广大普通投资者有着重要意义，对于防范非法集资和损害金融秩序的违法犯罪行为有着积极促进作用，从行业角度看，优化的监管思路有利于私募基金行业的安全健康发展。

2. 对企业管理和经营活动的规范性提出了更高的要求。随着证监会对私募基金监管思路的逐步明确，基金准入门槛及相关募集行为的规范性也进一步提升，基金市场鱼龙混杂的状态势必得以扭转，信用缺失、能力不足的基金管理人将被淘汰。强化合规管理将是今后基金管理人发展壮大的必修课程，任何忽视合规管理的行为都可能对基金管理人构成致命影响。

3. 本土化和国际化仍然是完善监管机制面临的重要课题。尽管当前私募基金监管体系初步建立，但在经济全球化的影响下，私募基金必然会出现境内资金大量走出国门而同时境外资金也会深入渗透到国内经济的各个角落的双向流动趋势，基金监管必然面临更多需要考虑的问题，借鉴和引入国际上好的做法成为必由之路，如何将有关制度本土化需要理论与实务界的共同实践，如何在制度层面助力国内基金走出去同样也需要进一步研究。

小贴士 基金业协会关于私募基金登记备案相关规则要点汇总（2015年6月）（节选）

1. 私募基金的募集方式?

私募基金应当以非公开方式向投资者募集资金，不得公开或变相公开募集：（1）严格限制投资者人数：单只私募基金投资者人数累计不得超过证券投资基金法、公司法、合伙企业法等法律规定的特定数量。合伙型、有限公司型基金投资者累计不得超过50人，契约型、股份公司型基金投资者累计不得超过200人。（2）严格限制募集方式：不得通过报刊、电台、电视、互联网等公众传播媒体或者讲座、报告会、分析会和布告、传单、手机短信、微信、博客和电子邮件等方式，向不特定对象宣传推介。

2. 私募基金合格投资者的界定？

私募基金不得向合格投资者之外的主体进行募集。（1）合格投资者标准。私募基金的合格投资者是指具备相应风险识别能力和风险承担能力，投资于单只私募基金的金额不低于100万元且符合下列相关标准的单位和个人：净资产不低于1000万元的单位；金融资产不低于300万元或者最近三年个人年均收入不低于50万元的个人。金融资产包括银行存款、股票、债券、基金份额、资产管理计划、银行理财产品、信托计划、保险产品、期货权益等。（2）视为合格投资者的情形。社会保障基金、企业年金等养老基金，慈善基金等社会公益基金；依法设立并在基金业协会备案的投资计划；投资于所管理私募基金的私募基金管理人及其从业人员；中国证监会规定的其他投资者，视为合格投资者。（3）穿透计算的情形。以合伙企业、契约等非法人形式，通过汇集多数投资者的资金直接或者间接投资于私募基金的，私募基金管理人或者私募基金销售机构应当穿透核查最终投资者是否为合格投资者，并合并计算投资者人数。但是，符合以下情形的投资者，不再穿透核查最终投资者是否为合格投资者和合并计算投资者人数：社会保障基金、企业年金等养老基金，慈善基金等社会公益基金；依法设立并在基金业协会备案的投资计划；中国证监会规定的其他投资者的。

3. 私募基金是否能够保底保收益？

私募基金管理人、私募基金募集机构，不得向投资者承诺投资本金不受损失或者承诺最低收益。

4. 私募基金登记备案的方式？

私募基金管理人通过中国证券投资基金业协会私募基金登记备案系统，在网上提交登记备案申请信息，网上办理登记备案相关手续。系统网址为：https：//pf.amac.org.cn。

5. 私募基金登记备案的时限？

管理人登记材料完备的，基金业协会自收齐登记材料之日起20个工作日内，以通过网站公示私募基金管理人基本情况的方式，为私募基金管理人办结登记手续。基金备案材料完备且符合要求的，基金业协会应当自收齐备案材料之日起20个工作日内，以通过网站公示私募基金基本情况的方式，为私募基金办结备案手续。基金业协会通过完善机制、优化流程、明确责任等措施，着力提高登记备案工作效率，缩短登记备案所需时间。

6. 备案私募基金定期更新要求？

私募基金管理人应当在每季度结束之日起10个工作日内对所备案基金的基本信息进行季度更新，并　在每年度结束之日起20个工作日对所备案基金的基本信息进行年度更新。

7. 私募基金管理人发生重大事项变更的更新要求？

私募基金管理人发生以下重大事项的，应当在10个工作日内向基金业协会报告：私募基金管理人名称、高管发生变更；私募基金管理人的控股股东、实际控制人或者执行事务的合伙人发生变更；私募基金管理人分立或者合并；私募基金管理人或高级管理人员存在重大违法违规行为；依法解散、被依法撤销或者被依法宣告破产；可能损害投资者利益的其他重大事项。

8. 备案基金发生重大事项变更的更新要求？

私募基金运行期间，发生以下重大事项的，私募基金管理人应当在5个工作日内向基金业协会报告：基金合同发生重大变化；投资者数量超过法律法规规定；基金发生清盘或清算；私募基金管理人、基金托管人发生变更；对基金持续运行、投资者利益、资产净值产生重大影响的其他事件。

9. 契约、合伙企业等私募基金合同以及风险揭示书等备案材料基本要求有哪些？

私募基金管理人填报的备案材料应该要素齐全，签章清晰完整，日期准确无误。备案材料内容应该真实、合规、准确和完整。

私募基金募集规模证明或实缴出资证明备案材料基本要求有哪些？

募集规模证明或实缴出资证明应为第三方出具的证明，包括基金托管人开具的资金到账证明、验资证明、银行对账单等出资证明文件、工商登记调档材料等。

10. 私募基金的投资者明细填报要求有哪些？

投资者明细情况应该真实、准确、完整。以合伙企业、契约等非法人形式，通过汇集多数投资者的资金直接或者间接投资于私募基金的，私募基金管理人或者私募基金销售机构应当穿透核查最终投资者是否为合格投资者，并合并计算投资者人数，同时在填报的“投资者明细”中进一步补充说明，已在基金业协会备案的投资计划请标注备案基金编码。

11. 私募基金如未经登记备案是否影响相关投资运作？

根据证券投资基金法、中国证监会《私募投资基金监督管理暂行办法》，私募基金管理人应当向基金业协会进行登记，私募基金应当向基金业协会进行备案。私募基金未经登记备案将影响参与证监会体系内的投资业务。根据中国证监会《发行监管问答——关于与发行监管工作相关的私募投资基金备案问题的解答》、《关于与并购重组行政许可审核相关的私募投资基金备案的问题与解答》，以及全国中小企业股份转让系统《关于加强参与全国股转系统业务的私募投资基金备案管理的监管问答函》，中介机构应对相关投资者是否属于证券投资基金法、《私募投资基金监督管理暂行办法》、《私募投资基金管理人登记和基金备案办法（试行）》规范的私募投资基金以及是否按规定履行备案程序进行核查并发表明确意见。

12. 私募证券基金从业资格的取得方式？

具备以下条件之一的，可以认定为具有私募证券基金从业资格：

（1）通过基金从业资格考试；

（2）最近三年从事投资管理相关业务；

此类情形主要指最近三年从事相关资产管理业务，且管理资产年均规模1000万元以上；或者最近三年在金融监管机构及其监管的金融机构工作。

（3）基金业协会认定的其他情形。

此类情形主要指已通过证券从业资格考试或者期货从业资格考试，取得相关资格；或者已取得境内、外基金或资产管理、基金销售等相关从业资格等。

属于（2）、（3）情形取得基金从业资格的，应提交相应证明资料。

中篇 实践篇

5

CHAPTER

第五章

资金募集：渠道、路径与合规管理

本章导读

本章介绍私募股权基金的传统募资渠道和新型募资渠道，并对实践中不规范的募资行为及其风险总结提示。统计显示，银行、社保基金、保险公司，以及信托公司等金融机构目前仍然是私募股权基金主要的融资渠道，由其直接或间接提供的资金显著多于私募基金从其他渠道获得的资金。资金供给市场的这种结构性特征使得私募股权投资过度依赖金融机构，并表现出以下特点:（1）间接投资占比较高，“通道化”业务居高不下。私募股权投资机构与银行之间的合作，无论是综合理财业务，还是银信合作，实际投资来源主要是银行客户和信托计划的委托人。这种现象，一方面反映了金融机构在筹集资金方面的优势地位，另一方面，限制或约束私募投资的有关规则和政策又进一步强化了金融机构在资金募集方面的“通道”作用。（2）资金募集成本高，借贷化特征明显。除少量自有资金外，金融机构投资于私募股权的资金多为负息资金。因此，其与私募基金的合作必然要考虑资金成本和资金安全。此外，设计合适的合作“通道”和合作结构、收取必要的“通道费”也进一步推高了资金募集成本。（3）金融调控和政策变动频繁，对资金供给和使用造成较大的不确定性。比如货币政策、信贷政策变化对银行等金融机构业务范围、资金使用、对外合作的影响，政策调整对“通道”业务、杠杆业务的规范等，都是影响资金募集市场的稳定性和供给水平的重要因素。囿于资金募集的路径依赖和成本压力，私募股权投资机构的投资行为也表现出很强的被动适应性。一是加剧基金的结构化。为满足银行等金融机构在资金安全性、收益回报、资金使用期限等方面的要求，很多的结构化产品被设计出来。在投资人层面，优先级、劣后级、中间级等多层结构被广泛采用；在管理和运营层面，特定投资人当期固定收益的支付及其方式、退出的时限安排等成为收益分配机制和投资策略需要重点考虑的问题。二是募资环节的“通道”效应向投资环节传递。突出表现为投资短期化，收益或分红的强制性要求，名股实债、可转债等对真实股权投资的替代等。这些做法，既对被投资企业的融资成本和经营活动构成压力，也使得此类私募股权投资显现出更多的资金借贷或融资通道的色彩。

怎么解决这些问题？从传统募资渠道的角度看，关键是解决好金融机构和其他机构投资者的市场参与问题。以银行、信托公司等为媒介的间接融资和“通道”业务是造成金融机构在私募股权融资市场上占比虚高的主要原因。但在另一方面，金融机构在客户资源、筹措资金、风险管理等方面具有天然优势，因此，抑制金融机构在资金募集方面的变相借贷问题要与发挥好其筹资、投资作用统筹考虑，结合对现有监管规则和政策的梳理，解决好金融机构在私募股权投资领域的定位问题。从机构投资者的角度看，美国的大学基金会、养老基金是私募股权投资的重要参与者和资金提供者。与之相比，我国的社保基金、社会保险基金、企业年金等机构投资者的市场参与度并不高。究其原因，并非制度或政策性障碍，主要原因是这些机构从风险管理的角度，在另类资产配置、对私募投资机构的选择等方面要求较高。因此，如何提高私募股权投资市场的规范性，解决好风险投资与风险控制的关系对调动机构投资者参与意愿具有重要影响。从新型募资渠道的角度看，股权众筹等方式在法律规则适用、风险控制、有效监管等方面固然存在不足甚至缺陷，但不应因此否认其在拓宽募资渠道、优化资金供给结构方面的潜力，建议进一步加大关注力度，研究支持和规范各类新型募资方式的监管措施和政策规则。

第一节 | 以金融机构为主的传统募资渠道

一、银行

银行资金实力雄厚，投融资及风控水平较高，除了通过资金托管、财务顾问等方式向私募股权基金提供综合配套金融服务外，银行一直是PE基金的重要资金来源。但根据现行《中华人民共和国商业银行法》第四十三条的规定，商业银行不得向企业投资。因此，目前商业银行直接投资PE基金尚存在法律障碍，其参与PE基金业务需要作出相应安排。

1. 通过海外子公司曲线开展私募股权基金业务。此类海外子公司的投资一般是与境内企业尤其是国有企业共同发起设立产业投资基金及基金管理公司，向特定产业的中小企业进行股权投资，其规模都比较大。以建设银行为例，建行在香港设立“建银国际（控股）有限公司”，并通过这家公司在中国境内设立的子公司——建银国际财富管理（天津）有限公司开展人民币股权投资业务，其在产业基金方面，成立了多支人民币私募股权投资基金，覆盖医疗文化、环保行业。目前，商业银行海外机构的设立审批颇为严格，监管部门一事一议，仅有“国有五大行”和少数几家股份制商业银行获批设立海外机构。

2. 政策性银行经报财政部批准设立境内子公司直接投资于私募股权基金业务。政策性银行不受商业银行法规制，其投资业务须报财政部批准。目前中国进出口银行、国家开发银行、中国农业发展银行等三家政策性银行都已经财政部批准设立了下属私募基金公司，其中中国进出口银行近年分别独资或参股的私募股权基金有中非产能合作基金有限责任公司，注册资金640亿元；丝路基金有限责任公司，注册资金615亿元；中日节能环保创业投资有限公司，注册资金10亿元；航天投资控股有限公司，注册资金74亿元；成都银科创业投资有限公司，注册资金15亿元等；国家开发银行也先后独资开办了国开金融有限责任公司，注册资金593亿元，已投资78个项目；国开发展基金有限公司，注册资金 500 亿元，已投资 1250 个项目。中国农业发展银行分别独资成立现代种业发展基金有限公司，注册资金 15 亿元；中国农发重点建设基金有限公司，注册资金 500 亿元，目前已投资了 1337 个项目。

3. 试点设立境内子公司或设立科技金融专营机构以投贷联动方式直接投资于私募股权基金业务。2016 年 4 月，银监会、科技部、人行联合发布《关于支持银行业金融机构加大创新力度开展科创企业投贷联动试点的指导意见》，北京中关村国家自主创新示范区等 5 家地区及国开行、中国银行、恒丰银行等十家银行试点，试点银行可利用自有资金设立投资功能子公司或设立科技金融专营机构对试点园区的创新科技企业进行股权投资。投贷联动试点已突破当前的商业银行法，使得商业银行参与私募股权投资可通过集团内部投资功能子公司进行。与此同时，2016 年 9 月 14 日，银监会主席尚福林在中国银行业协会第七届会员大会二次会议上表示，要允许有条件的银行设立子公司从事科技创新股权投资，通过并表综合算大账的方式，用投资收益对冲贷款风险损失，这可能意味着“创投国家队”即将登场。

4. 通过控股信托公司或设立基金子公司方式间接投资于私募股权基金业务。在金融业混业经营的趋势下，尽管商业银行法禁止商业银行从事信托业务，但也规定在国家另有规定时可以例外。2007 年，银监会发布《非银行金融机构行政许可事项实施办法》，允许包括银行在内的金融机构作为信托公司的出资人，信托公司作为基金的 LP 没有法律障碍。商业银行还可以依据《商业银行设立基金管理公司试点管理办法》，设立基金管理公司并通过其子公司的资管计划从事投资私募股权基金的业务。

5. 通过综合理财服务介入私募股权基金业务。中国银监会 2009 年 7 月《关于进一步规范商业银行个人理财业务投资管理有关问题的通知》（银监发［2009］65 号）规定，理财资金不得投资于未上市企业股权和上市公司非公开发行或交易的股份，但对于具有相关投资经验，风险承受能力较强的高资产净值客户，商业银行可以通过私人银行服务满足其投资需求，则不受限制。

另外，银信合作理财业务曾经一度成为私募股权基金的资金来源，但自中国银监会于 2010 年 8 月发布《关于规范银信理财合作业务有关事项的通知》（银监发〔2010〕72 号）后，此类银行资金通道业务受到压缩。该通知明确规定“商业银行和信托公司开展投资类银信理财合作业务，其资金原则上不得投资于非上市公司股权”，随着银监会要求商业银行和信托公司就合作理财产品购买的资产在银信双方均作账面处理（符合入表要求的入表，不符合入表要求的单独列示台账）后，银信合作理财业务的空间被进一步压缩。

目前，银行参与私募股权基金业务的方式是以 LP 的身份提供资金，尚无银行作为 GP 管理基金的案例出现。自证监会 2014 年 6 月《私募投资基金监督管理暂行办法》发布后，曾有十七家银行一度在短暂时间内获批基金管理人资格，但随后又被监管部门叫停，可以预见，一旦银行成为 GP，则其募资能力将相当强大，可能对基金行业生态造成较大冲击。

二、全国社保基金、社会保险基金和企业年金基金

全国社保基金与社会保险基金是两个比较容易混淆的概念，国家对两者的资金运用有不同的规范。

1. 社会保险基金

社会保险基金是指为了保障保险对象的社会保险待遇，按照社会保险法等法律、法规，由缴费单位和缴费个人分别按缴费基数的一定比例缴纳以及通过其他合法方式筹集的专项资金。社会保险基金包括基本养老保险基金、基本医疗保险基金、工伤保险基金、失业保险基金和生育保险基金。涉及社会保险基金投资管理的规章制度主要是国务院于 2015 年发布的《基本养老保险基金投资管理办法》（国发〔2015〕48 号），该办法规定，养老基金限于境内投资，投资范围包括：银行存款，中央银行票据，同业存单；国债，政策性、开发性银行债券，信用等级在投资级以上的金融债、企业（公司）债、地方政府债券、可转换债（含分离交易可转换债）、短期融资券、中期票据、资产支持证券，债券回购；养老金产品，上市流通的证券投资基金，股票，股权，股指期货，国债期货。若国有重点企业改制、上市，养老基金可以进行股权投资。范围限定为中央企业及其一级子公司，以及地方具有核心竞争力的行业龙头企业，包括省级财政部门、国有资产管理部门出资的国有或国

有控股企业。也即养老基金只能在重点国企改制方面参与股权投资，且根据该办法规定，只有具有全国社会保障基金、企业年金基金投资管理经验，或者具有良好的资产管理业绩、财务状况和社会信誉，负责养老基金资产投资运营的专业机构才有资格作为养老基金的管理机构，因此，只有极少的基金管理人才有资格参与养老基金的投资管理。鉴于管理机构及投资方向均十分狭窄，养老基金很难作为一般基金管理人的募资来源。

2. 全国社会保障基金

全国社会保障基金于2000年8月设立，是国家社会保障储备基金，由中央财政预算拨款、国有资本划转、基金投资收益和国务院批准的其他方式筹集的资金构成，专门用于人口老龄化高峰时期的养老保险等社会保障支出的补充、调剂，由全国社会保障基金理事会（简称社保基金会）负责管理运营。其与地方政府管理的基本养老、基本医疗等社会保险基金是不同的基金，资金来源和运营管理不同，用途也存在区别。

根据2001年《全国社会保障基金投资管理暂行办法》的规定，全国社保基金投资的范围限于银行存款、买卖国债和其他具有良好流动性的金融工具，包括上市流通的证券投资基金、股票、信用等级在投资级以上的企业债、金融债等有价证券。并不包括未上市企业股权。但在2008年4月，经国务院批准，财政部、人力资源和社会保障部同意全国社保基金投资经发展改革委批准的产业基金和在发展改革委备案的市场化股权投资基金，总体投资比例不超过全国社保基金总资产（按成本计）的10%。此后有部分基金管理人获准作为基金管理机构。截至2013年6月，全国社保基金投资的私募基金为19只，总规模超过200亿元。①

近期，国务院出台《全国社会保障基金条例》，规定其投资范围为：国务院批准的固定收益类、股票类和未上市股权类等资产，从法律法规层面明确了全国社保基金可以投资于非上市企业的股权，该条例自2016年5月1日起施行。从事全国社保基金的基金管理人必须具备如下条件：（1）在中国注

① 参见刘乃进：《私募股权基金：筹备、运营与管理》，法律出版社2015年版，第66页。

册，经中国证监会批准具有基金管理业务资格的基金管理公司及国务院规定的其他专业性投资管理机构。(2) 基金管理公司实收资本不少于5000万元人民币，在任何时候都维持不少于5000万元人民币的净资产。其他专业性投资管理机构需具备的最低资本规模另行规定。(3) 具有2年以上的在中国境内从事证券投资管理业务的经验，且管理审慎，信誉较高。具有规范的国际运作经验的机构，其经营时间可不受此款的限制。(4) 最近3年没有重大的违规行为。(5) 具有完善的法人治理结构。(6) 有与从事社保基金投资管理业务相适应的专业投资人员。(7) 具有完整有效的内部风险控制制度，内设独立的监察稽核部门，并配备足够数量的称职的专业人员。

3. 企业年金基金

企业年金是指企业及其职工在依法参加基本养老保险的基础上，自愿建立的补充养老保险制度，是多层次养老保险体系的组成部分，由国家宏观指导、企业内部决策执行。《企业年金基金管理办法（2015修订)》规定，企业年金基金财产限于境内投资，投资范围包括银行存款、国债、中央银行票据、债券回购、万能保险产品、投资连结保险产品、证券投资基金、股票，以及信用等级在投资级以上的金融债、企业（公司）债、可转换债（含分离交易可转换债)、短期融资券和中期票据等金融产品。按照该办法所规定的投资范围，企业年金基本无法作为PE基金的资金来源。但根据人力资源和社会保障部、银监会、证监会、保监会2013年《关于扩大企业年金基金投资范围的通知》（人社部发［2013］23号，简称“23号文”)，年金的投资范围增加了商业银行理财产品、信托产品、基础设施债权投资计划、特定资产管理计划、股指期货。这就为企业年金借道有关金融产品投资至私募股权基金提供了明确指向。

比较令人疑惑的是，“23号文”发布在前，《企业年金基金管理办法（2015修订)》出台在后，《企业年金基金管理办法（2015修订)》并没有将“23号文”增加的投资范围增补到管理办法之中，是否意味着监管部门对企业年金投资金融产品持否定性看法？但“23号文”并未被废止，理论上讲，企业年金仍有可能通过信托产品或资管计划等金融产品投资至私募股权基金，监管部门是否会予以阻止尚需实践验证。根据新闻报道，2017年初，人社部政策研究司副司长、新闻发言人卢爱红在新闻发布会上表示，下一步将完善社会保障制度，出台实施完善基本养老保险制度总体方案，出台实施企业年金办法，行业内人士认为，目前中国企业年金的投资范围存在局限性，投资品种也有限，如何更好地拓宽企业年金的投资方向是下一步改革的关键之一。

三、保险公司

从保监会有关规定看，保险公司经历了从限制投资私募股权基金，到不仅可以作为私募股权基金的LP，也可以担任GP，保险资金不仅可以投资私募股权基金，也可以直接设立私募股权基金的过程。

2010年7月，保监会发布《保险资金运用管理暂行办法》（该办法于2014年修订），其第十二条及第十五条规定，保险资金投资的股权，应当为境内依法设立和注册登记，且未在证券交易所公开上市的股份有限公司和有限责任公司的股权，但保险集团（控股）公司、保险公司不得从事创业风险投资。保监会同时发布的《保险资金股权投资暂行办法》（保监发［2010］79号）规定，保险公司可以投资于股权投资管理机构发起设立的股权投资基金等相关金融产品，但在第十二条明确规定，保险资金不得投资于创业、风险投资基金，保险资金所投资的企业应当处于成长期、成熟期或者是战略新型产业，或者具有明确的上市意向及较高的并购价值。保监会的意图是严控保险资金投资风险，然而这种允许投资于股权基金但又不允许投资于创业风投基金的政策，导致保险资金很难成规模进入私募股权基金。

国务院2014年出台《关于加快发展现代保险服务业的若干意见》后，保监会为贯彻落实文件“鼓励保险公司通过投资企业股权、债权、基金、资产支持计划等多种形式，在合理管控风险的前提下，为科技型企业、小微企业、战略性新兴产业等发展提供资金支持”精神，发布了《关于保险资金投资创业投资基金有关事项的通知》（保监发〔2014〕101号），明确允许保险资金可以投资创业投资基金，并对创投基金管理机构及基金本身提出相应资质要求。至此保险资金入资包括VC在内的私募股权基金已不存在政策障碍。

保监会于2015年发布《关于设立保险私募基金有关事项的通知》（保监发〔2015〕89号），允许保险资金设立私募基金，范围包括成长基金、并购基金、新兴战略产业基金、夹层基金、不动产基金、创业投资基金和以上述基金为主要投资对象的母基金。基金管理人可以由保险资产管理机构的下属机构担任，也可以由保险资产管理机构指定的其他下属机构担任，即保险机构可以作为其设立的私募基金的GP。自2011年8月中国人寿获得首张PE牌照以来，目前获得“PE投资牌照”的保险公司已有十余家。险资的投资范围进一步扩大，并进入了规范化运营阶段。①

尽管保险资金对私募股权基金投资的政策已彻底放开，但由于保险公司内控严格，格外看中投资安全性，且有关规定对基金管理人的资格及基金有比较高的要求，因此，保险公司更倾向于自行组建GP机构运营，外部PE基金管理人获得险资支持的难度较大。

另外，依据保监会《关于保险资产管理公司开展资产管理产品业务试点有关问题的通知》（保监资金〔2013〕124号），保险资产管理公司已被允许向保险公司等合格投资人发行标准化产品来募集资金，所募资金的用途限于银行存款、股票、债券、证券投资基金、央行票据、非金融企业债务融资工具、信贷资产支持证券、基础设施投资计划、不动产投资计划、项目资产支持计划及中国保监会认可的其他资产。由此可知，保险资管产品目前尚不得直接投资于私募股权基金。为适应保险资产管理产品业务发展，防范投资风险，保监会资金部2015年12月下旬下发了《关于调整保险资产管理产品投资范围有关事项的通知（征求意见稿）》（下称《征求意见稿》），《征求意见稿》欲将保险资管产品投资的基础资产范围调整为：符合监管规定的保险资金可投资范围，以及债权收益权等保监会认可的其他投资品种。若该《征求意见稿》获得通过，则保险资管产品料将成为私募股权基金的资金来源。

① 张蕾：《私募股权投资大变天！银行、保险、证券、信托都来做PE，玩法大揭秘！》，载于搜狐财经，http://business.sohu.com/20161008/n469723489.shtml，访问日期：2017年2月4日。

四、证券公司

券商直投作为最早进入私募股权投资领域的传统金融机构，经历了从直投子公司进行直接投资到设立直投基金进行投资，再到直投子公司及直投基金的设立条件进一步宽松，成为目前传统金融机构中参与私募股权投资领域的排头兵。自 2012 年 11 月作为全国性证券业自律组织的中国证券业协会印发《证券公司直接投资业务规范》（此规范已失效）放宽对券商设立子公司的资质要求之日起，截至 2015 年底，共有 62 家券商设立了直投子公司，直投子公司主要通过设立直投基金进行投资。

依据《证券公司直接投资业务规范》，直投子公司及其下属机构可以设立和管理股权投资基金、债权投资基金、创业投资基金、并购基金、夹层基金等直投基金，以及以前述基金为主要投资对象的直投基金。直投子公司及其下属机构设立直投基金，应当以非公开的方式向合格投资者募集资金；直投基金的投资者不得超过二百人。直投子公司及其下属机构不得向不特定对象宣传推介，亦不得采用广告、公开劝诱或变相公开方式募集资金。直投子公司及其下属机构可以建立投资管理团队的跟投机制。2013 年 3 月，中国证券业协会发布《证券公司私募产品备案管理办法》，依据该办法，直投子公司应当于发行直投基金后 5 日内，将产品的发行、承销或代销情况、产品说明书、重要合同文本、风险揭示和合规总监审查意见等相关材料，报中证资本市场发展监测中心有限责任公司（注：2015 年更名为“中证机构间报价系统股份有限公司”）备案。

随着直投子公司及直投基金业务在实践中不断开展，也逐步暴露出一些问题和风险亟需规范，中国证券业协会经征求行业内意见，于 2016 年 12 月发布了《证券公司私募投资基金子公司管理规范》及《证券公司另类投资子公司管理规范》（中证协发［2016］253 号），同时废止了《证券公司直接投资业务规范》，将当前券商直投子公司开展的两类业务进行拆分：一是如以募集资金设立私募基金形式开展非标股权投资及债权投资的，归入券商私募基金子公司及其下设的私募基金管理机构的业务范畴；二是如以子公司自有资金开展的对外投资，则归入券商另类投资子公司的业务范畴（私募基金子公司自有资金只能跟投其本身及其另设的私募机构发起设立的私募基金，不能以自有资金投资其他企业股权或债权）。剥离子公司自有资金开展的对外投资业务后，券商直投子公司的运营模式更趋向私募基金子公司的运营模式。

根据中国证券业协会的通知要求，券商在一类业务上原则只能设立一个子公司经营，子公司应当专业运营，不得兼营，私募基金子公司限于从事私募股权投资基金业务和其他私募基金业务；另类子公司从事《证券公司证券自营投资品种清单》所列品种以外的金融产品、股权等另类投资业务，不得从事投资业务以外的业务。各子公司原则上不得下设二级子公司。除基金管理机构等特殊目的实体外，禁止私募基金子公司设立其他任何机构，私募基金子公司应当持有该下设基金管理机构35%以上的股权或出资，并拥有管理控制权，且该下设基金管理机构只能管理与本机构设立目的一致的私募股权投资基金；私募基金子公司自有资金投资于本机构设立的私募基金时，对单只基金投资金额不得超过该只基金总额的20%；证券公司子公司不得从事或变相从事实体业务。私募基金子公司的自有资金不得投资其他标的，只能以现金管理为目的投资于流动性较强的资产，或投资于本机构设立的私募基金；不得以拟投资企业聘请母公司或母公司的承销保荐子公司担任保荐机构或主办券商作为对企业进行投资的前提。

五、信托公司

信托行业以“一法三规”为其主要适用规范，即《中华人民共和国信托法》、《信托公司管理办法》、《信托公司集合资金信托计划管理办法》和《信托公司净资本管理办法》。但与PE投资有关的规定主要是银监会于2008年6月下发的《信托公司私人股权投资信托业务操作指引》（银监发［2008］45号），2009年3月下发的《关于支持信托公司创新发展有关问题的通知》（银监发［2009］25号），以及2014年4月下发的《关于信托公司风险监管的指导意见》（银监办发［2014］99号）等三份文件。该三份文件分别从信托公司以信托财产从事股权投资、以固有资产从事股权投资、及以基金管理人身份募集私募股权基金等三个方面对信托公司参与 PE 投资予以规范。

对于信托财产从事股权投资，《信托公司私人股权投资信托业务操作指引》规定，信托公司应当在信托计划成立后 10 个工作日内向中国银监会或其派出机构报告，信托计划可以通过股权上市、协议转让、被投资企业回购、股权分配等方式，实现投资退出。但目前银监会通过窗口指导，原则上不允许信托计划直接参与拟上市公司 IPO 过程，主要原因是："我国信托业缺乏有效登记制度，信托公司作为企业上市发起人股东无法确认其代持关系，上市企业必须披露实际股权持有人，防止关联持股"，一般要求契约型基金必须在所投资的企业上市前将股权转让给信托计划背后的受益人或者适合的上市公司股东。当然，按照《上市公众公司监管指引第 4 号——股东人数超过 200 人的未上市股份有限公司申请行政许可有关问题的审核指引》的规定，以私募股权基金、资产管理计划以及其他金融计划进行持股的，如果该金融计划是依据相关法律法规设立并规范运作，且已经接受证券监督管理机构监管的，可不进行股份还原或转为直接持股。但从目前IPO的监管实践来看（如东方园林重组方案证监会反馈意见），IPO 项目的反馈意见中仍要求"对于发行人机构投资者的股权结构予以披露"、"核查是否存在规避未经核准向特定对象发行证券累计超过 200 人的情形"，即对于申请 IPO 的情形下，"4 号指引"中对于"金融计划"无需"穿透核查"情形的适用存在个案的差异。

对于信托公司以固有资产从事股权投资，《关于支持信托公司创新发展有关问题的通知》规定，信托公司以固有资产从事股权投资业务，应向中国银监会或其派出机构提出资格申请，并应在签署股权投资协议后 10 个工作日内向信托公司所在地银监会派出机构报告。信托公司以固有资产从事股权投资业务和以固有资产参与私人股权投资信托等的投资总额不得超过其上年未净资产的 20%，但经中国银监会特别批准的除外。信托公司还应当：（1）遵守信托公司净资本管理的有关规定。（2）在信托存续期间不转让受益权，也不得直接或间接以该受益权为标的进行融资。（3）不得投资于关联人，但按规定事前报告并进行信息披露的除外。（4）不得控制、共同控制或重大影响被投资企业，不得参与被投资企业的日常经营。（5）持有被投资企业股权不得超过5年。

《关于信托公司风险监管的指导意见》则指出，大力发展真正的股权投资，支持符合条件的信托公司设立直接投资专业子公司。截至2016年底，已有41家信托公司获得了私募基金管理人资格，其中部分信托公司主要从事股权投资基金的管理工作。

另外，值得特别关注的是，2016年12月，备受业内关注的中国信托登记有限责任公司终于正式成立，该公司的正式揭牌，将推动统一有效的信托市场逐步形成，市场纪律和约束将进一步强化，是信托行业发展的又一里程碑，信托登记制度的完善必将有利于信托公司进一步拓展包括股权投资在内的资管业务。

六、私募股权投资母基金（PE FOFs）

私募股权投资母基金是指，通过对私募股权基金进行投资从而对私募股权基金所投资的项目进行间接投资的基金，业内称为PE FOFs。据清科研究中心报告，当前，中国本土市场上已逐渐形成了以FOFs形式运作的三大基金阵营：政府引导基金、国有企业参与设立的市场化FOFs、民营资本运作的市场化人民币FOFs。①

1. 政府引导基金。自2005年发改委等十部委发布《创业投资企业管理暂行办法》后，政府引导基金开始逐步走进资本市场。政府引导基金可以分为中央和地方两类引导基金，中央层面的引导基金的政策依据主要是2007年财政部等发布的《科技型中小企业创业投资引导基金管理暂行办法》，②2008年发改委等发布的《关于创业投资引导基金规范设立和运作的指导意见》，以及2011年财政部等发布的《国家科技成果转化引导基金管理暂行办法》和《新兴产业创投计划参股创业投资基金管理暂行办法》、2014年

① 清科研究中心：《〈2015人民币FOF报告〉发布，内外资FOF钱途呈现不同机会》，http://research.pedaily.cn/201507/20150723386079.shtml，访问日期：2017年2月10日。

② 该办法现已失效，并被2014年财政部发布的《中小企业发展专项资金管理暂行办法》替代。

财政部等发布的《中小企业发展专项资金管理暂行办法》[①] 及《国家科技成果转化引导基金设立创业投资子基金管理暂行办法》。地方层面的引导基金主要是依据前述中央各部委的引导基金规章而制订的地方性引导基金政策，在引导方式、决策监管、机构设置等基金管理方面，各个地方的具体做法存在差异。

投中数据终端 CVSource 统计显示，截至 2015 年底，国内共成立 457 支政府引导基金，目标设立规模达 12806.9 亿元。进入 2016 年之后，政府引导基金的设立继续呈增长态势。到 2016 年 9 月底，相关统计显示中国已披露的政府引导基金规模已经达到了 3.3 万亿元，这大致相当于 2015 年之前 5 年里中国 VC/PE 市场上募集基金的总额。海量的政府引导基金进入市场之后，已经明显地改变了私募股权投资机构的募资生态。很多机构将与政府引导基金合作作为未来的发展重点，实现管理规模的成倍增长。

一直以来，政府创投引导基金均以“市场化运作，政府引导”作为其运作的基本原则，但在我国政府引导基金多年的实践过程中，无论是从中央还是到地方，引导基金的市场化运作机制并不完善，各个地区的地方引导基金受到了主管部门管理运作水平和专业能力等各方面的制约，效果参差不齐，其本质原因在于：与市场化运作的 FOFs 不同，引导基金其本质源于政府职能的延伸。引导基金在基金设立与筛选能力、投资策略限制、投后管理、激励机制以及退出方式等多方面均与市场化的 FOFs 存在较大的差距。

另一方面，与一般私募股权基金仅受基金业协会自律监管不同，政府出资的基金还面临着不同政府部门的不同监管要求。财政部 2015 年 12 月印发的《政府投资基金暂行管理办法》（财预［2015］210 号）及《关于财政资金注资政府投资基金支持产业发展的指导意见》（财建〔2015〕1062 号）规定，“政府出资设立投资基金，应当由财政部门或财政部门会同有关行业主管部门报本级政府批准”。政府投资的基金在运作过程中不得从事以下业务：（1）

① 该办法 2015 年被修订，修订后已没有关于引导基金方面的内容，因此，该办法在 2015 年后已不再是引导基金的政策渊源。

从事融资担保以外的担保、抵押、委托贷款等业务；(2) 投资二级市场股票、期货、房地产、证券投资基金、评级 AAA 以下的企业债、信托产品、非保本型理财产品、保险计划及其他金融衍生品；(3) 向任何第三方提供赞助、捐赠（经批准的公益性捐赠除外）；(4) 吸收或变相吸收存款，或向第三方提供贷款和资金拆借；(5) 进行承担无限连带责任的对外投资；(6) 发行信托或集合理财产品募集资金；(7) 其他国家法律法规禁止从事的业务。发改委于 2016 年 12 月发布的《政府出资产业投资基金管理暂行办法》（发改财金规［2016］2800 号）规定，“有政府出资的主要投资于非公开交易企业股权的股权投资基金和创业投资基金”属于“政府出资产业投资基金”，必须在募集完毕后在信用信息系统登记，发改委将对基金的投向进行严格的产业政策审查，并禁止从事下列业务：(1) 名股实债等变相增加政府债务的行为；(2) 公开交易类股票投资，但以并购重组为目的的除外；(3) 直接或间接从事期货等衍生品交易；(4) 为企业提供担保，但为被投资企业提供担保的除外；(5) 承担无限责任的投资；(6) 对单个企业的投资额不得超过基金资产总值的 20%。

2. 国有企业参与设立的市场化 FOFs。2010 年 12 月中国首支国家级大型人民币母基金——总规模达 600.00 亿元的“国创母基金”由国开行全资子公司国开金融和苏州元禾共同发起成立。国创母基金的成立，是双方多年密切合作的延续和升级。国创母基金的成立标志着我国对促进人民币 FOFs 规范健康发展迈出的重要一步。2016 年 9 月 25 日，央企中国诚通对外宣布，受国务院国资委委托，中国诚通牵头发起成立中国国有企业结构调整基金股份有限公司，设计规模 3500 亿。这也意味着，国资委所确定的国企改革两大基金——国有资本风险投资基金和国企结构调整基金已经全部设立。其中，国有资本风险投资已于 8 月成立，由央企国新公司牵头，设计总规模 2000 亿。这两只国企改革基金将采取参投子基金等多种方式，借助市场力量，提高基金运营规模，开拓项目渠道，提升专业化运作能力和管理水平，保证基金投资的安全和效益，促进国有资产保值增值。

3. 民营资本运作的市场化人民币 FOFs。从少数民营资本运作的市场化人民币 FOFs 来看，人民币母基金领域的民营机构日渐增多。比较典型的代表包括诺亚财富旗下的歌斐母基金、天堂硅谷母基金、盛世投资母基金。其中，成立于 2010 年的盛世投资是中国国内最早起步以市场化方式运作私募股权母基金（PE FOFs）的专业金融机构之一，目前管理着多支盛世系母基金，并成功完成对新天域资本、松禾资本、同创伟业、九鼎投资、德同资本、君丰资本、启明创投、达晨创投、天图创投等多只基金的投融资工作。

七、个人投资者

根据 BCG 出版的《2020 中国资产管理模型》，高净值个人仍是 LP 中坚力量之一，基金业协会的统计数据也支持这一观点，根据基金业协会出版的《中国证券投资基金业年报（2015）》显示，截至 2015 年年底，备案的私募股权基金投资者当中，自然人投资者出资比例占 16.2%。从发展机遇来看，2015 年中国高净值家庭（可投资资产规模在人民币 600 万元以上）户数为 200 万左右，2020 年预计将上升至 350 万户。这类客户通常为企业主、职业经理人、专业投资人以及文体明星等，特点为单位财富高，投资经验较丰富，投资行为与机构投资者趋同。这类群体有些是在创业过程中获得过 VC/PE 的投资，因此对私募股权基金比较了解；有些则是出于资产配置的需求，希望通过另类投资来博取高收益。由于高净值个人作为 LP 的弱点是单体资金量小且资金稳定性差，对于 VC/PE 来说如果自己开发渠道来拓展高净值客户则具有较高的成本。而对高净值客户群体来讲，由于单体对 VC/PE 的认知有限，对 VC/PE 的募资信息也较为缺乏，因此也需要有特定的渠道或平台来与 VC/PE 对接。①

① 杜善友　杨恒：《投中专题：2015 年私募股权投资基金 LP 研究报告》，https://www.chinaventure.com.cn/cmsmodel/report/detail/1048.shtml，访问日期：2017 年 2 月 10 日。

第二节 ┃ 新型募资渠道的发展和问题

一、股权众筹

根据国际证监会组织（International Organization of Securities Commissions，简称 IOSCO）对众筹融资的定义，众筹融资是指通过互联网平台，从大量的个人或组织处获得较少的资金来满足项目、企业或个人资金需求的活动。众筹融资对于拓宽中小微企业直接融资渠道、支持实体经济发展、完善多层次资本市场体系建设具有重要意义，受到社会各界的高度关注。众筹模式在实践中大致可分为两大类：一类是购买模式，包括捐赠模式和奖励模式；一类是投资模式，包括股权模式和债权模式。其中，股权众筹可能涉及股票公开发行而备受监管者关注。

自 2014 年 11 月 19 日李克强总理首次在国务院文件中提出“开展股权众筹融资试点”后，股权众筹在国内迅猛发展。2015 年 1 月 -7 月国内新增股权众筹平台 38 家，在京东、阿里、平安等巨头及京北众筹、合伙圈、36 氪、中科招商等新秀先后宣布杀入股权众筹领域后，全国股权众筹平台已达 113 家，股权众筹融资额累计已达 45.76 亿元，2015 年也因此被称为股权众筹元年。

中国证券业协会于 2014 年 12 月发布《私募股权众筹监督管理办法（试行）征求意见稿》，该征求意见稿在股权众筹概念前增加了“私募”二字，提出“私募股权众筹融资”是指融资者通过股权众筹融资互联网平台以非公开发行方式进行的股权融资活动。监管者认为，在现行法律法规框架下，股权众筹融资只能采取非公开发行，即只能“私募”。据此，股权众筹活动必须满足证券法第十条对非公开发行的相关规定：一是投资者必须为特定对象，即符合《私募投资基金监督管理暂行办法》规定的合格投资者条件；二是投资者累计不得超过 200 人；三是股权众筹平台只能向实名注册用户推荐项目信息，股权众筹平台和融资者均不得进行公开宣传、推介或劝诱。

然而，中国人民银行等十部委于 2015 年 7 月发布的《关于促进互联网金融健康发展的指导意见》(银发〔2015〕221 号，简称《指导意见》) 却规定，“股权众筹融资主要是指通过互联网形式进行公开小额股权融资的活动”，似乎认定股权众筹具有“公募”性质。由于政策的不统一，导致业界对股权众筹的法律地位认识混乱。

为此，证监会于 2015 年 8 月发布《关于对通过互联网开展股权融资活动的机构进行专项检查的通知》指出:“目前，一些市场机构开展的冠以“股权众筹”名义的活动，是通过互联网形式进行的非公开股权融资或私募股权投资基金募集行为，不属于《指导意见》规定的股权众筹融资范围”，将中国证券业协会 2014 年 12 月 18 日发布的《私募股权众筹监督管理办法（试行）征求意见稿》中定义的“私募股权众筹”排除在了人民银行所谓的股权众筹范围之外。证监会的态度表明，政策层面的受到鼓励的“股权众筹”实际上并不属于股权私募行为，其监管还应有另外思路，而实践层面的所谓“股权众筹”则属于通过互联网形式进行的非公开股权融资或私募股权投资基金募集行为，必须按照有关证券法律和私募行为规范进行严格规制。

这也解释了《私募股权众筹监督管理办法（试行）征求意见稿》迟迟未能正式出台的原因，其实是监管思路发生了变化。从 2016 年 4 月证监会等 15 个部门联合印发《股权众筹风险专项整治工作实施方案》(证监发〔2016〕29 号) 的规定可以看出，今后股权众筹将会继续推进，但需要慎重行事，“对股权众筹融资试点，证监会会同有关部门继续做好试点各项准备工作，根据国务院统一部署，适时发布股权众筹融资试点监管规则，启动试点”。国务院在其《关于印发推进普惠金融发展规划（2016—2020 年）的通知》(国发〔2015〕74 号) 中指出，发挥股权众筹融资平台对大众创业、万众创新的支持作用，推动修订证券法，夯实股权众筹的法律基础。因此，股权众筹下一步工作应当是在试点的基础上推进法律的修订，赋予股权众筹一个恰当的法律地位，从而达到既能发展普惠金融，鼓励行业创新发展，又能控制金融风险的效果。

二、“上市公司 +PE”产业并购基金

近年来，上市公司通过与 PE 基金合作设立并购基金并作为上市公司业务

整合平台的模式大行其道，据投中研究院统计：2014 年 1 月 1 日至 2015 年 6 月 30 日，共有 260 家上市公司与 PE 机构合作成立产业基金；从数量上看，占全部 2802 家 A 股上市公司的比例为 9.3%。期间，上市公司与 PE 机构宣布成立合作产业基金共计 374 支，基金目标规模 2640.16 亿元，上市公司拟出资金额 490.27 亿元。其中，外部 PE 主导的产业基金共计 312 支，基金目标规模 1978.50 亿元，上市公司拟出资金额 324.06 亿元。“上市公司 +PE”模式的首次运用是 2011 年 9 月硅谷天堂在与大康牧业的合作中，之后，越来越多的上市公司开始与 PE 合作成立产业基金。自 2013 年起，开始进入“上市公司 +PE”式产业基金的密集成立期，2014 年这一趋势更是达到井喷，2015 年已成爆发之势。①

有分析认为，PE 作为并购的主要推手，通过参与定增、大宗交易等方式收集筹码，之后就开始帮助上市公司在上下游产业链寻找并购标的，以提升公司业绩，刺激股价上涨，这是目前上市公司热衷成立并购基金的原因之一。另外，通过并购基金的介入，上市公司既能够享受到并购带来的潜在收益，又能规避潜在的并购风险。如果上市公司直接进行并购，对那些处于早期阶段的项目，因项目失败可能性较大，很容易对上市公司的经营造成不良影响。而在并购基金的辅助下，在项目达到一定的盈利能力后再由上市公司进行收购，有利于消除这种风险。

“上市公司 +PE”式产业基金的特点主要有：一是并购标的主要围绕上市公司主营业务进行。二是上市公司对基金的并购业务干预较大，在很多案例中，上市公司代表占据决策委员会的多数席位，甚至对投资事项拥有一票否决权。三是基金的最终退出渠道以上市公司并购为主。对于 PE 基金而言，既能提前锁定退出通道，又能在转让给上市公司时卖个好价钱，显著提高了 PE 基金的安全性和流动性。对于上市公司而言，一方面如前所述规避了早期项目的不确定性，又利用了外部资金杠杆，一旦并购完成，通常还会产生股价上涨的行情，有利于其提高和巩固行业地位。

① 参见投中研究院：2015 年私募股权投资基金 LP 研究报告，https://www.chinaventure.com.cn/cmsmodel/report/detail/1048.shtml，访问日期：2017 年 2 月 10 日。

小贴士 天堂硅谷董事长袁维钢涉内幕交易“PE+ 上市公司”难洗白[①]

有报道称，硅谷天堂（全称为“硅谷天堂资产管理集团股份有限公司”，是下文“天堂硅谷”的主要股东）开创了“PE+ 上市公司”的并购模式。该模式在 2014 年大放异彩，若某上市公司与硅谷天堂签订了合作协议，则股价无不应声而涨。对于“PE+ 上市公司”模式存在的弊端，上交所上市公司监管一部总监卢文道公开表示，这种模式存在三方面问题，主要为市场操纵、内幕交易和信息披露。

2016 年年初，广东证监局连开三张罚单，涉及内幕交易，均与给上市公司提供并购重组服务的第三方天堂硅谷（全称“浙江天堂硅谷资产管理集团有限公司”）有关。按照广东证监局的行政处罚决定书显示，此次涉及内幕交易的共计三人，分别是王巧华、叶晓红和吕国忠，他们涉内幕交易的上市公司分别是梅安森和建研集团。该两上市公司均与天堂硅谷在重大交易事项上存在战略合作关系。在内幕消息敏感期内，获知内幕消息的天堂硅谷员工（天堂硅谷员工王某、天堂硅谷董事长袁某、天堂硅谷的创业投资部经理）分别将内幕消息通知给其亲属、客户，或自行利用有关信息谋取非法利益。

对此，有业内人士认为，此事件暴露出天堂硅谷这种第三方服务机构存在的问题，如何对此类第三方服务机构进行监管值得深思。

三、私募机构挂牌新三板

2014 年 4 月，同创九鼎成功挂牌新三板，成为第一家获批挂牌的 PE 机构，其市盈率高达 140 倍，随后又有二十多家 PE 机构陆续成功登陆。在新三板挂牌的企业中，PE/VC 公司数量占比不足千分之五，但在融资规模上却独占鳌头，2015 年全年累计融资 309.1 亿元，占比新三板总融资额约 25%，

① 参见中国经济报：《天堂硅谷董事长袁维钢涉内幕交易“PE+ 上市公司”难洗白》，http://news.xinhuanet.com/fortune/2016-01/20/c_128647355.htm，访问日期：2017 年 2 月 10 日。

导致超过100家PE机构纷纷提交挂牌申请。[①]

同创九鼎在挂牌的同时通过定增方式以公司股份置换旗下基金份额也创造了LP新的退出路径。其公开转让说明书显示，同创九鼎在挂牌同时向142名投资者定向发行股票，融资规模35.37亿元，发行完成后九鼎投资总股本1829.8万股，总资产42.15亿元，净资产36.4亿元。本次发行是同创九鼎发行股票购买公司所管理股权投资基金部分出资人在基金中的合伙财产份额，定增参与方以九鼎旗下基金LP为主，即以股权置换LP份额，对于有套现需求的LP来说，置换为新三板公司的股权更加容易减持退出。

挂牌新三板为PE机构融资提供了便捷通道，有利于解决PE机构募资难的问题。但不幸的是，仅仅到2015年年底PE挂牌新三板就被证监会叫停，据证监会副主席方星海2015年年底的谈话，2015年以来新三板市场上PE机构频繁融资，融资金额、投向等问题引起社会关注和质疑，在此背景下，相关部门考虑加强对此类机构的监管，因此暂停PE机构在新三板的挂牌和融资。

全国中小企业股份转让系统有限责任公司随后于2016年5月发布《关于金融类企业挂牌融资有关事项的通知》（股转系统公告〔2016〕36号，简称《金融类企业挂牌通知》），规定：在现行挂牌条件的基础上，对私募基金管理机构（以下简称私募机构）新增8个方面的挂牌条件：1. 管理费收入与业绩报酬之和须占收入来源的80%以上；2. 私募机构持续运营5年以上，且至少存在一支管理基金已实现退出；3. 私募机构作为基金管理人在其管理基金中的出资额不得高于20%；4. 私募机构及其股东、董事、监事、高级管理人员最近三年不存在重大违法违规行为，不属于中国证券基金业协会"黑名单"成员，不存在"诚信类公示"列示情形；5. 创业投资类私募机构最近3年年均实缴资产管理规模在20亿元以上，私募股权类私募机构最近3年年均实缴资产管理规模在50亿元以上；6. 已在中国证券基金业协会登记为私募基金管理机构，并合规运作、信息填报和更新及时准确；7. 挂牌之前不存在

① 参见德邦证券股份有限公司：《中国私募基金投资年度报告2016》，江苏人民出版社2016年版，第17页。

以基金份额认购私募机构发行的股份或股票的情形；募集资金不存在投资沪深交易所二级市场上市公司股票及相关私募证券类基金的情形，但因投资对象上市被动持有的股票除外；8. 全国股转公司要求的其他条件。

《金融类企业挂牌通知》同时规定，对于已挂牌的私募机构，应当对是否符合本通知新增挂牌条件进行自查，并经主办券商核查后，披露自查整改报告和主办券商核查报告。不符合新增挂牌条件的，应当在通知发布之日起1年内进行整改，未按期整改的或整改后仍不符合要求的，将予以摘牌。另外，对于已挂牌的私募机构，其监管和信息披露必须符合4个方面的要求：(1) 股票发行，每次发行股票募集资金的金额不得超过其发行前净资产的50%，前次发行股票所募集资金未使用完毕的，不得再次发行股票募集资金；不得以其所管理的基金份额认购其所发行的股票；募集资金不得用于投资沪深交易所二级市场上市公司股票及相关私募证券类基金，但因投资对象上市被动持有的股票除外；(2) 规范运作，应当建立受托管理资产和自有资金投资之间的风险隔离、防范利益冲突等制度；作为基金管理人在其挂牌后新设立的基金中的出资额不得高于20%；(3) 涉及私募基金管理业务的并购重组，如收购人收购挂牌公司的，其所控制的企业中包括私募基金管理人的，应当承诺收购人及其关联方在完成收购后，不以重大资产重组的方式向挂牌公司注入私募基金管理业务相关的资产；(4) 信息披露要求，应当披露季度报告，在定期报告中充分披露在管存续基金的基本情况和项目投资情况。

另外，2016年9月发布的《全国中小企业股份转让系统公开转让说明书信息披露指引第2号—私募基金管理机构（试行）》对私募机构挂牌公司信息披露工作提出了更高的要求。有业内人士认为，该指引的力度之大是前所未有的，可以说，有逼挂牌私募机构摘牌的隐含趋势。[①]

自此，可以说，PE机构通过新三板融资造血之路已然中断，已经挂牌的PE机构也面临严酷的整改之痛，今后股票发行等业务也面临严格束缚。新三板这个PE融资新宠渐失昔日荣光。

① 国炜：《新三板差异化信披制度对私募基金影响最大》，载《财会信报》2016年9月12日第A08版。

第三节 资金募集的制度约束和行为规范

中国基金业协会发布并于2016年7月15日施行了《私募投资基金募集行为管理办法》（简称《基金募集办法》），该办法体现了证监会对私募基金的监管三原则：重在自律原则、底线监管原则和促进发展原则，同时也是私募基金行业的三条监管底线（即坚持诚信守法、不得变相公募、严格投资者适当性管理）的具体化。对私募基金管理人、私募基金不设前置审批，仅采取事后登记备案的方式进行统计监测，主要发挥行业自律组织的作用和功能，通过对私募基金管理人和从业人员的自律管理，建立全行业诚信体系，引导提升规范运作水平。《基金募集办法》对私募基金的募集从主体到基金份额发售、认缴，再到退出等活动均作出了详细规定，是较为完备的私募行为规范。

一、基金的募集主体

《基金募集办法》第二条规定，在中国基金业协会办理私募基金管理人登记的机构可以自行募集其设立的私募基金，在中国证监会注册取得基金销售业务资格并已成为基金业协会会员的机构可以受私募基金管理人的委托募集私募基金。其他任何机构和个人不得从事私募基金的募集活动。

从以上规定看，只有两类主体可以合法进行私募股权基金的资金募集：一是在基金业协会登记的基金管理人（不得为自然人，《中华人民共和国证券投资基金法》第十二条明确规定：基金管理人由依法设立的公司或者合伙企业担任）；二是在证监会取得基金销售资格并已成为基金业协会会员的机构。除此之外，任何机构或自然人均无权募集私募基金。

二、合格投资者制度

私募基金与公募基金最大的区别之一就是对投资者设定了准入门槛，只有具备了一定资格的投资者才有权参与私募基金的投资，这就是“合格投资者制度”。合格投资者制度建立的理由是私募基金投资风险大，是富人的游戏，普通百姓缺乏风险识别和承受能力，必须在政策上予以控制，否则可能造成社会动荡。在国外的立法中普遍都有私募基金募集对象的资格限制。①

“合格投资者”需要从风险识别能力和风险承受能力两方面把握，因为只有具有一定的风险识别能力，才能预知风险的存在并且能够较理性地投资；也只有具有相应的风险承受能力，才能经受得住一旦投资失败或亏损的后果。②

《中华人民共和国证券投资基金法》对合格投资者的定义是，达到规定资产规模或者收入水平，并且具备相应的风险识别能力和风险承担能力、其基金份额认购金额不低于规定限额的单位和个人。证监会2014年8月公布的《私募投资基金监督管理暂行办法》（简称《基金监督办法》）规定：私募基金的合格投资者是指具备相应风险识别能力和风险承担能力，投资于单只私募基金的金额不低于100万元且符合下列相关标准的单位和个人：（1）净资产不低于1000万元的单位；（2）金融资产不低于300万元或者最近三年个人年均收入不低于50万元的个人。所称金融资产包括银行存款、股票、债券、基金份额、资产管理计划、银行理财产品、信托计划、保险产品、期货权益等。

对于合伙企业、契约等非法人形式，通过汇集多数投资者的资金直接或者间接投资于私募基金的，私募基金管理人或者私募基金销售机构应当穿透核查最终投资者是否为合格投资者。但是，考虑到一些机构投资者和管理人的内部关系人等具备专业能力，并能够识别和承担风险，中国基金业协会参考国内资产管理行业的现有规定和境外经验，将四类投资者视为合格投资者并不再穿透审查：一是社会保障基金、企业年金等养老基金，慈善基金等社会公益基金；二是依法设立并在基金业协会备案的投资计划；三是投资于所管理私募基金的私募基金管理人及其从业人员；四是中国证监会规定的其他投资者。另外，在发改委《关于促进股权投资企业规范发展的通知》（简称

① 殷洁：《私募基金业立法研究》，中国法制出版社2014年版，第267页。

② 殷洁：《私募基金业立法研究》，中国法制出版社2014年版，第268页。

"2864 号文"）失效前，经发改委批准的产业母基金不适用于"穿透原则"，"2864 号文"失效后，产业母基金并不当然享有豁免穿透审查的权利。

"私募"除了有"非公开"之义以外，还有"非公众"之义。如果募集对象人数众多也就不能称其为"私募"。《基金监督办法》对单只私募基金的投资者人数作出了明确限制，契约型基金或股份公司型基金累计不得超过 200 人，有限公司型基金累计不得超过 50 人、有限合伙型基金累计不得超过 50 人。而且，投资者转让基金份额的，受让人应当为合格投资者且基金份额受让后投资者人数应当符合前述规定。

实践中，为规避人数限制，有人设计了"信托公司 + 有限合伙"的模式，该模式又具体分为 TOF 和 FOT 两种，其中，TOF 是指信托计划募集资金后投入有限合伙中，目的是规避投资人数限制，但按照《基金监督办法》有关穿透原则，TOF 方式无法规避人数限制。FOT 是指有限合伙募集资金后投入到信托计划中，其意图是规避信托计划自然人不得超过 50 人的规定[①]从而实现"二次募集"，但这一模式规避的是信托计划的人数限制，而非规避有限合伙的人数限制，于有限合伙规避人数限制并无实益。

另外，在发改委"2864 号文"出台前，也有采用有限合伙或其他非法人机构多层嵌套来规避人数限制的做法，但"2864 号文"明确规定应当穿透核查最终投资者并合并计算人数，因此，多层嵌套的做法已经失灵，尽管"2864 号文"已经于 2016 年失效，但《基金监督办法》秉持同样的穿透核查原则，多层嵌套规避人数限制的做法至此销声匿迹。

需要说明的是，证监会发布的关于证券公司的集合资产管理计划、信托公司的集合资金信托计划、以及基金管理公司的特定资产管理计划的有关规定中，都分别对"合格投资者"作出了基本界定，其准入门槛与《基金监督办法》并不一致，因此，投资者以不同路径进行私募股权投资，所需的资格也不相同。

① 2009 年发布的《信托公司集合资金信托计划管理办法》规定，单个信托计划的自然人人数不得超过 50 人，但单笔委托金额在 300 万元以上的自然人投资者和合格的机构投资者数量不受限制。

三、资金募集的行为规范

中国基金业协会总结私募基金募集环节的主要问题是“募管权责不清”催生行业乱象、私募基金募集环节监管存在缺失，导致的后果是在私募基金行业的发展日益壮大的同时，风险不断积聚，风险事件陆续暴露。基金业协会查处了大量涉嫌违规的私募案件。涉及的主要违法违规类型表现为公开宣传、虚假宣传、保本保收益、向非合格投资者募集资金、非法集资、非法吸收公众存款等。①

为此，《基金募集办法》对基金管理人的募资行为进行了严格规范。主要从募集办法的适用范围、私募基金募集的一般性规定、特定对象调查、推介行为、合格投资者确认等方面进行自律管理，体现了私募基金募集活动的自律监管框架。

从《基金募集办法》看，募资行为的规范监管主要反映在“私募”、“禁止行为”和“投资者适当性管理”三方面。

“私募”方面，募集机构仅可以通过合法途径公开宣传私募基金管理人的品牌、发展战略、投资策略、管理团队、高管信息以及由中国基金业协会公示的已备案私募基金的基本信息。募集机构不得通过下列媒介渠道推介私募基金：(一) 公开出版资料；(二) 面向社会公众的宣传单、布告、手册、信函、传真；(三) 海报、户外广告；(四) 电视、电影、电台及其他音像等公共传播媒体；(五) 公共、门户网站链接广告、博客等；(六) 未设置特定对象确定程序的募集机构官方网站、微信朋友圈等互联网媒介；(七) 未设置特定对象确定程序的讲座、报告会、分析会；(八) 未设置特定对象确定程序的电话、短信和电子邮件等通讯媒介；(九) 法律、行政法规、中国证监会规定和中国基金业协会自律规则禁止的其他行为。

“禁止行为”方面，募集机构及其从业人员推介私募基金时，禁止有以

---

① 参见 2016 年 4 月 15 日基金业协会发布的《私募投资基金募集行为管理办法》及其起草说明。

下十二类行为：（一）公开推介或者变相公开推介；（二）推介材料虚假记载、误导性陈述或者重大遗漏；（三）以任何方式承诺投资者资金不受损失，或者以任何方式承诺投资者最低收益，包括宣传“预期收益”、“预计收益”、“预测投资业绩”等相关内容；（四）夸大或者片面推介基金，违规使用“安全”、“保证”、“承诺”、“保险”、“避险”、“有保障”、“高收益”、“无风险”等可能误导投资人进行风险判断的措辞；（五）使用“欲购从速”、“申购良机”等片面强调集中营销时间限制的措辞；（六）推介或片面节选少于6个月的过往整体业绩或过往基金产品业绩；（七）登载个人、法人或者其他组织的祝贺性、恭维性或推荐性的文字；（八）采用不具有可比性、公平性、准确性、权威性的数据来源和方法进行业绩比较，任意使用“业绩最佳”、“规模最大”等相关措辞；（九）恶意贬低同行；（十）允许非本机构雇佣的人员进行私募基金推介；（十一）推介非本机构设立或负责募集的私募基金；（十二）法律、行政法规、中国证监会和中国基金业协会禁止的其他行为。另外，为了杜绝私募行业机构投资者将购买的基金份额拆分，转售给非合格投资者的乱象，《基金募集办法》第九条特别强调了募集机构的合理注意义务，并须在基金合同中载明转让的条件，禁止任何机构和个人以非法拆分销售为目的购买私募基金。

“投资者适当性管理”方面，私募基金募集机构必须履行以下六个方面的义务：（一）特定对象确定；（二）投资者适当性匹配；（三）基金风险揭示；（四）合格投资者确认；（五）投资冷静期；（六）回访确认。

在向投资者推介私募基金之前，募集机构应当采取问卷调查等方式履行特定对象确定程序，对投资者风险识别能力和风险承担能力进行评估。投资者应当以书面形式承诺其符合合格投资者标准。募集机构应建立科学有效的投资者问卷调查评估方法，确保问卷结果与投资者的风险识别能力和风险承担能力相匹配。募集机构通过互联网媒介在线向投资者推介私募基金之前，应当设置在线特定对象确定程序，投资者应承诺其符合合格投资者标准。在投资者签署基金合同之前，募集机构应当向投资者说明有关法律法规，说明投资冷静期、回访确认等程序性安排以及投资者的相关权利，重点揭示私募基金风险，并与投资者签署风险揭示书。在完成私募基金风险揭示后，募集机构应当要求投资者提供必要的资产证明文件或收入证明。

募集机构应当合理审慎地审查投资者是否符合私募基金合格投资者标准，依法履行反洗钱义务，并确保单只私募基金的投资者人数累计不得超过证券投资基金法、公司法、合伙企业法等法律规定的特定数量。基金合同应当约定给投资者设置不少于二十四小时的投资冷静期，募集机构在投资冷静期内不得主动联系投资者。投资冷静期自基金合同签署完毕且投资者交纳认购基金的款项后起算，也可以自行约定。募集机构应当在投资冷静期满后，指令本机构从事基金销售推介业务以外的人员以录音电话、电邮、信函等适当方式进行投资回访。回访过程不得出现诱导性陈述。募集机构在投资冷静期内进行的回访确认无效。需要注意的是，凡是被《基金监督办法》视为合格投资者的专业机构，考虑到其专业能力和风险承担能力，可以不按照以上程序进行投资者适当性管理。

尽管基金业协会在《基金募集办法》中对投资者适当性管理作出了较为完备的规定，但毕竟属于行业自律规范，效力层级过低。中国证监会随后又于 2016 年 12 月发布了《证券期货投资者适当性管理办法》(简称《适当性管理办法》)，以部门规章的形式制定了适用于私募股权基金在内的统一的投资者适当性管理规定。

《适当性管理办法》共四十三条，针对适当性管理中的实际问题，主要作出了以下制度安排：

一是形成了依据多维度指标对投资者进行分类的体系，统一投资者分类标准和管理要求。《适当性管理办法》将投资者分为普通和专业投资者两类，规定了专业投资者的范围，明确了专业、普通投资者相互转化的条件和程序，规定经营机构可以对投资者进行细化分类且应当制定分类内部管理制度。进一步规范了特定市场、产品、服务的投资者准入要求，明确考虑因素、主要指标、资产指标期间性等基本要求。由此，解决了投资者分类无统一标准、无底线要求和分类职责不明确等问题。

二是明确了产品分级的底线要求和职责分工，建立层层把关、严控风险的产品分级机制。《适当性管理办法》规定经营机构应当了解产品或服务信息，对产品或服务进行风险分级并制定分级内部管理制度，明确划分风险等级的考虑因素。规定由行业协会制定并定期更新本行业的产品风险等级名录，经营机构可以制定高于名录的实施标准。由此，建立了监管部门确立底线要求、行业协会规定产品名录指引、经营机构制定具体分级标准的产品分级体系，既给予经营机构必要的空间，又有效防止产品风险被低估而侵害投资者权益。

三是规定了经营机构在适当性管理各个环节应当履行的义务，全面从严规范相关行为。《适当性管理办法》规定经营机构应当了解投资者信息，建立投资者评估数据库并每年更新。提出适当性匹配的底线要求，细化动态管理、告知警示、录音录像等义务。明确经营机构在代销产品或委托销售中了解产品信息、制定适当性标准等义务，规定委托销售机构和受托销售机构依法共同承担责任。要求经营机构制定落实适当性匹配、风险控制、监督问责等内部管理制度，不得采取鼓励从业人员不适当销售的考核激励措施，定期开展自查，妥善保存资料。《适当性管理办法》突出适当性义务规定的可操作性，细化具体内容、方式和程序，确保经营机构能够据此执行，避免成为原则性的“口号立法”。

四是突出对于普通投资者的特别保护，向投资者提供有针对性的产品及差别化服务。《适当性管理办法》规定普通投资者在信息告知、风险警示、适当性匹配等方面享有特别保护。经营机构向普通投资者销售高风险产品或者提供相关服务，应当履行特别的注意义务，不得向普通投资者主动推介不符合其投资目标或者风险等级高于其风险承受能力的产品或者服务。经营机构与普通投资者发生纠纷的，经营机构应当提供相关资料，证明其已向投资者履行相应义务。

五是强化了监管自律职责与法律责任，确保适当性义务落到实处。《适当性管理办法》规定了监管自律机构在审核关注产品或者服务适当性安排、督促适当性制度落实、制定完善适当性规则等方面的职责。本着有义务必有追责的原则，针对每一项义务都制定了相应的违规罚则，要求监管自律机构通过检查督促，采取监督管理措施、行政处罚和市场禁入措施等方式，确保经营机构自觉落实适当性义务，避免《办法》成为无约束力的“豆腐立法”和“没有牙齿的立法”。

基金业协会依据《适当性管理办法》于2017年6月28日发布了《基金募集机构投资者适当性管理实施指引（试行）》（简称《适当性指引》），针对基金行业的特点确定了投资者适当性管理的具体要求（参见本书第四章第三节），在其起草说明中指出私募基金应当按照新老划断的方式适用《适当性指引》，即自2017年7月1日起，基金募集机构向新客户销售基金产品或者提供服务、向老客户销售（提供）高于其原有风险等级的基金产品或者服务，需按《适当性管理办法》要求执行。向老客户销售或提供不高于原有风险等级的基金产品或服务的，不受影响，继续进行。

四、资金募集常见合法合规性问题

近年来，私募基金发展迅速，但行业乱象频仍。据基金业协会统计，已登记但尚未展业的“空壳”私募数量占到69%，部分机构借私募之名从事P2P、民间借贷、担保等与私募基金管理无关的业务，甚至还出现了非法集资等违法违规活动。2015年4月，北京市下发《关于北京市开展打击非法集资专项整治行动的通告》（京打非办发〔2015〕3号），以私募投资基金为名从事非法集资活动是专项整治行动的重点。为此，基金业协会等部门发布《关于在北京市开展打击以私募投资基金为名从事非法集资专项整治行动的通告》，对未按照规定登记、备案的机构进行重点排查，要求私募基金管理人应当遵守“坚持诚信守法，坚守职业道德底线；坚持私募原则，不变相进行公募；坚持投资者适当性管理，面向合格投资者募集资金”的三条底线，依法合规开展业务，不得有非公平交易、利益输送、“老鼠仓”等损害客户利益的行为；不得承诺保本保收益或以承诺预期收益率等方式向投资者暗示保本保收益；不得不适当地宣传、销售产品，误导欺诈客户；不得进行商业贿赂；不得开展资金池业务或利用资金池借新还旧；不得采用“P2P”或众筹等方式对外募集资金。

从监管机构的关注和治理重点，以及实践的角度看，私募股权基金在资金募集环节的问题集中体现在与募资相关的违法犯罪、违反相关行政犯规或监管措施，以及利用新型募资方式过程中的违规或不规范行为。这些问题，有些是当事人明知违法故意为之；有些是试图“打擦边球”钻法律的漏洞或政策的空子；有些则是在新型募资模式或业务创新过程中，由于监管和规范措施滞后，对相关问题的研究和应对没有跟上而引发。

1. 非法集资

“非法集资”是指单位或者个人未依照法定程序经有关部门批准，以发行股票、债券、彩票、投资基金证券或其他债权凭证的方式向社会公众筹集资金，并承诺在一定期限内以货币、实物及其他方式向出资人还本付息或给予回报的行为。它具有如下特点：①未经有关部门依法批准，包括没有批准权限的部门批准的集资以及有审批权限的问题超越权限批准的集资；②承诺在一定期限内给出资人还本付息。还本付息的形式除以货币形式为主外，还包括以实物形式或其他形式；③向社会不特定对象即社会公众筹集资金；④以合法形式掩盖其非法集资的性质。非法集资不是一个具体罪名，刑法中涉及非法集资的罪名有多个，其中“非法吸收公众存款罪”和“集资诈骗罪”是私募基金容易触犯的非法集资具体罪名。

（1）非法吸收公众存款罪。“非法吸收公众存款或者变相吸收公众存款”是指同时具备如下四个条件的行为：①未经有关部门依法批准或者借用合法经营的形式吸收资金；②通过媒体、推介会、传单、手机短信等途径向社会公开宣传；③承诺在一定期限内以货币、实物、股权等方式还本付息或者给付回报；④向社会公众即社会不特定对象吸收资金。如果未向社会公开宣传，在亲友或者单位内部针对特定对象吸收资金的，不属于非法吸收或者变相吸收公众存款。但下列情形不属于“针对特定对象吸收资金”的行为，应当认定为向社会公众吸收资金：①在向亲友或者单位内部人员吸收资金的过程中，明知亲友或者单位内部人员向不特定对象吸收资金而予以放任的；②以吸收资金为目的，将社会人员吸收为单位内部人员，并向其吸收资金的。

构成非法吸收或者变相吸收公众存款行为，还必须具有下列情形之一才应当依法被追究刑事责任：①个人非法吸收或者变相吸收公众存款，数额在20万元以上的，单位非法吸收或者变相吸收公众存款，数额在100万元以上的；②个人非法吸收或者变相吸收公众存款对象30人以上的，单位非法吸收或者变相吸收公众存款对象150人以上的；③个人非法吸收或者变相吸收公众存款，给存款人造成直接经济损失数额在10万元以上的，单位非法吸收或者变相吸收公众存款，给存款人造成直接经济损失数额在50万元以上的；④造成恶劣社会影响或者其他严重后果的。

非法吸收公众存款罪的刑罚是：处三年以下有期徒刑或者拘役，并处或者单处二万元以上二十万元以下罚金；数额巨大或者有其他严重情节的，处三年以上十年以下有期徒刑，并处五万元以上五十万元以下罚金。单位犯罪的，对单位判处罚金，并对其直接负责的主管人员和其他直接责任人员，依照前述规定处罚。

（2）集资诈骗罪。集资诈骗是指以非法占有为目的，使用诈骗方法，达到骗取集资款目的的行为。具有下列情形之一的，可以认定为“以非法占有为目的”：①集资后不用于生产经营活动或者用于生产经营活动与筹集资金规模明显不成比例，致使集资款不能返还的；②肆意挥霍集资款，致使集资款不能返还的；③携带集资款逃匿的；④将集资款用于违法犯罪活动的；⑤抽逃、转移资金、隐匿财产，逃避返还资金的；⑥隐匿、销毁账目，或者搞假破产、假倒闭，逃避返还资金的；⑦拒不交代资金去向，逃避返还资金的；⑧其他可以认定非法占有目的的情形。

集资诈骗的金额必须达到“数额较大的”才须承担刑事责任，个人进行集资诈骗，数额在10万元以上的，应当认定为“数额较大”；单位进行集资诈骗，数额在50万元以上的，应当认定为“数额较大”。集资诈骗的数额以行为人实际骗取的数额计算，案发前已归还的数额应予扣除。行为人为实施集资诈骗活动而支付的广告费、中介费、手续费、回扣，或者用于行贿、赠与等费用，不予扣除。行为人为实施集资诈骗活动而支付的利息，除本金未归还可予折抵本金以外，应当计入诈骗数额。

集资诈骗罪的刑罚是：数额较大的，处五年以下有期徒刑或者拘役，并处二万元以上二十万元以下罚金；数额巨大或者有其他严重情节的，处五年以上十年以下有期徒刑，并处五万元以上五十万元以下罚金；数额特别巨大或者有其他特别严重情节的，处十年以上有期徒刑或者无期徒刑，并处五万元以上五十万元以下罚金或者没收财产。

2. 内幕交易

内幕交易是扰乱资本市场的严重违法行为，历来受到监管部门的关注和重点查处。在上市公司产业并购基金 +PE 业务中，并购基金 +PE 既是一种创新的业务模式，也是上市公司和私募股权基金重要的融资方式。这一业务模式在发挥上市公司的资本和产业平台优势、私募股权基金的项目培育作用等方面具有积极意义。但从实践的角度看，也产生了很多对资本市场、上市公司，以及私募股权基金行业发展不利的问题，其中比较突出的是内幕交易。因此，在并购重组监管趋严的背景下，对并购基金的监管也在升级。2015 年 9 月，上交所发布《上市公司与私募基金合作投资事项信息披露业务指引》，深交所同日亦发布《中小企业板信息披露业务备忘录第 12 号：上市公司与专业投资机构合作投资》。此后，交易所对“上市公司 +PE”模式的并购基金频发监管关注函或问询函。目前，对上市公司与私募基金合作设立并购基金的监管，主要是证券交易所的信息披露要求。通过强化信息披露要求，防范利益输送、内幕交易、市场操纵、虚假陈述等违法违规行为。

3. 股权众筹中的合法合规性问题

如前所述，目前规范股权众筹的规范性文件主要包括国务院 2015 年发布的《关于印发推进普惠金融发展规划（2016-2020）的通知》、中国人民银行等十部委 2015 年 7 月发布的《关于促进互联网金融健康发展的指导意见》、中国证监会等十五部委 2016 年 4 月联合发布的《股权众筹风险专项整治关注实施方案》，以及中国证监会 2015 年 8 月发布的《关于对通过互联网开展股权融资活动的机构性专项检查的通知》等。这些文件总体上对股权众筹这一新型融资方式持肯定和支持的态度，但对股权众筹在发展和实践中暴露出来的问题也坚持积极治理的做法。从上述规范性文件的内容和关注重点看，在很大程度上也反映了监管层对股权众筹这一新兴事物的认识和应对客观上存在一个逐步深入的过程。

应当看到，截至目前，股权众筹涉及的一些敏感法律和制度问题在当前的法律政策环境下仍然处于无解或待解的状态。比如，互联网环境下如何解决资金募集的非公开性和特定性问题，如何适用合格投资者制度，如何平衡资金募集效率与保护投资者问题等。可以预见，在股权众筹等新型融资方式发展的过程中，这些新的问题，不仅考验立法者和监管层的智慧，对私募机构如何平衡业务创新和合法合规管理也构成极大的挑战。

CHAPTER

第六章

基金财产：财产份额的形成、流转与基金结构化

PRIVATE EQUITY FUND

第一节　合伙人出资的形式、瑕疵和责任

第二节　财产份额的转让、出质和继承

第三节　退伙与合伙债务承担

第四节　基金的结构化及其边界

本章导读

本章介绍私募股权基金的财产份额及其流转。合伙人的出资构成有限合伙企业的财产基础，其法律性质与公司法人的财产权具有明显差异，合伙人的出资方式、类型等也有别于公司股东。我国合伙企业法对合伙企业财产份额的流转，包括转让、出质、继承等均作了相应规范，但实践中也存在很多影响合伙人行使权利的做法和障碍，对其中涉及的法律规则体系冲突或不协调的问题应当通过调整立法和强化法律实施予以解决。

本章第一节、第二节和第三节从静态和动态两个角度讨论基金在财产形成、使用、流转等方面的实践问题和制度问题。一是出资违约问题。出资人不能如约出资的原因很多，比如不能如期筹措资金、投资环境变化影响其履约意愿、政策环境变化导致其无法履行出资义务等。这些问题在很大程度上对基金的设立和后续投资造成不利影响。虽然合伙协议约定了出资违约的责任形式和纠纷解决机制，但实践中很少有基金管理人通过司法渠道追究出资人的责任。主要原因在于从整体上看，基金管理人在资金募集市场相对处于弱势地位，并不愿意因此失去与投资人未来潜在的合作机会。此外，争议解决的时间成本也是需要考量的因素。针对这一问题，建议加强对不同类别的出资人对外投资等相关法律政策的研究，尽早发现出资不确定性的政策风险；慎重选择分期认缴的出资方式，尽量避免后续出资的违约问题；基金设立、投资项目的推进等要综合考虑资金募集不到位的风险，避免对投资标的企业或其他投资人的违约风险。二是财产份额的流转障碍。从现行规则看，基金财产份额、转让并不存在法律和政策等实质性障碍，但事实上由于缺乏相应的交易市场，基金财产份额的流动性明显不足，不仅无法形成有效的价格发现和价值评估机制，也使得投资人的变现渠道局限于传统的退出方式。从国外的经验看，发展基金二级市场和私募股权 IPO 市场是增加私募股权基金财产份额流动性的有效途径。同时，公开市场的建立，也使得投资者通过风险评估和价值度量参与投资更为便利。①

本章第四节讨论了基金的结构化问题。造成私募股权基金过度结构化的原因很多，比如资金募集市场的结构问题、投资文化问题、有限合伙人与普通合伙人的博弈等。就其效果而言，过度结构化对基金运营会带来多方面的影响。一是加重了基金管理人的负担和风险。虽然从自愿和风险自担的角度看，以普通合伙人或基金管理人向有限合伙人妥协、让步的结构化安排并不存在显失公平问题。但固定收益回报、保底保收益等安排在客观上使得基金管理人面临更大的经营压力，以及非理性的投资和风险取向。实际上，如果兑付责任或投资损失明显超出基金管理人的承受范围，投资损失和基金管理人的违约风险可能最终还是由有限合伙人承担。因此，以追求无风险收益为目标的过度结构化并非投资人的最佳选择。二是结构化安排在法律和政策方面的不确定性。我们介绍了监管部门对部分结构化安排的监管态度，以及司法机关、仲裁机构处理名股实债等案件的裁判情况。检索现有资料，无论是在结构化条款的法律效力，还是对具体案件的裁判实践，监管层、理论界和实务界的认识并不统一，争议远大于共识。所以，慎重采用结构化安排，特别是过度结构化是投资人和基金管理人需要共同考虑的问题。三是过度结构化有悖私募股权基金的功能定位。私募股权基金的首要价值是作为非公开企业市场的价值发现者和风险投资者，制度体系和资源配置也是围绕这一中心构建和安排。在过度结构化背景下，为满足投资人的收益或回报要求，基金

① 参见哈利·曾德罗夫斯基等著，孙春民等译：《私募股权投资：历史、治理、运作》（第二版），中国金融出版社，第 45~48 页；道格拉斯·卡明等著，孙春民等译：《私募股权投资：基金类型、风险与收益以及监管》，中国金融出版社，第 58~75 页。

管理人可能在投资方向、投资标的选择、投资期限等方面被迫调整自己的投资策略。综合以上分析，我们认为，过度结构化既无助于从根本上解决投资人对投资风险的关切，也不利于私募股权市场的长远发展。

第一节 ┃ 合伙人出资的形式、瑕疵和责任

对于有限合伙制的私募基金而言，有限合伙的组织形式对合伙人的出资形式及出资期限、出资的瑕疵及补救等有着不同于公司型基金和契约型基金的要求，无论是 GP 还是 LP 都必须遵守我国合伙企业法规定的游戏规则。

一、基金财产的法律性质

1. 基金财产的法律性质

合伙人出资构成了合伙制基金的原始财产，是基金开展正常经营的物质基础。虽然基金合伙人基于投资目的一般是以货币出资，但《中华人民共和国合伙企业法》认可的出资方式并不限于货币，可以作为出资的资产类型非常丰富，有货币、实物、财产权利、劳务等等。通过存续期间的持续经营积累的收益，也是基金的财产。这些五花八门的合伙企业财产就带来一个问题，合伙人对这些财产享有什么样的权利？如何使用这些财产才算合法，怎样使用属于违法？这是一个重要的实践问题，也是重要的理论问题，即合伙企业财产的法律性质是什么？目前，学界有多种观点，比较典型的包括共同共有说，按份共有说等。[①]

我们认为，自物权法颁布后，除非合伙协议明确约定合伙企业的财产为共同共有，否则，合伙企业的财产在大多数资产类型（即货币、实物、财产权利）下应确定为合伙人按份共有，少数资产类型（如劳务等）下由出资的合伙人自身享有该出资的所有权，但合伙企业享有使用该等出资形成的财产权益。这是因为，(1) 从立法的角度看，我国物权法第一百零三条规定，“共有人对共有的不动产或者动产没有约定为按份共有或者共同共有，或者约定不明确的，除共有人具有家庭关系等外，视为按份共有”，也就是说，在合伙这种非家庭关系下，如果合伙协议没有明确约定合伙财产为共同共有，则意

① 参见杨立新:《我国合伙共有财产的性质——杨立新民法讲义》；马强:《合伙财产研究》，http://wenku.baidu.com/view/9630dd40be1e650e52ea9936.html，访问日期：2017 年 1 月 3 日；苏号朋:《论合伙企业财产的法律性质》，载《法学》1997 年第 12 期。

味着合伙财产为按份共有。(2) 从实践的角度看，在商事合伙关系中，按份额享有合伙收益并承担责任是主流做法，不区分财产份额，或者按照共同共有的方式享有权利、承担责任的做法非常少见。有限合伙制度更是明确规定有限合伙人按照出资额承担合伙债务，直接反映出按份承担义务的特征。(3) 劳务、商誉等个别出资按其性质无法共有。由于物权法制订的共有规则适用范围仅限于不动产和动产，同时规定用益物权和担保物权准用共有规则，也就是涵盖了合伙资产类型中的货币、实物、财产权利，但劳务等具有人身属性的特殊财产，由于与人身不可分离，不属于共有范畴，只能由出资人享有其所有权，但合伙企业享有使用该等出资形成的财产权益。

2. 合伙人的出资与公司股东出资的异同

表 6-1 显示，有限合伙企业的合伙人与公司股东在出资形式、资产评估、资本（出资）退出、出资违约的责任承担等四个方面存在较大的差异。经比较可知，法律对有限合伙的规制显然比公司更为宽松，主要原因在于：一是二者的风险分配方式不同，二是出资财产的功能存在较大差异。

表 6–1　有限合伙企业合伙人出资与有限责任公司股东出资的比较

差异组织	有限合伙	有限责任公司
出资形式	合伙人可以用货币、实物、知识产权、土地使用权或者其他财产权利出资，普通合伙人可以用劳务出资，但有限合伙人不得以劳务出资。	可以用货币出资，也可以用实物、知识产权、土地使用权等可以用货币估价并可以依法转让的非货币财产作价出资。股东不得以劳务、信用、自然人姓名、商誉、特许经营权或者设定担保的财产等作价出资。
资产评估	合伙人以实物、知识产权、土地使用权或者其他财产权利出资，需要评估作价的，可以由全体合伙人协商确定，也可以由全体合伙人委托法定评估机构评估。 合伙人以劳务出资的，其评估办法由全体合伙人协商确定，并在合伙协议中载明。	对作为出资的非货币财产应当评估作价，核实财产，不得高估或者低估作价。法律、行政法规对评估作价有规定的，从其规定。

续表

差异组织	有限合伙	有限责任公司
资本（出资）撤出	合伙人按照合伙协议的约定或者经全体合伙人决定，可以增加或者减少对合伙企业的出资。	公司成立后，股东不得抽逃出资。 公司需要减少注册资本时，必须编制资产负债表及财产清单，并按规定通知债权人，债权人有权要求公司清偿债务或提供担保。
出资违约的责任承担	有限合伙人未按期足额缴纳的，应当承担补缴义务，并对其他合伙人承担违约责任。	股东不按照规定缴纳出资的，除应当向公司足额缴纳外，还应当向已按期足额缴纳出资的股东承担违约责任。 公司成立后，发现作为设立公司出资的非货币财产的实际价额显著低于公司章程所定价额的，应当由交付该出资的股东补足其差额；公司设立时的其他股东承担连带责任。

所谓风险分配，是指权益投资人和债权人之间的风险分配。[①] 对于公司而言，其承担独立民事责任，公司财产是债权人债权的唯一保障，股东在出资之外并不承担任何责任，因此，现行公司法在股东出资方面始终遵循“资本三原则”，其根本目的是为了维持公司清偿债务的能力，确保债权人不因股东的有限责任而受损害，以实现股东与公司债权人之间的利益平衡。[②] 与公司股东出资相关的各项制度多围绕合理维护债权人的利益展开，如股东不得抽回资本、排除劳务或信用等价值不确定的财产作为出资财产等，股东与债权人之间的风险通过资本确定、资本维持、资本不变等三原则达到相对平衡。对于有限合伙企业而言，尽管合伙企业财产要承担清偿债务的功能，但尚有普通合伙人最终承担无限连带责任，合伙企业财产不是债权人债权的唯一保障，因此，即便以劳务出资，甚或是根据合伙协议的约定撤出资金，都不意味着对债权人债权保障的必然减损，风险在合伙人与债权人之间仍可基

① 王保树:《有限合伙人的有限责任：风险分配与债权人保护》，载《法学研究》2008 年 06 期。

② 施天涛:《公司法论》第三版，法律出版社 2014 年版，第 168 页。

于普通合伙人的无限连带责任的承担而达致平衡。

有限合伙制度是《中华人民共和国合伙企业法》在2006年修订时新增的组织形式，增加此项制度的原因是“根据国家鼓励自主创新、建设创新型社会的要求，需要大力发展风险投资事业”，[①] 也即有限合伙这一组织形式是为了促进风险投资而制定，其制度功能重在投资。立法者在修订草案中特别提到了关于有限合伙的责任承担能力问题，认为有限合伙制度不会降低有限合伙的责任承担能力，其第三点理由就是“有限合伙制度主要应用于风险投资”。[②] 由此可知，合伙人的出资主要是保障有限合伙有足够的资金用以投资，而非担保合伙企业债权人的债权，尽管合伙人的出资作为合伙企业的财产当然有担保合伙企业债权之效果。这一点使得有限合伙出资形成的财产份额与公司法下的股东出资形成的公司资本的作用大异其趣，出现上述差异也就不难理解。实践中私募基金的资产负债特点也能说明情况。一般的，企业的负债主要来自于经营和借贷，出于对风险投资的巨大风险考量，罕有银行等金融机构直接向以投资为目的的有限合伙制私募基金提供借贷资金，加之私募基金业务范围仅限于投资，基本极少发生可能产生债权债务关系的交易，因此，有限合伙制私募基金作为债务人的情形相当少见，即便有，其债务金额（如房租等）也与其投资金额相去甚远，因而所谓债权人的利益显然不是设计有限合伙企业出资制度时需要考虑的主要因素。

二、有限合伙人的出资

1. 出资形式

《中华人民共和国合伙企业法》第二条规定，“有限合伙企业由普通合伙人和有限合伙人组成，普通合伙人对合伙企业债务承担无限连带责任，有限合伙人以其认缴的出资额为限对合伙企业债务承担责任”，此为LP承担有限责任的制度基础，也框定了LP承担责任的范围，即“以认缴的出资额为限”，

① 参见2006年《关于〈中华人民共和国合伙企业法（修订草案）〉的说明》。

② 参见2006年《关于〈中华人民共和国合伙企业法（修订草案）〉的说明》。

因此，出资制度对 LP 而言有着重要意义。

按照《中华人民共和国合伙企业法》的规定，LP 可以用货币、实物、知识产权、土地使用权或者其他财产权利作价出资。对照《中华人民共和国公司法》有关股东出资的规定，“股东可以用货币出资，也可以用实物、知识产权、土地使用权等可以用货币估价并可以依法转让的非货币财产作价出资；但是，法律、行政法规规定不得作为出资的财产除外”，两者对出资形式的表述有细微差异，《中华人民共和国合伙企业法》规定的是“其他财产权利”，《中华人民共和国公司法》规定的是“可以用货币估价并可以依法转让的非货币财产”，《中华人民共和国公司法》强调的是“可以估价”、“可以转让”以及不得违反法律规定。《中华人民共和国合伙企业法》虽然对此没有强调，但在相关条款中同样对非货币财产的估价及转让作出了规定，其表述为“合伙人以实物、知识产权、土地使用权或者其他财产权利出资，需要评估作价的，可以由全体合伙人协商确定，也可以由全体合伙人委托法定评估机构评估”，“以非货币财产出资的，依照法律、行政法规的规定，需要办理财产权转移手续的，应当依法办理”。

立法者对于两者出资形式的差异性表述并非出于偶然，即如前文所述，出于风险分配及有限合伙制度功能的特点，给予了不具有法人资格的合伙企业更大的意思自治空间。只要全体合伙人协商一致，“其他财产权利”就可作价出资；如果以非货币财产出资，没有法律法规明确规定必须办理财产权转移手续的，或者合伙人仅将财产所有权中的部分权能如使用权或收益权作为出资的，即使未办理权属转移手续也为法律所准许。

基于以上认识，学者认为，商誉（信用）、名称（姓名）等特殊财产权利应当能够作为合伙人的出资。[①]但由于其价值具有不确定性，一般需要由全体合伙人协商确定。特许经营权理论上也可以作为合伙人的出资，需要满足的条件是，原特许经营许可协议中必须有明确同意转让该权利的内容。[②]

---

① 参见马强：《合伙财产研究》，http://wenku.baidu.com/view/9630dd40be1e650e52ea9936.html，访问日期：2017 年 1 月 3 日。

② 施天涛：《公司法论》第三版，法律出版社 2014 年版，第 182 页．

至于采矿权等准物权、林地使用权等用益物权、债权或其他合法的权利也理应能够作为合伙人的出资。

当然，实践中，尤其在风险投资领域，有限合伙制的私募基金基于其投资目的，几乎很少以非货币财产出资，即便以非货币财产出资，为了将来投资及分红需要也还是需要对其出资财产进行货币量化并予以变现，商誉等特殊财产权利的价值本身变动不居，难以公允评估，更难以直接变现，因此，业务实践中，商誉等特殊财产不宜作为 LP 的出资。

2. 出资期限

LP 的出资期限也是重要的实务问题，只有 LP 足额且及时地履行出资义务，私募股权基金才有可能有效地与投资项目对接。否则，一旦 LP 的出资出现问题，私募股权基金就将成为“无米之炊”，不仅无法完成对外投资行为，甚至连基金的日常运作都会受到影响、乃至被迫停滞。实践中有三种模式，按项目出资、分期出资，以及一次性出资。

（1）按项目出资。又叫通知出资，这种出资方式是指，LP 与 GP 签订合伙协议时约定 LP 对于基金的认缴出资额（Commitment），该认缴出资额不需要 LP 在签署合伙协议当时或者其后的特定时点予以实际缴付，LP 将等待 GP 的出资通知（Capital Call）。在该私募股权基金实际运作过程中，当 GP 寻找到优质项目需要将资本实际投资于被投资企业之时，GP 才会向 LP 发出 Capital Call，然后 LP 会在相对较短的时间内，如十个工作日内，将 Capital Call 中载明的出资金额实际缴付至基金银行账户，从而使得该基金可以完成对被投资企业的注资。[①] 按项目出资的好处主要有两点，一是能提升基金的内部回报率（Internal Rate of Return，IRR），在基金的收益总额不变的情况下，GP 使用 LP 资金的时间越短，内部回报率就越高，GP 都会尽可能缩短 LP 资金在本基金银行账户上的停留时间，即尽可能不让 LP 的资金出现闲置。二是可以有效减轻 GP 支付 LP 固定收益的压力。目前国内机构投资人往往

① 石育斌：《合伙人出资，应该注意哪些问题》，http://blog.sina.com.cn/s/blog_913f6a4201011146.html，访问时间：2017 年 1 月 6 日。

以“名股实债”或其他方式变相要求私募基金支付固定收益，固定收益自LP提供资金之日起算，如果GP尚未确定被投资企业，尽管资金闲置，但仍要向LP支付利息，将带给GP很大压力。按项目出资的模式的缺点也很明显，若GP没有项目在手，随着时间的推移，LP原本备妥的资金可能因为其他用途而无法及时到位，发生出资违约情况，导致GP无法按时投资于选定的项目。因此，最好在GP积累了较多待投资项目时使用此种模式比较合适。

（2）分期出资。一般约定在投资期内分两次或多次出资，间隔时间均等划分为一年或半年。首次出资的时间多为在基金拿到营业执照之后的一段时间内，如十个工作日内，之后每过一定间隔时间，LP就应依约定支付相应比例的出资，出资金额与基金的资金需求无关。

（3）一次性出资。这是国内私募基金行业比较常见的出资方式，即合伙协议约定全体合伙人在协议签订后某个时点或基金取得营业执照后某个时点，无论GP还是LP均一次性履行其出资义务。其好处是基金所募集的资金到位有保障，无需GP再为督促LP出资劳神，今后也不必担心LP的出资违约风险，但缺点是部分资金可能长期处于闲置状态，对LP的固定回报压力较大。

以上是比较典型的出资期限模式，实践中GP会根据实际情况设计出资期限方案，可能是以上方式，也可能是以上方式的混合。

3. 出资瑕疵

（1）未依约缴清出资的责任。无论LP何时出资，其承担合伙企业债务的责任范围均以其“认缴的出资额”为限，[①]即使LP未按时缴付出资或虽然已经缴付出资但又抽回出资，仍然需要在认缴的出资额范围内承担合伙企业债务。“有限责任合伙人只在其未缴付的合伙出资的限度内，对有限合伙的债权人承担个人责任，如果他已经缴清了出资且未得到返还，那么他对有限合伙的债权人即不负任何责任”。[②]又鉴于《中华人民共和国合伙企业法》第

① 《中华人民共和国合伙企业法》第二条。

② 【德】罗伯特·霍恩等:《德国民商法导论》，楚建译，中国大百科出版社1996年版，第273页；转引自：王保树:《有限合伙人的有限责任：风险分配与债权人保护》，载于《法学研究》2008年06期。

三十八条规定，合伙企业对其债务应当先以全部合伙财产进行清偿，即合伙企业的债权人对LP的债的请求权应在对合伙企业的债的请求权之后。因此，除非LP已履行出资义务且未抽回出资，或者虽未履行或完全履行出资义务但有限合伙能够清偿到期债务，否则LP仍应当在认缴金额与实缴金额之差额范围内承担合伙债务。但如果LP依约减少了出资额（即减少认缴出资额），则LP承担合伙企业债务的范围应不包括减少的出资额。

（2）按照合伙协议约定的收益分配方案收回的本金，是否属于减少出资的行为？业务实践中，有人认为，按照合伙企业法第三十四条规定，合伙协议可以约定出资的增减，如果将收益分配收回的本金视为出资减少，并不违反法律。但我们认为，合伙协议在收益分配中约定返还本金，只是简略的说法，完整且清晰的说法应当是“返还相当于本金的收益金额”，合伙人收益分配方案的着眼点是收益的分配，而非出资的减少，合伙人并无意图减少出资，否则就不能圆满的解释收益分配方案中后续的约定，即在本金返还完毕后，合伙人仍然享有财产份额，并有权依据财产份额收取超额收益，而且，减资是重大合伙事务，从维持合伙企业稳定性角度考虑，合伙人一般比较慎重，往往需要全体合伙人通过一定程序才能进行，那种直接通过收益分配来减资的方式显然不符合审慎经营的要求。因此，实践中合伙协议在收益分配方案中关于返还本金的约定不应当视作是减少出资的行为。

（3）不出资、少出资与出资迟延。这是GP必须高度关注的重大事项，为了防止或遏制这种情况的发生，必须要在合伙协议中设定相应的处罚措施。根据合伙企业法第六十五条“有限合伙人应当按照合伙协议的约定按期足额缴纳出资；未按期足额缴纳的，应当承担补缴义务，并对其他合伙人承担违约责任。”及第四十九条“合伙人有下列情形之一的，经其他合伙人一致同意，可以决议将其除名：（一）未履行出资义务；……”的规定，合伙协议通常根据LP的违约行为的严重程度要求其承担不同违约责任。一般分为以下两种情况：

一是缴纳逾期在一定时间内的违约责任。在缴纳逾期不超过一定时间（如三十天）内的，GP通常会给予违约的LP一定宽限期，要求其在宽限期内尽快缴纳出资，可能还会辅以每日一定金额的延迟出资违约金作处罚，但多数 GP 为维护其与 LP 的关系，要么不约定违约金，要么声明可以豁免违约金，在目前国内募资难度较大，LP 处于强势地位的现实条件下，少有 GP 真的会因为 LP 逾期出资而处以违约金的情况。

二是逾期超过一定时间或经 GP 通知仍不缴纳的违约责任。若宽限期届满仍不缴纳，则转入另一种违约责任承担方式。此时，合伙协议将从四个方面对 LP 的违约行为进行处罚：一是除名，一般是针对完全不出资的违约 LP；二是取消违约 LP 本次出资的权利，并重新向其他合伙人或第三人发行本由该违约 LP 享有的财产份额；三是剥夺该违约 LP 已缴付出资部分的一定比例的收益权、乃至财产份额；四是按其应缴纳出资额的一定比例确定违约金。

三、普通合伙人的出资

1. 劳务出资

与有限合伙人相比，有限合伙企业的普通合伙人的出资形式更加丰富，主要是允许 GP 以劳务出资。究其原因，一是出于 GP 对合伙债务承担无限连带责任这一特征的考虑；二是参考国外立法经验，鼓励有投资及风险控制才能的人积极参与风险投资事业。

GP 以其个人的全部财产对合伙债务提供担保，这决定了合伙财产（出资）不一定必须具有可转换性和可随时兑现性等清偿功能，因此，合伙不仅可以以实物、货币出资，而且还可以以劳务为出资，这是与合伙人共同经营的特征相适应的，这一点也是合伙财产与公司财产的一个重要区别，在公司，公司股东对公司债务以出资额为限承担有限责任，公司则要以全部财产对公司债务承担责任，而公司财产又有相当一部分是由股东的出资形成的，这在客观上就要求股东的出资必须具有可转移性和可随时兑现性的功能，而劳务不具有可转移性的特点，合伙财产独具的这一特征决定了合伙在吸纳出资方面比公司更广泛，它可以将拥有不同技艺、财产的人吸纳到一起，从而达到吸引多种资本从事经营的功效。[①]

---

① 参见马强：《合伙财产研究》，http://wenku.baidu.com/view/9630dd40be1e650e52ea9936.html，访问日期：2017 年 1 月 3 日；

国外法律经验主要是得自于美国《统一有限合伙法》的规定。该法于1916年由美国统一州法委员会制定，制定之初明确排除劳务作为合法出资形式，但在随后的1976年、1985年及2001年修订版中作出重大修改，承认劳务可以作为合伙出资。[①] 该法2001年修订版第五百零一款规定，合伙人可以有形或无形财产或权益向有限合伙出资，包括货币、提供的劳务（services performed）、本票、其他的提供现金或财产的协议（other agreements to contribute cash or property）、以及拟提供劳务的合同（and contracts for services to be performed）。

但是，劳务资本作为一种无形资产，需要作为劳务资本拥有者的劳动者主动投入到生产经营过程中才具有实际意义，劳动者的主观意志决定了使用与否及如何使用。除主观因素外，一些客观条件如劳动者本身的身体状况、知识积累、社会经验以及外部环境等，都可能使得劳务资本的内在价值发生变化，可能不断扩展也可能会贬值，而这些情况却是企业很难掌握也很难控制的。就我国目前的立法和实践状况看，尚不具备保障劳务作为一种可转让财产权利的条件。我国的合伙企业法仅是确认了普通合伙人以劳务出资的合法性，但劳务出资难以评估定价，其价值不具有确定性，市场上也尚未形成一套成熟的劳务资本价值评估鉴定方法。[②] 尽管如此，鼓励人力资本参与风险投资并获得合理回报的立法导向值得肯定。

有限合伙人不得以劳务出资的主要理由，一是LP之于私募基金的价值在其资金，而非智力劳动，二是若允许LP以劳务出资，则势必导致LP介入合伙企业事务管理，与有限合伙制度中LP不参与合伙事务管理的理念相悖，因此，立法者明确禁止LP以劳务出资。

2. 是否允许普通合伙人以收取的管理费出资

实践中，有普通合伙人以收取合伙企业的管理费作为出资的做法。管理费没有明确的法律定义，具体内涵依合伙协议的约定为准，但一般而言，管理费是GP为管理私募基金而承担的必要成本的补偿，通常不被理解为GP

---

① 张天民：《合伙企业法适用与研究》，中国人民公安大学出版社2000年版，第192页；转引自滕威：《合伙法理论研究》，人民法院出版社2013年版，第448页。

② 孙颖：《有限合伙中的劳务出资法律问题研究》，华东政法大学硕士论文，第22页。

管理基金的报酬（GP 管理基金所获报酬应当是根据收益分配方案获得的收益），若以补偿成本的管理费作为出资，势必促使 GP 将其认定为利润，后果可能就是要么 GP 会索要与成本不符的过高的管理费，要么 GP 会极力缩减应当付出的成本导致各种规定动作缩水从而损害基金的权益。因此，以管理费作为出资不能确保 GP 与 LP 的利益一致，其做法不可取。

3. 其他出资违约问题

普通合伙人同样存在出资违约的问题，很多合伙协议对 LP 和 GP 的出资违约责任不加区分，统一约定为合伙人的出资违约责任。但事实上，尽管 GP 违约的形态（即不出资、少出资或出资迟延）与 LP 并无不同，但违约后的责任承担至少在程序上与 LP 存在不同之处，因为 LP 违约后，是由 GP 负责督促并履行处罚的义务，而 GP 违约后，若还按照统一的违约责任处罚条款，则会发生自己处罚自己的情况，GP 显然不会处罚自己，这多半是由于 GP 负责合伙协议文本起草导致的程序漏洞。为避免这些问题，建议有限合伙人在合伙协议中单独约定普通合伙人出资违约的情形和责任条款，并将有关处罚的权利赋予合伙人大会。

第二节 财产份额的转让、出质和继承

一、财产份额的转让

财产份额是我国合伙企业立法上的一项独特设计，有学者认为，财产份额是指合伙人在合伙企业财产中依照出资数额或合伙协议约定的比例分配利益和分担亏损的份额。[①]合伙人的财产份额是一种抽象的权利，是与合伙人的身份联系在一起的，因身份关系之不可转让性决定了财产份额也不是一种可由所有者任意转让的财产权利。合伙人的财产份额并不意味着他可以按照据以确定的比例而对合伙企业财产的特定部分主张排他性的独占权。合伙企业的财产作为合伙人共同管理和使用的财产，在合伙企业的存续期间内，应由全体合伙人共同决定其用途，任何合伙人没有擅自挪用或撤出的权利。[②]

财产份额的多寡并不决定合伙人对合伙事务控制的强弱，财产份额的比例也不是利润分配的主要依据。《中华人民共和国合伙企业法》第二十六条、第二十七条规定，合伙人对执行合伙事务享有同等权利；可以委托其中某一个或某几个合伙人代表合伙企业执行合伙事务，其他合伙人不再执行合伙事务。在利润分配方面，以合伙协议的约定为准分配利润、分担亏损，仅在没有约定的情况下按合伙人实缴的财产份额分配或分担。

财产份额是合伙人在合伙企业中享有合伙人地位的资格证明，有财产份额即属合伙人，没有财产份额即不属合伙人，对于“人合”色彩强烈的合伙企业而言，财产份额的处分（转让和出质）与继承要受到严格限制。

1. 普通合伙财产份额的转让

就普通合伙而言，《中华人民共和国合伙企业法》第二十二条规定了两种转让财产份额的情形：一是对内部合伙人转让，一是对外部第三人转让。

---

① 参见钱玉林:《合伙人的财产份额及其相关的几个法律问题》，载《河北法学》2001年第3期。

② 苏号朋:《论合伙企业财产的法律性质》，载《法学》1997年第12期。

就前者而言，由于合伙人向其他合伙人转让其财产份额时，仅导致合伙人相互之间财产份额的增加或减少，而不会发生有碍信赖关系的新合伙人的情况，因此法律对这类转让并不加以特别的限制，转让的效力条件仅以转让之情事通知其他合伙人为满足，而无需以征得其他合伙人的同意为必要。就后者而言，由于合伙人向合伙人以外的人转让其财产份额时，将会引起合伙人的变更或增加，可能影响合伙人之间的信赖关系以及合伙企业的发展，因此法律对这类转让作出了严格的限制，规定该转让须经其他合伙人一致同意方能生效；同时又规定，除非合伙协议另有规定，在同等条件下，其他合伙人有优先受让的权利。

2. 有限合伙财产份额的转让

《中华人民共和国合伙企业法》第七十三条规定，有限合伙企业中的有限合伙人可以按照合伙协议的约定向第三人转让其在有限合伙企业中的财产份额，但应当提前三十日通知其他合伙人。可见，法律对有限合伙人转让财产份额并不像对待普通合伙人那样严格。有限合伙人转让其财产份额需要满足的条件由合伙协议确定，如果合伙协议允许有限合伙人自由转让其份额，则无须征得其他合伙人的一致同意，只要事先履行通知义务即可。当然，合伙协议也可以约定有限合伙人向第三人转让财产份额必须经其他合伙人一致同意。于此情形，有限合伙人转让财产份额的条件与普通合伙人并无不同。另有一种情况是，合伙协议可能会规定，经征得 GP 的同意后 LP 可向第三人转让财产份额，这种约定强化了 GP 对私募基金合伙人的管控。

3. 未实缴出资的财产份额转让

由于财产份额基于合伙人的认缴而获得，这就可能发生在合伙人转让财产份额时尚未实缴出资或仅部分实缴出资的情况，那么此时转让是否合法？我们认为，应当允许合伙人在实缴出资尚未完成时转让其财产份额。首先，法律没有明确禁止合伙人在未完成出资前转让其财产份额，根据意思自治原则，合伙人有权依合伙协议的约定转让其财产份额；其次，受让人接受财产份额之前应当开展适当的调查，履行必要的注意义务，对合伙企业的经营情况以及与财产份额相关的情况进行分析研究，认真对待合伙协议及其修订内容，在原合伙人及其他合伙人的协助下，受让人自会作出符合其利益的判断，退一步说，即使受让人遭受原来的合伙人欺诈导致其判断错误，也可以依据合同法的有关规定申请撤销合同，维护其合法权益，法律没有必要代替受让人作出判断。当然，为了明确各方责任并便利日后能够撤销因遭受欺诈而签订的合伙协议，受让人应当要求出让人就财产份额认缴及实缴情况作出说明和承诺。

4. 财产份额转让的程序性要求

合伙人转让财产份额必须修改合伙协议，经修改合伙协议后才能成为合伙企业的合伙人。根据《合伙企业登记管理办法》(2014 年修订）的规定，作为合伙企业登记事项的合伙协议发生变更的，执行合伙事务的合伙人应当自作出变更决定或者发生变更事由之日起 15 日内，向原企业登记机关申请变更登记。合伙企业申请变更登记，应当向原企业登记机关提交下列文件：一、执行事务合伙人或者委派代表签署的变更登记申请书；二、全体合伙人签署的变更决定书，或者合伙协议约定的人员签署的变更决定书；三、国务院工商行政管理部门规定提交的其他文件。

二、财产份额出质

1. 财产份额出质的法律依据

对于财产份额出质，《中华人民共和国合伙企业法》第二十五条规定，合伙人以其在合伙企业中的财产份额出质的，须经其他合伙人一致同意；未经其他合伙人一致同意，其行为无效。第七十二条规定，有限合伙人可以将其在有限合伙企业中的财产份额出质；但是，合伙协议另有约定的除外。

2. 财产份额出资的现实障碍

实践中，以合伙人财产份额设立的担保只能局限于权利质押的方式。[①] 我国物权法在权利质权一节列示的可以出质的权利中没有合伙企业的财产份额一项，虽然有兜底条款“法律、行政法规规定可以出质的其他财产权利”，

① 参见钱玉林:《合伙人的财产份额及其相关的几个法律问题》，载《河北法学》2001 年第 3 期。

合伙企业法也确实规定财产份额可以出质，但问题是，由于物权法没有明确财产份额可以出质，导致物权法没有对财产份额质权设立条件进行规定，以致没有国家机关负责对此类质押行为进行登记，其直接后果就是财产份额质押无法公示，即便当事人签署了质押合同，质权也会因为无法完成公示程序而不生效。这种法律之间的脱节，不仅使得财富难以被充分利用，也损害了法律的权威，在将来的法律修订中应予以改正。考虑到财产份额与有限责任公司股权的相似性，工商管理部门应当承担有关登记职责。目前，在工商管理部门同意承担登记职责之前，有限合伙人尚难以通过财产份额质押的方式运用资产融通资金。

三、财产份额的继承

1. 普通合伙人财产份额的继承

按照合伙协议的约定或者经全体合伙人一致同意，作为承担无限连带责任的普通合伙人死亡后，从继承开始之日起，继承人取得该合伙企业的合伙人资格，但是，如果继承人不同意成为合伙人或者不具备法律规定或合伙协议约定的资格，则合伙企业应当将财产份额退还给继承人。财产份额的退还办法，依合伙协议约定或者由全体合伙人决定，可以退还货币，也可以退还实物，但并不要求退还合伙人入伙的原物。在继承人为复数的情形，虽然所有继承人取得的是一个合伙人的财产份额，但各继承人的继承权应当是平等的，而且都是通过各自的行为来行使的，在取得合伙人资格后，应作为数个独立的合伙人对待。[①] 若继承人为无民事行为能力人或者限制民事行为能力人，经全体合伙人一致同意，可以依法成为有限合伙人，普通合伙企业依法转为有限合伙企业。全体合伙人未能一致同意的，合伙企业应当将被继承合伙人的财产份额退还该继承人。

2. 有限合伙人财产份额的继承

在有限合伙人为自然人的情形，其继承人有权依法取得该有限合伙人在

---

① 参见钱玉林：《合伙人的财产份额及其相关的几个法律问题》，载《河北法学》2001 年第 3 期。

有限合伙企业中的资格，这种区别于普通合伙人的处理办法既不会对有限合伙企业的正常经营产生实质性影响，又能够维护有限合伙企业财产的稳定，有利于保护其他合伙人以及合伙企业债权人的利益。

在有限合伙人为法人或其他组织的情形，并不发生财产份额的继承问题。法人或其他组织终止的，应当通过转让财产份额或退伙结算的方式退出合伙企业。但是，如果是作为有限合伙人的法人或其他组织终止且有权利承受人时，该权利承受人可以依法取得该有限合伙人在有限合伙企业中的资格，这样的规定同样是基于有限合伙人的有限责任和维护有限合伙企业财产稳定的考虑。

第三节 退伙与合伙债务承担

任何组织机构要保持持续正常经营都需要一定的稳定性，合伙企业也不例外，但合伙人的退出往往会引发合伙企业一系列变动，财产结算、人事变动、出资调整等等，可能对合伙企业的稳定性构成重大影响，因此，合伙人的退出是合伙企业需要关注的重要环节。

一、退伙的主要形式

依据《中华人民共和国合伙企业法》的规定，可以将退伙分为约定退伙和法定退伙。约定退伙是指合伙人在合伙协议中事先约定退伙事由，当退伙事由出现时合伙人可以退出合伙，或者虽未事先约定，但经全体合伙人一致同意时，合伙人也可以退出合伙。约定退伙主要有两种情况：一是在发生合伙协议约定的退伙事由时可以退伙；二是经全体合伙人一致同意时可以退伙。法定退伙是指直接依据法律的规定而退伙的情形，法定退伙既包括当然退伙和除名退伙，也包括法律规定的其他情形下的退伙。

1. 除名退伙

除名退伙主要发生在合伙人主观上存在故意损害合伙企业的情形，《合伙企业法》第四十九条规定：合伙人有下列情形之一的，经其他合伙人一致同意，可以决议将其除名：（一）未履行出资义务；（二）因故意或者重大过失给合伙企业造成损失；（三）执行合伙事务时有不正当行为；（四）发生合伙协议约定的事由。对合伙人的除名决议应当书面通知被除名人。被除名人接到除名通知之日，除名生效，被除名人退伙。

2. 当然退伙

当然退伙主要发生在合伙人因为民事主体资格消灭或客观上丧失偿债能力的情形，《中华人民共和国合伙企业法》第四十八条规定：合伙人有下列情形之一的，当然退伙：（一）作为合伙人的自然人死亡或者被依法宣告死亡；（二）个人丧失偿债能力；（三）作为合伙人的法人或者其他组织依法被吊销营业执照、责令关闭、撤销，或者被宣告破产；（四）法律规定或者合伙协议约定合伙人必须具有相关资格而丧失该资格；（五）合伙人在合伙企业中的全部财产份额被人民法院强制执行；（六）合伙人被依法认定为无民事行为能力人或者限制民事行为能力人且其他合伙人未能一致同意转为有限合伙人的，该无民事行为能力或者限制民事行为能力的合伙人退伙。退伙事由实际发生之日为退伙生效日。

需要注意的是，前述第四十八条规定的是普通合伙人涉及的当然退伙情形，若合伙人为有限合伙人，尚存在两点不同，一是，当该有限合伙人为自然人时，即便发生“个人丧失偿债能力”的情形，也不能因此丧失有限合伙人资格，按《中华人民共和国合伙企业法》第七十九条规定，其他合伙人无权要求其退伙；二是，作为有限合伙人的自然人死亡、被依法宣告死亡或者作为有限合伙人的法人及其他组织终止时，其继承人或者权利承受人可以依法取得该有限合伙人在有限合伙企业中的资格。

3. 属于法定退伙的其他情形

法律规定的其他情形下的退伙是指：（一）合伙协议约定合伙期限的，发生合伙人难以继续参加合伙的事由；或者发生其他合伙人严重违反合伙协议约定义务的情况；（二）合伙协议未约定合伙期限的，合伙人在不给合伙企业事务执行造成不利影响的情况下，可以退伙，但应当提前三十日通知其他合伙人。前一种情形虽属法定退伙事由，但为具备可操作性，合伙协议应当对所谓“难以继续参加合伙的事由”及“严重违反合伙协议约定的义务”的具体内容予以明确，否则难免形成纠纷。后一种情形基本只在民事合伙中才可能出现，私募基金因其合同比较规范而在实践中一般不可能存在不约定合伙期限的情形。

表 6-2　合伙退伙的主要形式

			退伙事由	条　款
退伙	约定退伙	一般退伙	合伙协议约定的退伙事由出现	第四十五条第一款（一）
			全体合伙人一致同意	第四十五条第一款（二）
		除名退伙	发生合伙协议约定的事由，经其他合伙人一致同意除名的	第四十九条第一款（四）
	法定退伙	当然退伙	作为合伙人的自然人死亡或被依法宣告死亡（除外情形：有限合伙人的继承人可以依法取得该有限合伙人在有限合伙企业中的资格）	第四十八条第一款（一）
			个人丧失偿债能力（有限合伙人不适用）	第四十八条第一款（二）
			作为合伙人的法人或者其他组织依法被吊销营业执照、责令关闭、撤销，或者被宣告破产（除外情形：作为有限合伙人的法人及其他组织终止时，其权利承受人可以依法取得该有限合伙人在有限合伙企业中的资格）	第四十八条第一款（三）
			法律规定或者合伙协议约定合伙人必须具有相关资格而丧失该资格	第四十八条第一款（四）
			合伙人在合伙企业中的全部财产份额被人民法院强制执行	第四十八条第一款（五）
			合伙人被依法认定为无民事行为能力人或者限制民事行为能力人且其他合伙人未能一致同意转为有限合伙人的，该无民事行为能力或者限制民事行为能力的合伙人退伙	第四十八条第二款
		除名退伙	未履行出资义务，经其他合伙人一致同意除名的	第四十九条第一款（一）
			因故意或者重大过失给合伙企业造成损失，经其他合伙人一致同意除名的	第四十九条第一款（二）
			执行合伙事务时有不正当行为，经其他合伙人一致同意除名的	第四十九条第一款（三）
		其他情形	发生合伙人难以继续参加合伙的事由	第四十五条第一款（三）
			其他合伙人严重违反合伙协议约定的义务	第四十五条第一款（四）
			未约定合伙期限的，合伙人提前三十日通知其他合伙人	第四十六条

二、退伙后的结算与合伙债务承担

1. 退伙结算

退伙应当结算，因为退伙行为本身导致合伙企业产生损失或者在退伙前曾给合伙企业造成损失尚未赔偿的，在退还合伙人财产份额时应当相应扣减，具体是退还实物还是退还货币，是一次性退还，还是分期退还，由合伙协议或全体合伙人协商一致确定，为防止在退伙时因退还方式发生纠纷，应当在合伙协议中就退出方法及决策程序进行细致安排。如果退伙时合伙企业财产少于合伙企业债务的，退伙的合伙人应当按照合伙协议事先约定的比例分担亏损。

2. 退伙后合伙债务的承担

退伙人退出合伙后，并非不再承担合伙债务，如果是普通合伙人，应当对基于其退伙前的原因发生的合伙企业债务承担无限连带责任；如果是有限合伙人，按照《中华人民共和国合伙企业法》第八十一条的规定，其须对基于退伙前的原因发生的有限合伙企业债务，以其退伙时从合伙企业中取回的财产承担责任。但考虑到《中华人民共和国合伙企业法》第二条中有“有限合伙人以其认缴的出资额为限对合伙企业债务承担责任”的规定，该第八十一条的规定似乎意味着有限合伙人对合伙企业债务的责任限额分为两种，即有限合伙人退伙前以出资额为限，退伙后以取回的财产为限。但这不合情理，举例说，如果一个有限合伙人在某基金中投资 100 万元，在基金存续期间获得了 1 亿元收益，此时其对合伙债务的承担仅以出资额 100 万元为限，但当其退出后，却又要以其获得的全部收益 1 亿元来承担责任，这显然是一个让人无法接受的制度安排。

但如果不作两种责任限额的理解，则这两个条款就有限合伙人的责任如何协调一致？事实上，有限合伙人在退伙时所获得的财产往往与出资额并不相同，或者多，或者少，到底以何者为准？如果要满足这两个条款的规定，一个看上去妥当的做法是，退伙人承担的合伙企业债务之责任应当以退出时取回的财产和认缴的出资额这两者孰小来确定。但这似乎过于复杂，应该并非立法者的初衷。我们建议立法机关应当对《中华人民共和国合伙企业法》第八十一条的规定作出解释，避免法条之间的冲突。

第四节 ┃ 基金的结构化及其边界

金融产品的结构化被认为是用来满足投资者的不同风险偏好和收益需求的安排。在信托计划、证券公司资管计划、基金子公司资管计划等金融产品中分层分级的结构化设计被广泛使用。近年来，随着国内基金业竞争的加剧以及金融危机的影响，资金募集困难重重，不少基金试图通过产品创新招徕潜在投资者，私募基金结构化设计被广泛使用。本节介绍结构化基金的典型形态及其内部结构，并从实际运作和法律政策的角度分析其潜在风险。

一、典型的结构化设计

1. 结构化基金的结构

私募基金结构化是指通过在不同 LP 之间设定不同的收益分配顺序从而达到满足不同 LP 的相异收益需求与风险偏好的安排。私募基金结构化设计改变了合伙人按出资比例分配收益的一般做法，其法律依据是合伙企业法第三十三条的规定，该条规定，合伙企业的利润分配、亏损分担，按照合伙协议的约定办理；协商不成的，由合伙人按照实缴出资比例分配、分担；无法确定出资比例的，由合伙人平均分配、分担。即合伙协议的约定优先，全体合伙人依法有权对收益分配顺序作出符合全体合伙人意志的安排。

典型的私募基金结构化设计为：设置优先、劣后两种级别的 LP，收益分配顺序为：①先支付相当于优先 LP 投资本金的收益；②有剩余的，支付相当于劣后 LP 投资本金的收益；③有剩余的，支付优先 LP 的门槛收益；[①] ④有剩余的，支付劣后 LP 的门槛收益；⑤有剩余的，支付相当于 GP 投资本金的收益；⑥有剩余的，向 GP 支付相当于 LP 门槛收益 25% 的收益；⑦有剩余的（即超额收益），在 GP 与 LP 之间按 20 : 80 的比例分配，其中 LP 按优先 LP :劣后 LP 为 20 : 80 的比例分配。劣后级 LP 和基金的 GP 为优先级 LP 提供了“安

① “门槛收益”参见本书第八章第三节。

全垫”，使其可以先行收回投入的本金。

目前，结构化私募股权基金作为备受投资者青睐的投资工具已在金融市场中快速发展起来，监管部门对此种业务创新的态度引人注目。

2. 结构化基金的监管政策

2010 年，银监会发布《关于加强信托公司结构化信托业务监管有关问题的通知》（银监通［2010］2 号），对信托公司开展结构化信托业务提出必须遵守的四项原则：（1）依法合规原则；（2）风险与收益相匹配原则；（3）充分信息披露原则；（4）公平公正，注重保护优先受益人合法利益原则。2016 年，证监会发布《证券期货经营机构私募资产管理业务运作管理暂行规定》（〔2016〕13 号），对证券期货经营机构开展的结构化私募资产管理计划作出规定，要求结构化资管计划“应当遵守利益共享、风险共担、风险与收益相匹配的基本原则，[①] 严格控制杠杆风险，不得直接或间接对结构化资产管理计划优先级份额认购者提供保本、保收益安排”，并列举了不得对优先级保证收益的具体情形，例如在合同中约定计提优先级份额收益、提前终止罚息、劣后级或第三方机构差额补足优先级收益、计提风险保证金补足优先级收益等情形。

需要说明，上述规定目前并不适用于私募股权基金，但其监管原则表明了监管部门对结构化金融产品的态度，为今后设计结构化私募股权基金提供了可供参考的行为边界，即遵守利益共享、风险共担、风险与收益相匹配的原则，不直接或间接为优先级投资者提供保本保收益的承诺。

值得探讨的是，前述典型的私募基金结构化设计是否符合上述原则？应当看到，优先 LP 虽有权先于劣后 LP 及 GP 获得本金及门槛收益，但其后在超额收益分配部分，劣后 LP 获得的超额收益要远多于优先 LP，体现了风险

---

① 按照基金业协会发布的《证券期货经营机构私募资产管理计划备案管理规范第 3 号——结构化资产管理计划》，所谓利益共享、风险共担、风险与收益相匹配，是指在结构化资产管理计划产生投资收益或出现投资亏损时，所有投资者均应当享受收益或承担亏损，但优先级投资者与劣后级投资者可以在合同中合理约定享受收益和承担亏损的比例，且该比例应当平等适用于享受收益和承担亏损两种情况。

大收益高、风险小收益少的风险收益匹配原则。同时，尽管优先 LP 先于劣后 LP 及 GP 获得收益，但并非不承担投资风险，结构化设计本身并不能保证优先 LP 的投资不遭受损失，只不过风险要小于劣后 LP 罢了，也即优先 LP 与劣后 LP 之间并未改变投资业务“利益共享、风险共担”的本质，因而此类结构化私募基金并不违反证监会的监管精神。

二、保底保收益

商业实践中，除了前述典型结构化私募基金外，部分基金在分级的同时还存在着由劣后 LP 或 GP 的关联方向优先 LP 提供保底保收益的协议安排，这种安排并非着眼于满足投资者的投资风险偏好，而是变相地向基金提供借款。此类安排的一般做法是相关方签订“抽屉协议”，[①] 在基金本身的收益达不到合伙协议预期的本金加门槛收益时，约定由关联方向优先 LP 补足差额（即保底保收益），且自基金成立起若干年后必须由 GP 或劣后 LP 安排资金收购优先 LP 的出资份额，从而达到优先 LP 安全退出，获得与借贷相同的效果。

1. 调整“保底保收益”的法律规范

实践中，保底条款常见于信托公司等金融机构的委托理财产品，历来为金融监管部门所重点关注，相关文件多为禁止性规定。[②] 中国银监会于 2004 年 12 月下发的《严禁信托投资公司信托业务承诺保底的通知》规定，针对部分信托投资公司在办理信托业务时存在向委托人承诺保底的做法，重申信托投资公司办理信托业务，必须用管理信托财产所产生的实际信托收益进行分配，严禁信托投资公司挪用其他信托财产垫付信托财产的损失或收益；信托投资公司不得以信托合同、补充协议或其他任何方式向信托当事人承诺信托财产本金不受损失或者保证最低收益。《证券公司客户资产管理业务管理办法（2013 修订）》规定，“证券公司从事客户资产管理业务，不得有下列行为：……

---

① “抽屉协议”定义可参见本书专题篇之专题一。

② 例外的情况是银行可以发行保本型理财产品或保收益型理财产品，详见《商业银行理财产品销售管理办法》的规定。

（二）向客户做出保证其资产本金不受损失或者取得最低收益的承诺”。

证券投资基金法对公募基金中的保底条款有禁止性规定，但留有余地。该法规定，公募基金管理人及其高管不得向基金份额持有人违规承诺收益或者承担损失；基金投资顾问机构及其从业人员不得以任何方式承诺或者保证投资收益。证券投资基金法并未对私募基金是否需要遵守禁止保底承诺作出明确规定。另外，即便是公募基金，用词也是“违规承诺”，这就意味着在合规的情况下，可以承诺收益。实践中一些“保本”基金产品在发售前确实获得了中国证监会的批复，被排除于“违规”之外。例如，2004 年 8 月 17 日起向社会公开募集的天同保本增值证券投资基金，其招募说明书明确承诺“保本”，而其保本主要是通过国家开发投资公司作为保证人来实现的。[1]

证监会发布的《私募投资基金监督管理暂行办法》（简称《暂行办法》）就私募基金的保底条款作出了限制性规定。《暂行办法》第十五条规定，私募基金管理人、私募基金销售机构不得向投资者承诺投资本金不受损失或者承诺最低收益。表明监管层对私募基金保底保收益的态度与《中华人民共和国证券投资基金法》关于公募基金的有关禁止性规定基本一致。

2.“曲线保底”的法律效果

为规避监管层禁止私募基金管理人承诺保底的规定，GP 往往不会直接向优先 LP 提供保底保收益的承诺，而是由其关联方（一般是基金管理人的股东）来提供相关承诺，或者由劣后 LP 来提供保底保收益的承诺。从形式上看，确实是绕过了监管禁止性规定，但究其实质，并未改变优先 LP 名为出资，实为借贷的性质，那么这种做法到底是否合规呢？有一种观点认为，此种情况下不属于违规行为。理由是，对比《证券期货经营机构私募资产管理业务运作管理暂行规定》中的禁止性规定“不得直接或间接对优先级份额认购者提供保本保收益安排，包括但不限于劣后级或第三方机构差额补足优先级收益”，可以看到，《暂行办法》第十五条的禁止性规定范围明显窄于对

① 郭雳:《金融机构保底理财的合法性迷局与困境》，北京大学学报（哲学社会科学版）2006 年 9 月第 43 卷，第 5 期。

证券期货等金融持牌机构的禁止性规定，也不如后者禁止性规定严格，这种差异不是监管层的疏忽，而是反映了监管层分类监管、差异化管理的思路。

应当说，这种否认违规行为的说法有一定道理，持牌机构的私募资管业务与私募基金业务确实存在监管差异。其可能的原因是，与持牌机构相比，PE 的系统性风险较小，[①] 且当前我国 PE 产业正处于初级阶段，应当给予私募基金一定的发展与创新空间，避免过度监管导致阻碍基金市场的正常发展。但从维护 PE 产业健康发展的角度看，如果纵容这种关联方提供保底承诺的做法，一方面可能导致投资方怠于审查基金管理人的投资与风控能力，另一方面基金管理人出于定期付息和还贷的压力，难以专注于基金的长远利益，短视行为不可避免，因此，监管部门及行业自律组织对保底保收益始终持否定态度，通过关联方承诺保底以规避监管的做法恐难获得监管层的认可，不排除今后监管层将这种曲线保底的做法明确纳入监管的可能性。

3. 保底条款的法律效力

保底条款一旦签署，其法律效力如何？毕竟，是否合规是行政监管层面的问题，是否有效是司法层面的问题，两者的出发点和执法依据并不相同，不能仅仅因为监管层面的否定态度就认为保底条款一定无效。从司法的角度看，认定合同或合同条款无效的依据为合同法第五十二条，该条规定：有下列情形之一的，合同无效：(1) 一方以欺诈、胁迫的手段订立合同，损害国家利益；(2) 恶意串通，损害国家、集体或者第三人利益；(3) 以合法形式掩盖非法目的；(4) 损害社会公共利益；(5) 违反法律、行政法规的强制性规定。"合同法司法解释二"第十四条将合同法第五十二条第 (5) 项规定的"强制性规定"限缩解释为"效力性强制性规定"。

如前所述，证券投资基金法并未对私募基金是否需要遵守禁止保底承诺作出明确规定，《暂行办法》也仅属于部门规章，并不在合同法第五十二条第 (5) 项规定的准用范围。因此，司法机关无法援引合同法第五十二条的规定认定私募基金保底条款无效。事实上，已有案例表明，法院并不否认关

① 参见赵忠义：《私募股权投资基金监管研究》，中国金融出版社 2011 年版，第 166 页。

联方提供保底的合同效力。在浙江省宁波正业控股集团有限公司与上海嘉悦投资发展有限公司与公司有关的纠纷上诉案（案号：(2013）沪一中民四（商）终字第574号）中，原被告就上市公司股东向股票认购方提供保底收益是否有效发生争议，一审及二审法院均认为其约定不违反法律、行政法规中的效力性强制性规定，体现了各方当事人的真实意思表示，当属有效，对各方当事人均具有合同约束力。①需要强调，中国并非判例法国家，法院作出的判决（包括最高人民法院作出的判决）对后续的判决并无法定的约束力。

关于“保底条款”的法律效力，在法学界有绝对有效说、条款无效说、主体区分说、合同无效说、有限承认说、可撤销条款说等多种观点。②在司法实务领域，也存在不同的观点和争论。比如，有些法官认为，虽然保底条款是当事人双方以意思自治的合法形式对受托行为所设定的一种激励和制约机制，现行民商法律体系中也没有明确否定保底条款效力之规定，似应尊重当事人意思自治，承认其法律效力。但由于保底条款违反市场基本规律，在经济层面具有极强的信用投机色彩。同时，司法实践也不断证明，保底条款非但不能从根本上改变资本市场中风险与利益共存的基本客观规律，难以真正发挥激励和制约功效，相反却助长非理性或者非法行为之产生，加大市场泡沫并引发金融风险，成为引发当事人之间诸多纷争的重要原因。因此，倾向于认定保底条款无效。③

尽管前引论述并非最高人民法院的官方观点，但在一定程度上反映了法院对保底条款的司法态度，我们赞同其关于当事人意思自治与市场规律、经济秩序关系的分析。因此，从谨慎的角度出发，我们建议私募股权基金慎重采用“保底条款”或“曲线保底条款”。

---

① 程伟玉：《实务解析：私募股权投资中股东承诺投资保底收益的效力》，http://www.fabao365.com/zhuanlan/view_20020.html，访问日期：2017年3月25日。

② 参见陈睿：《委托理财协议中的保底条款效力之追问》，载《时代法学》2007年第5卷第4期。

③ 高民尚：《关于审理证券、期货、国债市场中委托理财案件的若干法律问题》，载《人民司法》，2006年第6期。

三、名股实债[①]

1. 名股实债的结构与成因

结构化基金常伴有要求劣后 LP 或 GP 的关联方回购优先 LP 所持出资份额的"抽屉协议"，此类约定可归为"名股实债"。基金募集业务实践中，名股实债的做法更常见于 LP（即下文所述"募资公司"）自身筹集资金之时。按照基金业协会关于发布的《证券期货经营机构私募资产管理计划备案管理规范第 4 号》的解释，所谓名股实债，是指投资回报不与被投资企业的经营业绩挂钩，不是根据企业的投资收益或亏损进行分配，而是向投资者提供保本保收益承诺，根据约定定期向投资者支付固定收益，并在满足特定条件后由被投资企业赎回股权或者偿还本息的投资方式，常见形式包括回购、第三方收购、对赌、定期分红等。

在典型的名股实债安排下，资金提供方并不直接提供借款，而是以股权投资的方式入股到特定的募资公司（通过对募资公司增资方式，或者收购原股东股权方式），由融资方（多为募资公司的原股东）就此部分股权提供回购义务，即到期按照指定价格（入股本金加溢价款，后者实际为利息）收购，并就回购义务提供担保（抵押、质押、保证等）和其他保障措施（比如资金监管）。在执行过程中，融资方（也即回购义务方）向资金提供方支付回购溢价款，该溢价部分实质上相当于利息。到期后，融资方支付剩余的回购金额（实质上的借款本金）。在典型的名股实债安排下，融资方是交易安排项下的债务人，募资公司为实际资金使用方，但并非直接债务人。[②]

作为投融资业务实践中常用的一种操作模式，名股实债的产生主要基于以下原因：一是商业银行或保险公司等金融机构借助资管、信托等通道向企业融资，金融机构要求固定收益，且本金必须在固定期限内收回；二是募资公司有降低资产负债率的特别需求，即资金提供方投入的资金在会计处理上

① 也作"明股实债"。

② 参见叶玉盛、郭嘉：《新华信托－湖州港城案并不意味着明股实债结构的末日》，http://bbs.ibsharing.com/forum.php?mod=viewthread&tid=10456，访问日期：2017 年 3 月 25 日。

不作为负债，以便于募资公司发债或银行融资；三是在某些特定行业，比如房地产行业、政府融资平台企业，融资受到的政策限制较多，通过名股实债方式，商业银行通过资管通道就可以曲线为房地产项目提供土地款融资。

从名股实债产生的原因可以看出，这种模式的运用就是意图规避监管以获得正常途径无法获得的资金融通，其通常做法是，在正常入资协议（增资或股权转让，或者既增资又转让）之外，签订另外的合同文本（如补充协议、合作协议等），此类合同文本约定的才是双方的真实意思表示（主要是债权债务方面的约定），签署后锁到抽屉里，秘不示人，因而被叫作“抽屉协议”；而入资协议则满足了股权投资的形式要求（主要是股权交易条款），签署后递交至工商局用以办理股权变更手续。

2. 行政监管与司法裁判的差异

从基金业协会对名股实债的定义可以看出，承诺保底保收益是名股实债的一个显著特征。这就意味着，监管层面对名股实债将是一个负面的评价。目前可见的涉及名股实债的规范性文件中，发改委《政府出资产业投资基金管理暂行办法》（发改财金规［2016］2800号）规定，政府出资产业投资基金不得从事名股实债等变相增加政府债务的业务。基金业协会发布的《证券期货经营机构私募资产管理计划备案管理规范第4号》规定，证券期货经营机构设立私募资产管理计划，以名股实债的方式受让房地产开发企业股权，投资于房地产价格上涨过快热点城市普通住宅地产项目的，暂不予备案。

与监管层面的负面评价不同，司法层面有关案例并未否定名股实债合同的法律效力。总结部分案例可以发现，裁判者对于名股实债案件的关注和司法态度主要集中在三个方面：一是裁判的基本思路是遵循当事人意思自治原则，探寻当事人缔结合同的真意并在此基础上作出裁判，并未直接基于名股实债的安排而认定合同无效；二是在认可名股实债合同的法律效力的前提下，区分内部关系和外部关系。在当事人内部，名股实债的约定对合同各方有约束力，涉及合同当事人之外的外部关系，名股实债的约定不得对抗第三人。比如，按照《中华人民共和国公司法》第三十二条第三款“公司应当将股东的姓名或者名称及其出资额向公司登记机关登记，登记事项发生变更的，应当办理变更登记，未经登记或者变更登记的，不得对抗第三人”之规定，第三人不受当事人之间的内部约定约束，而是以当事人之间对外的公示为信赖依据。三是认可名股实债合同效力的前提是不得违反法律和行政法规的强制性规定。

需要说明，监管层面从维护金融秩序和行业监管的角度对名股实债所持负面评价或监管政策，并未涉及合同的效力问题，这与司法层面依据私法自治原则未否定其合同效力并不矛盾。在涉及名股实债纠纷时，监管部门尽可以对有关单位依据相关规章进行行政处罚，但司法机关还是要根据合同法关于合同效力的规定来进行判断，在存在违反法律和行政法规的强制性规定的情况下应当认定合同无效，在相反的情况下应当按当事人的真实意思表示作出裁判。

小贴士 司法机关和仲裁机构对名股实债案件的审理实践

1. 司法机关认定名股实债合同效力的案例

在新华信托股份有限公司（简称“新华信托”）诉北京时光房地产开发有限公司（简称“北京时光”）、兴安盟时光房地产开发有限公司（简称“兴安盟时光”）合同纠纷案中，新华信托以增资和信托方式持有北京时光下属全资子公司兴安盟时光 100%，并约定北京时光或其指定方承担回购义务，回购价格为增资本金乘以特定收益率；如果北京时光未能回购的，新华信托有权将兴安盟时光清盘，并要求北京时光承担清盘获得金额与通过回购应获得金额的差额部分。其后，北京时光未能回购兴安盟时光，新华信托诉至法院，要求北京时光履行协议约定的义务。

该案经两审结案。二审判决书（案号：［2014］民二终字第 261 号）认定：“本案当事人签订的《合作协议》等相关协议，其意思表示真实，内容不违反法律法规的禁止性规定。信托公司依约履行了投资及受让股权等合同义务，但合同约定期满后，北京时光公司未按照约定回购该股权、返还融资款项及收益，已构成违约。据此，信托公司主张北京时光公司应按照合同约定的信托资金退出方式，给付投融资款及收益 12173 万元，证据充分，应予支持”。

同样的，在被部分业内人士惊呼为名股实债交易结构末日的新华信托 – 湖州港城案（案号：［2016］浙 0502 民初 1671 号）判决书中，尽管法院否决了原告要求将股权投资认定为债权并作为债权人参与破产财产分配的主张，但并未否定名股实债合同的法律效力，在关于名股实债的问题上，法院判决书写到“本院认为，首先在名实股东的问题上要区分内部关系和外部关系，对内部关系产生的股权权益争议纠纷，可以当事人之间的约定为依据，或是隐名股东，或是名股实债；而对外部关系上不适用内部约定，按照《中华人民共和国公司法》第 32 条第 3 款‘公司应当将股东的姓名或者名称及其出资额向公司登记机关登记，登记事项发生变更的，应当办理变更登记，未经登记或者变更登记的，不得对抗第三人’之规定，第三人不受当事人之间的内部约定约束，而是以当事人之间对外的公示为信赖依据”。在这里，可以看到，对于名股实债合同，法官并未否认其法律效力，而是区分内部关系和外部关系，在内部关系，名股实债的约定对合同各方有约束力，在外部关系，名股实债的约定不得对抗第三人。

2. 仲裁机构关于名股实债合同效力的裁决[①]

在另一起名股实债案件（此案不属于司法裁决，而是民间仲裁案件）中，裁决者虽未支持主张债权的一方，但却认可了股权回购的安排，即表面上未认可名股实债，而实质仍然予以支持。

大致案情是，A 地产公司及其关联的 C 项目公司、D 公司与 B 投资公司共同签订了《合作协议》。《合作协议》约定，为筹集资金用于某地产项目的开发建设，C 项目公司拟通过 B 投资公司设立专项资产管理计划进行融资。B 投资公司作为该资管计划的资产管理人，将募集的资金以对 C 项目公司增资入股和受让 D 公司对 C 项目公司的债权的方式对该项目进行投资。在资

① 引自《华南国仲金融仲裁典型案例精选（九）：“明股实债”纠纷案例》，载于华南国际经济贸易仲裁委员会微信号 SCIA700。

管计划的投资期限内，C项目公司应当支付资金占用费。投资期限届满，C项目公司应当偿还本金，A地产公司或其指定第三方应当按B投资公司的出资额回购B投资公司持有的C项目公司的股权。D公司以其持有的C项目公司51%股权为股权回购和债务偿还提供质押担保，A地产公司为债务偿还提供无限连带责任保证。

仲裁庭认为，B投资公司对C项目公司以增资形式入股，支付了增资款，履行了出资义务，并办理了工商变更登记，即在法律上成为C项目公司的股东，A地产公司认为B投资公司不是股东而是债权人的理由不成立。但同时，裁决书写道："在申请人按照相关协议全面准确履行完毕义务以后，按照公平原则和相关协议约定，被申请人应当要求申请人履行收购案争股份的义务"。这就意味着，仲裁庭虽然表面上未认可名股实债，但实质上仍然认同被投资方有回购股权的义务，名股实债的安排仍得以实现。

CHAPTER

第七章

对外投资：估值、投资路径与政策环境

PRIVATE EQUITY FUND

本章导读

估值是私募股权基金对外投资最基础和最重要的投资步骤。本章第一节介绍常用估值方法及其在应用中的局限性，并结合私募股权基金投资标的的行业属性和特点介绍部分新型估值方法。估值是私募股权基金与目标企业博弈的核心，特别是对于初创企业高新技术企业而言，由于传统估值方法的局限性，如何客观准确地反映企业发展的阶段性特征、增长潜力和资产结构一直是让企业和投资者头疼的问题。在介绍传统估值方法的基础上，我们也介绍了估值方法的最新发展，以及应对估值不确定性的一些实践做法。但即便如此，仍然有很多问题值得关注和探讨。一是以期权估值法为代表的新的估值方法虽然提供了有别于传统方法的评价指标体系和测算思路，但还不成熟，实践中的应用并不普遍。期权估值方法关注到了企业成长潜力、企业家团队、知识产权等在企业估值中的价值，但这些因素如何量化、在估值指标体系中的权重等问题仍然需要随着应用和实践积累逐步完善。就知识产权而言，随着知识产权保护力度不断加大、技术交易市场不断发展，其重要性愈益提高，评估方式更加科学，但如何解决技术秘密、商业秘密等非专利化技术的保护、评估和流通问题仍然面临巨大挑战。二是阶段性投资策略在一定程度上能够缓和估值不确定性带来的投资风险，但在具体投资活动中的适用同样面临障碍和不确定性。主要原因在于目标企业往往对企业未来的估值提升充满信心，希望以更少的股权稀释获取更多的融资，而不是以当前的估值水平锁定未来的投资。此外，私募股权基金之间的竞争，以及目标企业多元化融资或建立不同合作伙伴关系的考虑也限制了阶段性投资策略的使用。三是估值调整等技术性手段虽然被广泛采用，但实践效果并不理想。有关估值调整的约定虽然在投资前作出，但是否能够得到履行面临很大的不确定性，比如经济和行业发展周期变化对企业经营的影响，企业经营者的履约意愿和支付能力，法律政策变化对有关协议条款及其适用带来的不确定性等。

本章第二、第三和第四节介绍私募股权基金在公开资本市场上的各类投资行为。新三板公司股权投资、PRE-IPO 项目股权投资、上市公司定向增发等是近来私募股权基金介入较多的投资领域。本章重点介绍这几类投资的法律政策环境和重点控制环节，包括投资主体、投资形式、法律文件、投资时限等。从规范意义上讲，这几种投资均不同程度涉及公开市场操作，其面对的法律审查和政策标准，尤其是在信息公开和信息披露方面的责任远比非公开市场要严格。由于关乎公众利益和市场秩序，可以预期，针对此类投资的规范性要求会更加严格。从投资效果看，基于公开市场的信息可获得性、市场流动性、估值的相对确定性等因素，上述投资能够有效降低风险。但与此同时，投资人在公开市场上的议价能力、投资回报等也随之降低。从投资策略的角度看，我们并不主张私募股权机构过多的涉足此类公开市场的业务操作。一方面，正如我们多次强调的，私募股权基金的真正价值在于通过自身的投资能力发现价值、创造价值，在帮助企业成长的同时获得投资回报。过多的投资于相对成熟的上市或准上市企业并不符合其作为价值投资者的定位；另一方面，实践表明，将投资集中于公开市场的策略并非提高基金运营效果的捷径。主要表现在随着监管政策和规范要求趋严，上市或定增项目能否通过审核面临的不确定性在增加；相对于非公开市场，由于估值调整、结构化安排等工具被严格限制，投资者面对市场价格波动、政策调整等变化能够采用的风险管理方法非常有限。

第一节 ┃ 选择恰当的估值方法

一、常用估值方法

估值是投资业务最重要的环节之一，也是投资协议的重要内容。科勒（Tim Koller）等人将企业估值方法分为四大类：折现现金流法、相对估值法、资产评估法和期权估值法。①

折现现金流法（DCF）主要包括股权自由现金流贴现法（FCFE）、公司自由现金流贴现法（FCFF）等。相对估值法主要包括市盈率法（P/E）、市净率法（P/B）、市销率法（P/S）、企业价值倍数法（EV/EBITDA）等。资产评估法仅从会计角度评估资产的账面价值，难以反映企业的盈利能力，在风险投资估值中应用范围不广。期权定价法是理论上最为严密的方法，但该方法需要的各种参数极难准确获取和估算，由于该方法过于复杂，即使在西方发达国家实践中也较少应用。

实践中，私募股权投资行业常用的估值方法主要是相对估值法和折现现金流法（DCF）。

1. 市盈率法（P/E）

市盈率的计算公式为：市盈率 = 每股市价 / 每股收益 = 市价 / 净利润。市盈率在经济学上的意义为购买公司一元税后利润所支付的价格。市盈率法的有效性取决于对公司未来每股收益的正确预期和选择合理的市盈率倍数。另外，如果企业处于亏损状态，或是一家刚开办的企业缺乏前期的盈利数据，市盈率法将无法适用。

市盈率法进行企业价值估计一般是在同其他企业进行对比的情况下采用，通常是选择一家上市公司，该上市公司应该与之业务类似，然后再根据

---

① 科勒、戈德哈特、威赛尔斯：《价值评估：公司价值的衡量与管理（第三版）》，郝绍伦、谢关平译，电子工业出版社 2002 年版，第 82 页。

公司所在行业的平均市盈率预测企业价值。公式表示为：目标企业估值 = 可比企业的平均市盈率 x 目标企业的净利润

2. 市净率法（P/B）

市净率的计算公式为：市净率 = 每股市价 / 每股净资产 = 市价 / 账面价值。净资产为公司资本金、资本公积金、资本公益金、法定公积金、任意公积金、未分配盈余等项目的合计，代表全体股东共同享有的权益，称为股票净值。净资产受公司经营状况影响，经营业绩越好，资产增值越快，股票净值就越高，股东所拥有的权益也越多。

P/B 尤其适用于公司股本的市场价值完全取决于有形账面价值的行业，如银行、房地产公司等，对于没有明显固定成本的服务性公司，其账面价值意义不大。市净率法的估算优势在于不需要考虑企业的资产收益状况，对亏损企业和利润比较低的企业也同样适用，缺点是各个企业的会计政策并不相同，账面的价值计算方法不一样，缺乏相应的可比性，而且财务报表中的净值是一种历史成本，与企业未来的盈利能力之间并没有密切的关系，而与企业盈利能力至关重要的人力资源、管理水平、商誉等因素却又在市净率中无法体现。

市净率法与市盈率法有一定的相似性，也需要一个类似的比较对象，然后根据可比企业的市净率水平来估计企业的价值。

3. 市销率法（P/S）

市销率的计算公式为：市销率 = 每股市价 / 每股销售额 = 总市值 / 主营业务收入。市销率法意味着企业价值与主营业务收入或市场占有规模挂钩。在某种意义上，主营业务收入对于公司未来发展评价起着决定性的作用，市销率有助于考察公司收益基础的稳定性和可靠性，有效把握其收益的质量水平。一般的，市销率越低，则意味着公司当前的投资价值越大。

4. EV/EBITDA 法

EV/EBITDA 又称企业价值倍数，这种估值法类似于 P/E 估值法，但剔除了财务杠杆、折旧、长期投资水平等非营运因素的影响，更为清晰地展现了企业真正的运营绩效，而且，由于排除了不同行业和不同企业之间的资本

结构、税收政策的影响，因而理论上比 P/E 法更具有通用性，是一种被西方广泛使用的公司估值方法。其中，企业价值（EV）的计算公式为：企业价值 = 公司市值 + 净负债 = 公司市值 +（总负债 - 总现金）。扣除利息、税款、折旧及摊销前的收益（EBITDA）的计算公式为：EBITDA= 净利润 + 所得税 + 利息 + 折旧 + 摊销 =EBIT+ 折旧费用 + 摊销。

从指标的计算上来看，EV/EBITDA 倍数法使用企业价值（EV），即投入企业的所有资本的市场价值代替 P/E 中的股价，使用息税折旧前盈利（EBITDA）代替 P/E 中的每股净利润。相对于 PE 是股票市值和预测净利润的比值，EV/EBITDA 则反映了投资资本的市场价值和未来一年企业收益间的比例关系。EV/EBITDA 倍数相对于行业平均水平或历史水平较高则通常表明高估，较低则表明低估，不同的行业或股票板块有着不同的估值（倍数）水平。

在具体运用中，EV/EBITDA 倍数法和 PE 法的使用前提一样，都要求企业预测的未来收益水平必须能够体现企业未来的收益流量和风险状况的主要特征。这体现于可比公司选择的各项假设和具体要求上，缺失了这些前提，该方法同样也就失去了合理估值的功能。[①]

5. 折现现金流法（DCF）

折现现金流法也称现金流量贴现法，该方法的基本原理是企业价值等于其未来特定时间内所有预期收益贴现到当前的现值总和。折现现金流法是以企业的盈利能力为基础进行估值的，是目前应用最广泛、理论最成熟的估值方法，目前国内私募股权投资机构多采用该方法对企业估值。

该方法对企业进行价值评估的一般步骤是：（1）基于企业历史的财务数据和经营绩效对现金流量进行计算和分析；（2）以企业历史现金流量为基础，结合企业内外部特征对未来现金流量做出合理预测；（3）估算与现金流量对应的折现率；（4）计算现金流量现值；（5）估计购买成本；（6）进行贴现现金

① 佚名：《EV/EBITDA 倍数估值法》，http://blog.sina.com.cn/s/blog_552e008101000aii.html，访问日期：2017 年 6 月 19 日。

流量估值的敏感性分析；(7) 确认企业价值。[①]

根据选择现金流量的区别，具体可以将该方法分为股权自由现金流贴现法（FCFE)、公司自由现金流贴现法（FCFF）等多种贴现模型。

折现现金流法注重现金流的现值，现金流量一般不易操纵，客观性强，能够客观反映企业的经营情况。同时现金流量贴现法符合对资产的定义，企业的价值应当是所有资产带来的经济利益流入，即预期现金流量的现值。但该方法作为一种面向未来的动态的估价方法，涉及很多不确定的因素，如未来现金流量、企业终值及贴现率、预测期等。这些变量选择需要进行主观判断，所以保持客观公正及准确无误比较困难。[②]

二、实践中的突出问题

企业价值判断对于投资者而言是一件困难而又无法回避的工作，尽管理论上有很多估值方法，但每种估值方法都有其严苛的适用条件和固有缺陷，不同的估值模型，不同的参数选择，其结果可能迥然不同。而选择哪种方法，理由是什么，对于经验丰富的投资人来说也不是一件容易讲清楚的事。实践中，存在以下突出问题：

1. 投资人与目标企业关于估值方法的博弈

投资人倾向于以较低的价格投资目标企业，目标企业控制人倾向于以较高的价格出售其股权，企业估值（价格）需要经过反复博弈方能最终形成。也就是说，估值是谈出来的，不是算出来的，或者说不是简单的依据某种估值方法就能确定的。

在此过程中，从基础的财务数据，到企业未来成长的业绩预期，都可能是双方争论的焦点，相应的，估值方法的选择，尤其是估值参数的选择都会受到双方观点的影响。创业者对于辛辛苦苦开辟的事业总是自视甚高、过于乐观，在谈判中往往不考虑实际经营状况而狮子大开口，投资人则由于信息

① 张翀：《企业估值的困惑与求索》，载《财会学习》2014 年第 9 期。

② 田增润：《企业估值方法比较分析》，载《中国外资》2013 年 8 月下，总第 295 期。

不对称原因，必须审慎考虑，因而可能会在估值模型及相关参数的选择上偏于保守，双方的预期往往存在较大差异。

面对预期差异，投资人有两种选择，妥协或者离场。如果投资人坚持己见，谈判可能失败，投资人只能离场，也许意味着错失了一个好项目。如果投资人单方妥协，则目标企业的估值将高于投资人审慎评估所得结果，预期收益难免降低，投资风险加大。如果投资人与目标企业控制人互有妥协，尽管有所补偿，投资人仍难完全按照自身的意愿确定估值，估值偏高也就在所难免。总之，理论上的估值方法所得到的结论与投资人实际投资所确定的估值仍然有相当的距离，弥合这段距离大概更需要的是谈判的艺术了。

2. 传统估值方法与高新技术企业特征存在的冲突

传统估值方法中的 DCF 法要求企业要有稳定的股利或稳定的现金流，否则，估值就会出现较大偏离；相对估值法要求必须能在市场上找到可比企业，否则，将失去应用基础。而高新技术企业具有高风险高收益的特征，尤其是处于初创期的创新型企业，其企业淘汰率远高于传统行业，其收益也非常不稳定，不符合传统估值方法的应用前提。若直接以传统估值方法评估，将无法反映企业的真实价值。[①]

另外，在高科技企业，无形资产和不间断的创新活动在企业的盈利活动中起着更为重要的作用，无形资产是高科技企业的主要资产形态之一，其重要性超越了货币资本和实物资产。有些高科技企业只拥有少量的有形资产，其核心竞争力主要体现在包括商业秘密在内的知识产权，如何恰当评估企业所持知识产权的价值在理论上尚未解决，实践中更加缺乏公认的合理做法。因此，高新技术企业的价值评估对于传统评估方法而言是一个难以圆满完成的任务。

3. “国控基金”[②] 的特殊性

对于被认定为国有及国有控股企业、国有实际控制企业的私募股权基

---

① 孙志超：《境外私募股权基金操作理论与应用研究》，中国政法大学出版社 2015 年版，第 142 页。

② 本书所指“国控基金”是指：被认定为国有及国有控股企业、国有实际控制企业的有限合伙制私募基金。国控基金的有关分析详见本书第三章第三节。

金，其对外投资尚需要遵守有关国资监管的规定，这些规定在某些情况下可能对基金管理人判断企业价值形成一定约束。

2005 年施行的《企业国有资产评估管理暂行办法》明确了国有企业必须进行资产评估的资产交易行为，其中“以非货币资产对外投资”、“收购非国有单位的资产”都属于应当评估备案的范围，但以货币形式对外投资是否必须评估，并未明确。实践中，国有资产监督部门一般要求国有企业对其对外投资行为及其评估报告进行报备，国有企业从防止国有资产流失的角度考虑，一般也都对其对外投资行为进行资产评估，而不论是以非货币形式还是以货币形式。

若私募股权基金属于“国控基金”，必须遵守企业国有资产评估及交易的管理规定。这就意味着，一方面，基金管理人自行估值尚且不够，还必须委托资产评估机构进行评估，因为按照《企业国有资产评估管理暂行办法》第六条的规定，资产评估应当委托具有相应资质的资产评估机构进行。这无疑会增加基金的经营成本，而且资产评估机构的评估方法及结果也可能与基金管理人自行评估的结果有较大出入，需要进一步协调。另一方面，在今后基金退出所投资企业时，也必须按照资产评估结果开展交易，不得擅自调整价格，因为《企业国有产权转让管理暂行办法》规定，“在清产核资和审计的基础上，转让方应当委托具有相关资质的资产评估机构依照国家有关规定进行资产评估。评估报告经核准或者备案后，作为确定企业国有产权转让价格的参考依据。在产权交易过程中，当交易价格低于评估结果的 90% 时，应当暂停交易，在获得相关产权转让批准机构同意后方可继续进行。”这在很大程度上限制了“国控基金”的经营策略和定价能力，“国控基金”如果严格遵守有关规定，可能对其经营构成较大影响。

三、应对估值的不确定性

1. 估值方法的新发展

国外对风险投资项目价值评估的研究表明，企业家素质、管理能力、产品、技术、市场等因素构成了投资评价标准的重要组成部分，仅仅依靠财务数据分析所得到的结论并不可靠。国内外业务实践中，对于高新技术企业，尤其是初创期企业，“投资就是投人”的理念颇有市场，对企业家及其管理团队的主观判断成为主要的估值方法。例如美国人博克斯创立的对初创企业估值的博克斯法，该方法把初创企业所做出一些成果用金额度量，但重心放在管理团队上，其典型做法是对所投企业根据下面的公式估值：一个好的创意值 100 万；一个好的盈利模式值 100 万；一个好的管理团队值 200 万；一个优秀的董事会值 100 万；巨大的产品前景值 100 万，各项价值加总即得企业的最终估值。①

期权估值法也是近年来随着高新技术企业的发展而受到投资人重视的估值方法。该方法利用期权定价模型对具有期权特征的资产进行价值评估。期权估值法中包含了现金流量法忽略的企业的灵活性和战略性，在目前充满变动和不确定性的经济环境中，期权估值法为投资人提供了一条新的思路。一般来说，期权估值法适合对以下几种类型公司进行估值：陷入困境、财务状况恶化的公司；拥有大量自然资源的公司；无形资产（如专利产品）占公司价值很大比例的公司；新经济公司等。尤其在高新技术企业估值方面，期权估值法显示出独树一帜的作用。高新技术企业的特点是投入高、风险高、收益高，且初创期往往拥有负的利润和负的现金流量，找到合适的可比公司也十分困难，因此难以使用现金流量贴现法或者相对评估法等进行估值，但可以使用期权估值法对其估值。在期权定价模型中，最著名的模型是布莱克-斯科尔斯创立的 B-S 定价模型（Black Scholes Option Pricing Model）。不过期权定价模型在理论上仍存在较大争议，计算过程较为复杂，参数确定比较困难，还有待于进一步的研究和实践。②

2. 阶段性投资策略

所谓分阶段投资（Stage Financing），是指私募股权基金不是一次性投入到目标企业中，而是根据项目进展的实际情况分多次投入。分阶段投入的好

① 张翀：《企业估值的困惑与求索》，载《财会学习》2014 年第 9 期。

② 姚颖：《私募股权投资中的企业估值方法研究》，南京大学 2013 年硕士学位论文。

处是，如果下一阶段企业经营不符合预期，则基金有权拒绝投入，这样在一定程度上降低了基金估值风险。在英美国家，分阶段投资策略经常与期权定价法结合应用。

事实上，分阶段投资不仅可以显著减小估值误差带来的风险，也有助于防范因目标企业经营的不确定性或控制人的道德风险所带来的风险。另外，通过分阶段投资，基金管理团队可以不断获得目标企业的内部最新信息，有利于其重新评估目标企业的经营状况和发展前景。

3. 估值调整机制

估值调整（Valuation Ajustment Mechanism）是私募基金在对目标企业投资时与其控制人就企业估值情况所做的调整约定。估值调整是投资人控制估值偏差并保护自身利益的工具。目前我国境内的基金普遍采取估值调整机制，是几乎每一宗投资交易所必不可少的技术环节。投资人之所以要求进行估值调整，既是为了防范目标企业提供错误数据导致其估值错误风险，也是为了防范因为信息不对称而导致的目标企业控制人的道德风险，同时还可以起到规避企业经营不确定性风险的作用，因此，估值调整机制的设定是投资人在投前阶段的一项重要工作。

估值调整可分为单向的估值调整和双向的估值调整。单向的估值调整一般约定当目标企业不能实现预测的利润时，控制人或主要股东必须将一定数量的股权无偿或以某一特定价格转让给投资人，或者补偿一定价款，从而使得投资人对目标企业的估值得以修正，并进而确保自身利益不受估值偏差所造成的损害。双向的估值调整则是在单向估值调整基础上增加一款约定，在目标企业达到某一设定的利润目标时，投资人必须将一定数量的股权无偿或以某一特定价格转让给控制人或主要股东，或者对其进行一定的货币补偿，作为对控制人或主要股东的奖励。有关估值调整机制的详细论述可参见本书专题篇之专题三有关内容。

第二节 | 新三板公司股权投资的关键控制环节

投资新三板公司的途径，以投资时点为标准，可以分为两种：一是在目标公司尚未挂牌时，通过股权转让或增资的方式成为目标公司股东；二是在目标公司已经挂牌后，通过协议转让、做市转让或竞价交易的方式受让挂牌公司的股权，或者参与挂牌公司定向发行获得股东资格，也可以通过要约收购的方式全面或部分收购挂牌公司的股份。

一、挂牌前投资

1. 限售期

2013 年 12 月修订的《全国中小企业股份转让系统业务规则（试行)》规定，“挂牌公司控股股东及实际控制人在挂牌前直接或间接持有的股票分三批解除转让限制，每批解除转让限制的数量均为其挂牌前所持股票的三分之一，解除转让限制的时间分别为挂牌之日、挂牌期满一年和两年。挂牌前十二个月以内控股股东及实际控制人直接或间接持有的股票进行过转让的，该股票的管理按照前款规定执行，主办券商为开展做市业务取得的做市初始库存股票除外”。也即，如果 PE 基金从目标公司的控股股东及（或）实际控制人处受让股票，且该目标公司在股票受让交易后一年内挂牌的，则 PE 基金因受让而得的股票也必须遵守股票转让限制规定，挂牌之日起满两年才能全部解除转让限制，这种情况下，可能影响 PE 基金的退出计划。

2. 股东人数限制

尽管新三板并不禁止股东人数超过 200 人的股份公司在全国股转系统挂牌，但股东人数未超过 200 人的股份公司可以直接向股转公司申请挂牌，而人数超过 200 人的则需要经证监会核准后才能向股转公司申请挂牌，因此，目标公司在引进投资者时一般会考虑人数限制，尽量避免超过 200 人。另外，根据《非上市公众公司监管指引第 4 号——股东人数超过 200 人的未上市股份有限公司申请行政许可有关问题的审核指引》规定，股份公司股权结构中存在工会代持、职工持股会代持、委托持股或信托持股等股份代持关系，或者存在通过“持股平台”间接持股的安排以致实际股东超过200人的，在申请行政许可时，应当将代持股份还原至实际股东、将间接持股转为直接持股，并依法履行相应的法律程序。但是，以私募股权基金、资产管理计划以及其他金融计划进行持股的，如果该金融计划是依据相关法律法规设立并规范运作，且已经接受证券监督管理机构监管的，可不进行股份还原或转为直接持股。

二、挂牌后投资

1. 员工持股平台问题

根据《非上市公众公司监督管理办法》相关规定，为保障股权清晰、防范融资风险，单纯以认购股份为目的而设立的公司法人、合伙企业等持股平台，不具有实际经营业务的，不符合投资者适当性管理要求，不得参与挂牌公司的股份发行。挂牌公司设立的员工持股计划，认购私募股权基金、资产管理计划等接受证监会监管的金融产品，已经完成核准、备案程序并充分披露信息的，可以参与挂牌公司定向发行。[①]

2. 合格投资者问题

PE基金必须具备一定条件才有资格投资于新三板挂牌公司，根据2013年2月发布的《全国中小企业股份转让系统投资者适当性管理细则（试行）》规定，机构投资者必须具备的条件是：（一）法人机构，其注册资本500万元人民币以上；或者（二）合伙企业，其实缴出资总额500万元人民币以上。

3. 锁定期

《非上市公众公司收购管理办法》规定，收购人成为挂牌公司第一大股东或者实际控制人的，收购人持有的挂牌公司股份，在收购完成后12个月内不得转让。但是，收购人在挂牌公司中拥有权益的股份在同一实际控制人控制的不同主体之间进行转让不受前述12个月的限制。

---

① 参见《非上市公众公司监管问答——定向发行（二）》。

4. 私募投资基金登记备案

2015 年 3 月 20 日，股转公司发布了《关于加强参与全国股转系统业务的私募投资基金备案管理的监管问答函》，在企业申请挂牌、挂牌公司发行融资、重大资产重组等环节，对中介机构核查私募投资基金登记备案情况提出了相关要求。为提高审查效率，为（拟）挂牌公司提供挂牌、融资和重组便利，私募投资基金管理人自身参与前述环节业务的，其完成登记不作为相关环节审查的前置条件；已完成登记的私募投资基金管理人管理的私募投资基金参与前述业务的，其完成备案不作为相关环节审查的前置条件。上述私募投资基金管理人及私募投资基金在审查期间未完成登记和备案的，私募投资基金管理人需出具完成登记或备案的承诺函，并明确具体（拟）登记或备案申请的日期。[①]

5. 定向增发

作为新三板公司股票融资的主要方式，修订后的《非上市公众公司监督管理办法》关于新三板的定向发行（定增）有很多制度方面的创新。首先，公司在册股东参与定向发行的认购时，不占用 35 名认购投资者数量的名额，相当于扩大了认购对象的数量；其次，将董事、监事、高级管理人员、核心员工单独列示为一类特定对象，意在鼓励挂牌公司的董、监、高级核心人员持股，将董、监、高级核心人员的利益和股东利益绑定，有利于降低道德风险；再次，将核心员工纳入定向增资的人员范围，明确了核心员工的认定方法，使得原本可能不符合投资者适当性管理规定的核心员工也有了渠道和方法成为公司的股东，且增资价格协商确定，有利于企业灵活进行股权激励，形成完善的公司治理机制和稳定的核心业务团队。另外，对于向特定对象发行股票后股东累计不超过 200 人的，进行定向发行无须报证监会审核；投资者可以与企业协商谈判确定发行价格；定向发行新增的股份不设立锁定期。正是因为这些特点，新三板定增融资比较频繁，逐渐成为 PE 基金的一条重

---

① 参见《全国中小企业股份转让系统机构业务问答（二）——关于私募投资基金登记备案有关问题的解答》。

要退出路径。

三、对赌条款问题

1. 监管层对对赌条款的态度

根据《挂牌公司股票发行常见问题解答（三）——募集资金管理、认购协议中特殊条款、特殊类型挂牌公司融资》的规定，挂牌公司股票发行认购协议中不得存在以下情形：

（1）挂牌公司作为特殊条款的义务承担主体。

（2）限制挂牌公司未来股票发行融资的价格。

（3）强制要求挂牌公司进行权益分派，或不能进行权益分派。

（4）挂牌公司未来再融资时，如果新投资方与挂牌公司约定了优于本次发行的条款，则相关条款自动适用于本次发行认购方。

（5）发行认购方有权不经挂牌公司内部决策程序直接向挂牌公司派驻董事或者派驻的董事对挂牌公司经营决策享有一票否决权。

（6）不符合相关法律法规规定的优先清算权条款。

（7）其他损害挂牌公司或者挂牌公司股东合法权益的特殊条款。

根据上述规定，挂牌公司应当在股票发行情况报告书中完整披露认购协议中的特殊条款；挂牌公司的主办券商和律师应当分别在“主办券商关于股票发行合法合规性意见”、“股票发行法律意见书”中就特殊条款的合法合规性发表明确意见。

2. 对赌条款的处理原则和方式

根据相关案例的实践操作，上述规定也同样适用于新三板挂牌时特殊条款的处理。特殊条款的主要处理原则包括：

一是清理涉及以拟挂牌公司作为义务承担主体的特殊条款，仅保留股东之间的特殊条款，保证拟挂牌公司及公众投资方的利益不受影响；

二是确保特殊条款不存在《挂牌公司股票发行常见问题解答（三）——募集资金管理、认购协议中特殊条款、特殊类型挂牌公司融资》中对于特殊条款的禁止情形；

三是如果特殊条款中涉及对赌事项，则要注意对赌事项的履行不应对拟挂牌公司的资金使用、控制权及股权结构、公司治理、未来的持续经营及其他权益产生不利影响。首先应避免使用拟挂牌公司资金对投资方进行补偿；其次为维持拟挂牌公司控制权的稳定应避免使用拟挂牌公司股权进行补偿；最后为确保拟挂牌公司经营管理上的可持续性应保证拟挂牌公司管理层的稳定。

从按照上述原则，挂牌公司与投资方不应签署对赌条款，对已经签署的条款，应当按照如下方式处理：[①]

（1）一票否决权条款。投资人的一票否决权有违《公司法》的同股同权原则，会对其他股东的表决权构成侵害，对该条款应当予以清理。

（2）反稀释（反摊薄）条款。应当仅限于公司控股股东或实际控制人与投资方之间的双方协议，不能触及公司其他股东（尤其是挂牌后的新增投资方），即任何未认可该条款义务的股东，都不应对投资方承担此义务。从新三板挂牌角度，应当对此进行充分的信息披露；并要关注如果涉及股份补偿的情形，应不能影响到公司控制权的改变。

（3）优先认购权条款。对于控股股东、实际控制人如果接受投资方的优先认购义务，则仅限于双方之间的协议约定，不得优先于公司其他股东（尤其是挂牌后的新增其他投资方）；并且需在新三板申报材料中加以披露。同时还需要注意的是，投资方相对于控股股东的优先认购权，应限定在不影响公司股权结构发生重大变化的前提下，尤其是不得直接影响控制权，否则也会对公司挂牌上市构成障碍。

（4）优先分红权条款。如果公司控股股东或实际控制人接受该义务，则仅限于双方约定，投资方不得超越其他股东享有特权，且在新三板申报材料中需要进行披露。

（5）优先清算权条款。对于剩余财产的分配，投资方享有的优先于其他股东进行分配的权利。优先权仅限于投资方和控股股东或实际控制人之间双

---

① 参见国枫律师事务所：《对赌及特权条款对公司新三板挂牌的影响及处理》，http://mt.sohu.com/20160808/n463090302.shtml，访问日期：2017年4月3日。

方约定，如超出此范畴，涉及其他股东的义务即为无效，且在新三板申报材料中应予以披露。

（6）领售权条款。由于可能触发公司的整体出售及公司控制权的变化，涉及对公司其他股东权利和义务的安排，且超越了公司股东大会的正常表决机制，因此从新三板申报的角度，会对公司持续经营能力、规范治理结构实际构成影响，应当予以提前清理。

第三节 | PRE-IPO 项目股权投资需要关注的重点事项

一、非企业法人股东及其穿透核查

1. 有限合伙

按照保代培训的观点，[①] 合伙企业作为发行人股东，算作 1 人，但明显为了规避“200 人”要求的，应当穿透计算股东人数。是否认定为“规避”，则根据合伙企业法、合伙协议以及合伙企业运作实质进行判断。

按照目前的监管政策，合伙企业实际控制人推定为全体普通合伙人，但合伙协议另有约定的除外。

合伙企业的信息披露，比照有关法人股东的要求进行披露处理，根据合伙人的身份（发起人或非发起人）和持股比例高低（控股股东或实际控制人、5% 以上的股东或发起人、持股比例很小的股东）来决定信息披露的详略。监管层对 IPO 涉及 PE 机构的核查及披露要求追溯至终极出资自然人，还圈定了“国家公职人员、公职人员亲属、银行从业人员亲属、中介人员亲属”这四类人员为重点关注对象。PE 基金应进行充分的信息披露，包括 PE 基金的基本情况、财务状况、投资项目列表、作为合伙人的法人、自然人的背景简历、财务状况等。

合伙企业的真实性、合法性，是否存在代持关系，合伙人之间有无纠纷、诉讼以及突击入股的相关情况也是监管机构的核查重点。

从总体上看，监管层对 PE 基金参与拟上市项目采取的是“相对宽松、定向紧缩”的监管政策。所谓“相对宽松”，是指证监会对 PE 行业奉行自我管理为主、行业管理为辅、行政管理次之的监管原则；所谓“定向紧缩”，是

① 参见张兰田：《企业上市审核标准实证解析》，北京大学出版社 2013 年版，第 77 页。佚名：《关于合伙企业作为股东问题总结》，http://blog.sina.com.cn/s/blog_624661f40100uz8a.html，访问日期：2017 年 4 月 15 日。

指证监会对部分涉及PE机构的监管环节予以特别关注，严防PE腐败。核查的重点问题是其与发行人及其他股东、中介有无关联关系、有无特殊协议及安排、是否存在利用有限合伙规避200人问题、是否具备投资发行人的资格、注册资本或实际缴付出资额是否远高于投资于发行人的资金额、认购发行人增资是否仅为其投资项目之一等①。

2. 契约型私募基金、资产管理计划和信托计划

这三类非法人主体投资上市公司或拟上市公司，在2017年前普遍被认为不符合上市监管的审核要求，需要在申请上市之前通过实际控制人或控股股东回购、向其他投资机构进行转让等方式将三类股东清除。私募股权基金虽不属于三类股东，但实务中，三类股东作为LP投资于私募股权基金的不在少数，鉴于在IPO时必须穿透披露，因而，三类股东的问题对于私募股权基金投资于PRE-IPO公司也是需要重点关注的问题。

在新三板挂牌企业这两年纷纷提请IPO之前，三类股东问题并不尖锐，契约型私募基金和资管计划作为IPO公司股东的情况比较少见，而信托计划按照《信托公司私人股权投资信托业务操作指引》虽可以投资于非上市公司股权，但证监会对信托计划参与IPO的态度是一律清退不予放行。但随着新三板企业转板的兴起，三类股东的问题凸显出来。因为股转系统明确允许契约型私募基金、资管计划和信托计划投资于拟挂牌新三板的企业并参与新三板挂牌企业股票的公开转让，② 大量新三板企业的股东中都存在

① 张兰田:《企业上市审核标准实证解析》，北京大学出版社2013年版，第80页。

② 《全国中小企业股份转让系统投资者适当性管理细则（试行）》第四条规定，“集合信托计划、证券投资基金、银行理财产品、证券公司资产管理计划，以及由金融机构或者相关监管部门认可的其他机构管理的金融产品或资产，可以申请参与挂牌公司股票公开转让”。《机构业务问答（一）——关于资产管理计划、契约型私募基金投资拟挂牌公司股权有关问题》申明“依法设立、规范运作、且已经在中国基金业协会登记备案并接受证券监督管理机构监管的基金子公司资产管理计划、证券公司资产管理计划、契约型私募基金，其所投资的拟挂牌公司股权在挂牌审查时可不进行股份还原，但须做好相关信息披露工作”。

这三类投资主体，一旦启动 IPO，必然涉及三类股东是否被证监会认可放行的问题。

一般认为，证监会之所以严控三类股东，一是因为三类股东作为金融产品可能存在信息披露不真实不完整的情况，也容易滋生违反证券法规的不法行为，难以满足拟上市企业股权清晰的要求；二是三类股东可能存续期较短而影响拟上市企业股权的稳定性。

但问题在于，如果新三板挂牌企业因为遵照《全国中小企业股份转让系统投资者适当性管理细则（试行）》的规定吸收三类股东而失去了 IPO 的可能性，那么监管部门建立多层次资本市场的政策连贯性将遭受质疑；而且，也与已经出台的政策[①]精神相左。况且，基金业协会对于契约型基金、资产管理计划之备案内容在不断细化，重大事项变更的备案及时性提高，为证券监管机构及中介机构对契约型基金、资产管理机构之投资人 / 受益人的核查提供了越来越有效的途径。那种一刀切要求拟 IPO 企业清理三类股东的做法显然不应成为监管部门的选项，2017 年年初，海辰药业获得证监会核准首次公开发行股票的批文证明三类股东问题并非是企业 IPO 时一道无法逾越的门槛。

需要特别说明，关于信托计划、契约型基金和资产管理计划等三类股东的穿透核查问题，尽管有个别成功申请过会的案例，但截至 2017 年年初，证监会尚未对此作出明确表态，主要原因在于监管部门对其作为公司股东对上市公司股权结构的清晰度和稳定性的影响一直持谨慎的态度。

关于监管部门对上述三类股东核查的穿透深度，实践中曾出现规避核查

① 《非上市公众公司监管指引第 4 号——股东人数超过 200 人的未上市股份有限公司申请行政许可有关问题的审核指引》规定，以私募股权基金、资产管理计划以及其他金融计划进行持股的，如果该金融计划是依据相关法律法规设立并规范运作，且已经接受证券监督管理机构监管的，可不进行股份还原或转为直接持股。即在证监会进行行政许可审批时，对于金融计划的态度并非一概否定。

的所谓“嵌套有限合伙”模式，即由三类股东作为LP投资于有限合伙，因有限合伙不属于三类股东，故表面上可规避证监会的审查。但这并不符合证监会的核查要求，证监会对IPO企业的信息披露要求终极追溯穿透至自然人和国资委，如果股东以上层级存在三类股东，一样需要披露，一样面临清理问题。当然，穿透披露并不意味着要穿透计算股东人数，如果合伙企业并非故意规避200人公开发行的问题，并依法在基金业协会备案，则股东应当只记作1人。

小贴士　三类股东并未成为海辰药业IPO障碍

2017年年初，海辰药业获得证监会核准首次公开发行股票的批文证明三类股东问题并非是企业IPO时一道无法逾越的门槛。

根据公开披露文件，海辰药业IPO前，其三家机构股东江苏高投创新价值创业投资合伙企业（有限合伙）（简称“江苏高投创新价值”）、江苏高投创新科技创业投资合伙企业（有限合伙）（简称“江苏高投创新科技”）、南京红土创业投资有限公司（简称“南京红土”）持股比例分别为3.25%、3.25%和1.94%。江苏高投创新价值、江苏高投创新科技、南京红土于2012年10月通过增资形式成为海辰药业股东，2013年6月作为发起人设立海辰药业，此后未再发生过权益变动情况。

江苏高投创新科技的主要投资结构如下图所示。江苏高投创新科技是一家于2014年4月在中国证券投资基金业协会备案的私募股权基金，其基金管理人为普通合伙人江苏毅达股权投资基金管理有限公司。江苏高投创新科技作为私募股权基金投资拟上市企业海辰药业，因其股东是四家资产管理计划，海辰药业的IPO广受关注。但本次证监会批准了海辰药业IPO申请，否定了过去业界关于三类股东必须清理的认识。

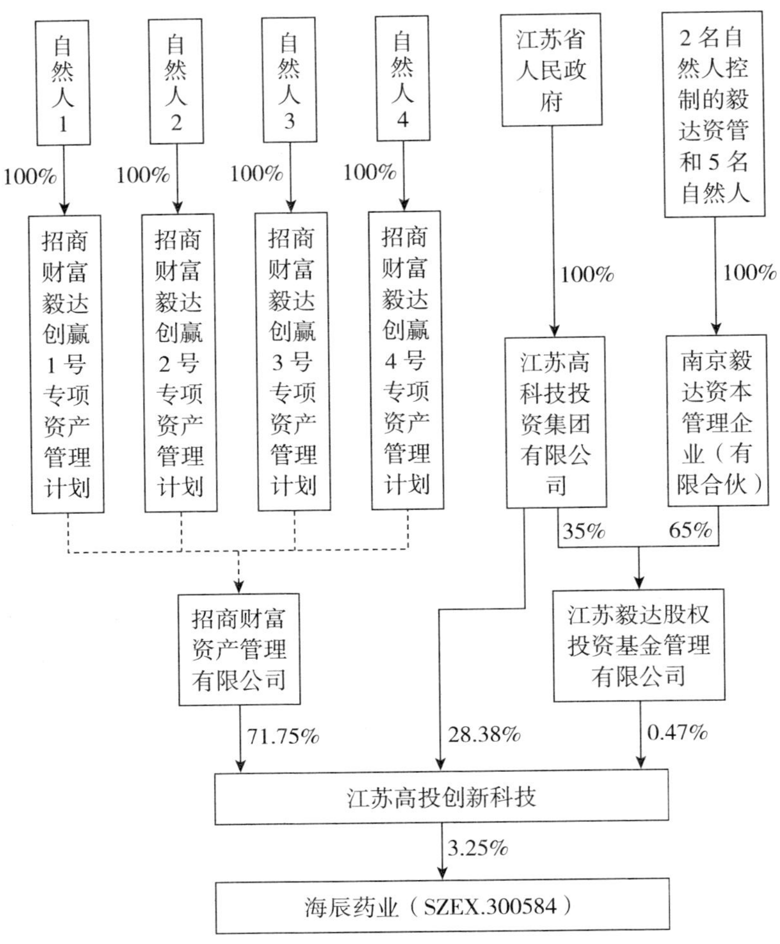

图 7-1　江苏高投创新科技的主要投资结构

二、突击入股

证监会严控 PE 基金在企业上市前突击入股，借助高市盈率发行赚取高收益。按照证监会窗口指导意见，对于申报前一年内新增的股东，要求披露其持股时间、持股数量、价格及定价依据。对于新增的股东是自然人的，需要关注其最近五年的履历；对于新增的股东是法人或其他组织的，需要关注其主要股东和实际控制人。在证监会审核过程中，原则上股权不得发生变动，若期间引入新股东，原则上应撤回申请文件，在办理工商登记和内部决策程序后重新申报。

表 7-1　突击入股的限售锁定期①

适用板块	依据	突击入股行为	锁定期
主板、中小板	窗口指导意见	刊登招股说明书之日前 12 个月内通过增资扩股引入	所持股份自完成增资工商变更登记之日起锁定 36 个月
		刊登招股说明书之日前 12 个月内自控股股东、实际控制人及其关联方受得	所持股份自公司上市之日起锁定 36 个月
		发行人在刊登招股说明书之日前 12 个月内以未分配利润或资本公积转增股本的	转增形成的股份自完成增资工商变更登记之日起锁定 36 个月
		刊登招股说明书之日前 12 个月内自非控股股东、非实际控制人受得	所持股份自公司上市之日起锁定 12 个月
创业板	窗口指导意见	首次公开发行股票申请受理前 6 个月内通过增资扩股引入	所持股份自完成增资工商变更登记之日起锁定 36 个月
		首次公开发行股票申请受理前 6 个月内自控股股东、实际控制人及其关联方受得	所持股份自公司上市之日起锁定 36 个月
		首次公开发行股票申请受理前 6 个月内以未分配利润或资本公积转增股本的	转增形成的股份自完成增资工商变更登记之日起锁定 36 个月
		首次公开发行股票申请受理前 6 个月内自非控股股东、非实际控制人受得	所持股份自公司上市之日起锁定 12 个月

① 参见沈一吟:《最全归纳 | 股份锁定期规定那么多，一文网罗全市场》，http://mt.sohu.com/business/d20170415/134183008_739521.shtml#SOHUCS，访问日期：2017 年 4 月 16 日。

三、股份减持约束

2017年5月27日，证监会发布《上市公司股东、董监高减持股份的若干规定》（证监会公告［2017］9号，简称《若干规定》，业界称为“减持新规”，以区别于被废止的2016年1月发布的原《上市公司大股东、董监高减持股份的若干规定》），同日，上海、深圳证券交易所也出台了相应实施细则（简称《实施细则》）。

“减持新规”出台的目的是为了进一步防范和堵塞漏洞，避免集中、大幅、无序减持扰乱二级市场秩序、冲击投资者信心。涉及的主体是三类人，第一类是大股东，即上市公司控股股东和持股5%以上的股东；第二类是上市公司董监高；第三类是特定股东，即除大股东以外，减持所持有的公司首次公开发行前股份、上市公司非公开发行股份的股东。私募基金在退出上市公司时，需要减持其所持首发前股份或通过定增获得的非公开发行股份，因而将会属于第三类股东而受到“减持新规”约束。

按照《若干规定》及《实施细则》的规定，特定股东无论是通过集中竞价减持其所持特定股份（即公司首次公开发行前股份和上市公司非公开发行股份），还是通过大宗交易或协议转让方式减持其所持特定股份，都将受到减持数量及减持时间的限制。具体规定是，一、特定股东采取集中竞价交易方式减持的，在任意连续90日内，减持股份的总数不得超过公司股份总数的1%。持有上市公司非公开发行股份的股东，通过集中竞价交易减持该部分股份的，除遵守前款规定外，自股份解除限售之日起12个月内，减持数量不得超过其持有该次非公开发行股份数量的50%；二、特定股东采取大宗交易方式减持的，在任意连续90日内，减持股份的总数不得超过公司股份总数的2%，受让方在受让后6个月内，不得转让所受让的股份；三、特定股东采取协议转让方式减持的，单个受让方的受让比例不得低于公司股份总数的5%，转让价格下限比照大宗交易的规定执行。

“减持新规”的出台，有力地遏制了“过桥减持”等一些恶意规避2016

年发布的减持规则的行为，对于维护稳定的市场秩序，提振市场信心，保护投资者合法权益起到了积极作用，但对于私募基金而言，势必造成其退出时间延长的不利后果，尤其是那些专注于作短线的私募基金，“减持新规”实施后此类基金无利可图，将大幅减少；对于专注于长线投资、价值投资的私募基金，“减持新规”的影响相对有限，但由于私募基金有存续时间约束，合伙人可能需要协商调整基金退出期限。无论如何，一段时间以来的投资PRE-IPO企业热潮将不复存在。

证监会注意到“减持新规”对私募股权基金的影响，其新闻发言人邓舸答记者问时表示，为落实《国务院关于促进创业投资持续健康发展的若干意见》的有关要求，证监会在修改完善减持制度时，对创业投资基金的退出问题作出了专门的制度安排。在下一步工作中，证监会将进一步研究创业投资基金所投资企业上市解禁期与上市前投资期限长短反向挂钩机制，对专注于长期投资和价值投资的创业投资基金在市场化退出方面给予必要的政策支持。

由此可知，证监会对私募股权基金中的创投基金将有政策倾斜，对于非创投基金则没有特别安排。至于新闻发言人提到的“对创业投资基金的退出问题作出了专门的制度安排”，从目前文件看，应当是指2017年6月2日发布的《发行监管问答——关于首发企业中创业投资基金股东的锁定期安排》和《私募基金监管问答——关于首发企业中创业投资基金股东的认定标准》，该两份文件就创投基金可以享受的锁定期政策予以明确，对于没有实际控制人的上市公司，“符合一定条件的创业投资基金股东”无须锁定3年，仅须锁定1年即可转让。具体规定可参见“小贴士”。

小贴士 一、《发行监管问答——关于首发企业中创业投资基金股东的锁定期安排》

1. 首发审核中对发行人控股股东、实际控制人所持股票锁定期的一般性要求有哪些？

答：根据《中华人民共和国公司法》第一百四十一条的规定，发行人首次公开发行股票前已发行的股份，自发行人股票在证券交易所上市之日起一年内不得转让。根据证券交易所《股票上市规则》的有关规定，发行人控股股东和实际控制人所持股份自发行人股票上市之日起 36 个月内不得转让。对于发行人没有或难以认定实际控制人的，为确保发行人股权结构稳定、正常生产经营不因发行人控制权发生变化而受到影响，审核实践中，要求发行人的股东按持股比例从高到低依次承诺其所持股份自上市之日起锁定 36 个月，直至锁定股份的总数不低于发行前股份总数的 51%。

2. 首发审核中落实《国务院关于促进创业投资持续健康发展的若干意见》的具体措施有哪些？

答：为落实《国务院关于促进创业投资持续健康发展的若干意见》精神，支持创业投资持续健康发展，对于创业投资基金作为发行人股东的股份限售期安排，发行审核中按照下列原则和要求进行处理：

1）发行人有实际控制人的，非实际控制人的创业投资基金股东，按照《中华人民共和国公司法》第一百四十一条的有关规定，自发行人股票在证券交易所上市交易之日起一年内不得转让。

2）发行人没有或难以认定实际控制人的，对于非发行人第一大股东但位列合计持股 51% 以上股东范围，并且符合一定条件的创业投资基金股东，按照《中华人民共和国公司法》第一百四十一条的有关规定，自发行人股票在证券交易所上市交易之日起一年内不得转让。

3）上述“符合一定条件的创业投资基金股东”的认定程序，由创业投资基金股东向保荐机构提出书面申请，经保荐机构和发行人律师核查后认为符合相关认定标准的，在收到相关首发项目反馈意见后由保荐机构向证监会发行审核部门提出书面申请，证监会发行审核部门在认定时应当征求证监会相关职能部门的意见。

4）对于存在刻意规避股份限售期要求的，证监会将按照实质重于形式的原则，要求相关股东参照控股股东、实际控制人的限售期进行股份锁定。

二、《私募基金监管问答——关于首发企业中创业投资基金股东的认定标准》（节选）

发行监管问答提到的“符合一定条件的创业投资基金”是指符合下列全部条件的创业投资基金：

1）创业投资基金首次投资该首发企业时，该首发企业成立不满60个月。

2）创业投资基金首次投资该首发企业时，该首发企业同时符合以下条件：经企业所在地县级以上劳动和社会保障部门或社会保险基金管理单位核定，职工人数不超过500人；根据会计师事务所审计的年度合并会计报表，年销售额不超过2亿元、资产总额不超过2亿元。

3）截至首发企业发行申请材料接收日，创业投资基金投资该企业已满36个月。

4）按照《私募投资基金监督管理暂行办法》，已在中国证券投资基金业协会备案为“创业投资基金”。

5）该创业投资基金的基金管理人已在中国证券投资基金业协会登记，规范运作并成为中国证券投资基金业协会会员。

四、公司治理与股东人数限制

1. 公司董事和高管变动

《首次公开发行股票并上市管理办法》第十二条规定，“发行人最近三年内主营业务和董事、高级管理人员没有发生重大变化，实际控制人没有发生变更”；《首次公开发行股票并在创业板上市管理办法》第十四条规定，“发行人最近两年内主营业务和董事、高级管理人员均没有发生重大变化，实际控制人没有发生变更”。该等条款的立法意图主要是防止发行人最近三（两）年内的董事、高管的变化对公司原有的重大决策机制和经营管理产生不利影响，从而对公司经营发展的持续性和稳定性产生负面影响或不确定性因素。

实践中，私募股权基金常常要求派出董事或高管人员参与被投资企业的经营决策，但若被投资企业预备上市，私募股权基金应当避免提出有关要求，以符合前述办法规定的发行条件。

2. 拟上市公司的股东数量问题

《首次公开发行股票并上市管理办法（2015年修正）》第十八条规定，发行人不得存在如下情形，“最近36个月内未经法定机关核准，擅自公开或者变相公开发行过证券；或者有关违法行为虽然发生在36个月前，但目前仍处于持续状态”；《首次公开发行股票并在创业板上市管理办法（2015年修正）》第二十条规定，“发行人及其控股股东、实际控制人最近三年内不存在未经法定机关核准，擅自公开或者变相公开发行证券，或者有关违法行为虽然发生在三年前，但目前仍处于持续状态的情形”。所谓公开发行，按照证券法第十条规定，向特定对象发行证券累计超过二百人的就视为公开发行证券。因此，如果未经证监会核准即发生股东人数超过200人的情形，则对其IPO构成实质性的障碍。

但在实践中，也有一些因为各种合理或合法原因客观上导致公司股东人数超过200人的现象。于此情形，监管部门的态度是既不禁止也不鼓励将股东人数清理缩减至200人以内。如果清理，应当本着自愿、真实、价格合理、程序合法的原则进行，依据是证监会2013年12月发布的《非上市公众公司监管指引第4号——股东人数超过200人的未上市股份有限公司申请行政许可有关问题的审核指引》（简称《4号指引》）。《4号指引》规定，对于股东人数已经超过200人的未上市股份有限公司（简称“200人公司”），符合指引规定的，可申请公开发行并在证券交易所上市，其主要条件包括：（1）公司依法设立且合法存续。公司的设立、增资等行为不违反当时法律明确的禁止性规定，目前处于合法存续状态。城市商业银行、农村商业银行等银行业股份公司应当符合《关于规范金融企业内部职工持股的通知》（财金〔2010〕97号）。200人公司的设立、历次增资依法需要批准的，应当经过有权部门的批准。存在不规范情形的，应当经过规范整改，并经当地省级人民政府确认。公司在股份形成及转让过程中不存在虚假陈述、出资不实、股权管理混乱等情形，不存在重大诉讼、纠纷以及重大风险隐患。(2) 股权清晰。公司的股权清晰，是指股权形成真实、有效，权属清晰及股权结构清晰。具体要求包括：股权权属明确，股东与公司之间、股东之间、股东与第三方之间不存在重大股份权属争议、纠纷或潜在纠纷，股东出资行为真实，不存在重大法律瑕疵，或者相关行为已经得到有效规范，不存在风险隐患。(3) 经营规范。公司持续规范经营，不存在资不抵债或者明显缺乏清偿能力等破产风险的情形。(4) 公司治理与信息披露制度健全。公司按照中国证监会的相关规定，已经建立健全了公司治理机制和履行信息披露义务的各项制度。

进一步的推论是，股东人数超过 200 人的新三板挂牌企业在挂牌后，如通过公开转让导致股东人数超过 200 人的，并不违反相关禁止性规定，可以直接申请 IPO；如通过非公开发行导致股东人数超过 200 人，根据《非上市公众公司监督管理办法》，在进行非公开发行时应先获得证监会核准，其合规性已在非公开发行时经过审核，可以直接申请 IPO[①]。

五、对赌条款的处理

与司法机关根据个案实际情况具体分析判断对赌协议是否有效不同，证监会作为行政部门，其对于对赌协议的态度相当明确，证监会在保荐代表人培训会议上多次强调：对赌协议在上会前必须终止执行。具体而言，上市时间对赌、股权对赌、业绩对赌、董事会一票否决权安排、企业清算优先权等五类 PE 对赌协议属于 IPO 审核禁区。禁止对赌协议的原因，一是对赌不符合国内的公司法等规定，包括优先受偿权和董事会一票否决等内容；二是执行对赌可能造成拟上市企业股权及经营的不稳定，甚至引起纠纷，不符合《首发管理办法》中的相关发行条件。

针对证监会的否定性表态，PE 投资方一般采取两种方式应对，一种是

① 参见上海证券交易所的官方微信公众号“上交所企业上市服务”所载文章：《企业改制上市 30 问》之二十三：新三板挂牌企业 IPO 需要注意什么问题？

在目标企业递交申请上市材料时，终止有关对赌协议（一般约定如果申请被驳回自动恢复），或者在证监会下发反馈意见后，再签订终止协议；另一种则是索性不向证监会披露，据有关报道，隐瞒不报的情况并不鲜见。这种方式存在合规风险，不应提倡。

第四节 ┃ 上市公司定向增发中的穿透核查与保底承诺

定向增发是指上市公司采用非公开发行股票的方式募集资金的行为。股权分置改革后，由于其发行限制少、发行手续简便、发行成本低等优点，定向增发逐步发展成为我国上市公司首选的再融资方式，由上海证券交易所的统计结果来看，无论是实施定向增发公司数量还是增发融资额，都表明定向增发越来越受上市公司的青睐并逐渐成为再融资的主要手段。

一、定向增发的政策演变

1. 主板

2006 年证监会出台《上市公司证券发行管理办法》（证监会令第 30 号，2008 年 10 月修订，简称《管理办法》），首次对上市公司非公开发行股票做出明文规范。《管理办法》规定，上市公司发行对象数量不超过 10 名，发行价格不低于定价基准日前二十个交易日公司股票均价的百分之九十，发行的股份 12 个月内不得转让，控股股东、实际控制人及其控制的企业认购的股份 36 个月内不得转让。

由于前述规定对拟定向增发发行股票的上市公司未做业绩要求，出现了上市公司处于亏损状态也可以定向发行股票的现象。证监会随后于 2007 年发布《上市公司非公开发行股票实施细则》（证监会令第 73 号，2011 年 8 月修订）及《公开发行证券的公司信息披露内容与格式准则第 25 号——上市公司非公开发行股票预案和发行情况报告书》，对主板及中小板上市公司非公开发行股票的具体操作做出详细的规定。

2015 年 10 月底，证监会给出窗口指导意见，对再融资审核政策做出相关调整：第一，长期停牌的（超过 20 个交易日），要求复牌后交易至少 20 个交易日后，再确定非公开基准日和底价，鼓励以发行期首日为定价基准日，这类交易如审核无重大问题，直接上初审会。第二，董事会阶段确定定增投资者的，若投资者涉及资管计划、理财产品等，要求穿透披露至最终出资人，所有出资人合计不能超200人（不适用于员工持股计划参与认购的情形），即不能变为变相公开发行；而且不能有分级（结构化）安排。第三，募集资金规模最好不超过最近一期净资产（不强制要求，但会关注）。募集资金可以补流，但要测算合理性，测算过程可以用过去几年最高的收入增长率。第四，在定增核准后、发行备案前，资管产品或有限合伙企业资金需到位。第五，发行后在锁定期内，委托人或合伙人不得转让其持有的产品份额或退出合伙。第六，发行对象，包括最终持有人，在预案披露后，不得变更。

2016年，A股新股发行约300家，首发募集资金规模为1865.36亿元，平均每家募资约6.22亿元，而上市公司通过定增、配股募集的资金约为2万亿元。即上市公司通过定增等方式再融资的规模大约是IPO募资规模的10倍。面对市场对再融资使用效率及使用率的诟病，2017年年初，证监会针对上市公司再融资在例行新闻发布会上表示，现行再融资制度有必要对实施情况和效果进行评估，予以优化调整，总体考虑是严格再融资审核标准和条件，解决非公开发行与其他融资方式失衡的结构性问题，发展可转债和优先股品种，抑制上市公司过度融资行为[①]。

2017年2月，证监会发布《发行监管回答—关于引导规范上市公司融资行为的监管要求》，并对《上市公司非公开发行股票实施细则》部分条文进行了修订。本次修订取消了将董事会决议公告日、股东大会决议公告日作为上市公司非公开发行股票定价基准日的规定，明确定价基准日只能为本次非公开发行股票发行期的首日，这就意味着三年期定增的赢利空间显著缩小，投资者参与定增的积极性将被抑制，有业内人士甚至认为三年期定增将从此消失。除此之外，本次修订的主要内容还有，拟发行的股份数量不超过本次发行前总股本的20%；本次发行董事会决议日距离前次募集资金到位日不少于18个月；禁止申请再融资企业持有金额较大、期限较长的交易性金融资产和可供出售的金融资产等财务性投资。

① 每日经济新闻:《A股再融资规模超IPO10倍　增发规模逐年递增》，http://finance.chinairn.com/News/2017/01/23/170247285.html，访问日期：2017年4月15日。

2. 创业板

针对创业板上市公司，证监会于2014年发布了《创业板上市公司证券发行管理暂行办法》（2014年证监会100号令，简称《暂行办法》）及《公开发行证券的公司信息披露内容与格式准则第36号——创业板上市公司非公开发行股票预案和发行情况报告书》，对创业板上市公司非公开发行股票的条件及发行对象做出了要求。

创业板定增制度一个突出特点是，对上市公司有盈利要求，需要最近两年必须盈利（但募集的资金用于收购兼并的除外）。但另一方面，《暂行办法》对创业板上市公司定向发行做出了一些更宽松、便捷的再融资规定：一是设置简明统一的发行条件，强化对再融资的约束机制；二是推出“小额快速”定向增发机制，允许“不保荐不承销”，自受理之日起15个工作日内做出核准或者不予核准决定，其中，“小额”是指融资额不超过人民币五千万且不超过最近一年末净资产百分之十的股票；三是上市公司在特定范围可自行销售非公开发行的股票，降低融资成本[①]。

另外，《暂行办法》对创业板定增的锁定期规定比主板及中小板的规定更加灵活，除一年期定增及三年期定增外，还规定“发行价格不低于发行期首日前一个交易日公司股票均价的，本次发行股份自发行结束之日起可上市交易”，即符合要求的前提下将不设锁定期。不过，2017年年初，有新闻报道证监会已经准备收回这一优惠措施，今后创业板有关定增锁定期的规定将与主板相一致[②]。

二、定向增发的穿透核查

2015年10月底证监会窗口指导意见要求，董事会阶段确定定增投资者的（即三年期定增），若投资者涉及资管计划、理财产品等，要求穿透披露

---

① 参见张蕾：《清科观察：〈2017年VC/PE定增投资研究报告〉发布，再融资收紧下定增基金受限》，载于私募通微信公众号。

② 参见东方财富网：《监管层收紧上市公司定增规则　创业板加设锁定期》，http://stock.eastmoney.com/news/1406，20170401725917471.html，访问日期：2017年4月15日。

至最终出资人，所有出资人合计不能超200人（不适用于员工持股计划参与认购的情形），即不能变为变相公开发行；而且不能分级（结构化）安排。

从目前实践看，即便资管计划、私募基金或其他金融计划已在基金业协会登记备案，仍需要穿透披露并合并计算出资人。按照《上市公司证券发行管理办法》、《暂行办法》的规定，主板与中小板上市公司定增对象不超过10名，创业板上市公司定增对象不超过5名。因此，不超过200人不是计算认购对象人数，而在于通过穿透核查确定是否构成公开发行。

关于穿透深度。有学者研究相关案例后认为，穿透披露的深度和穿透计算人数的深度并不完全一致。“就穿透披露而言，趋近于穿透至最顶层的自然人、上市或新三板挂牌股份公司（但实践中也有披露至非上市或新三板挂牌股份公司的情形）、行政机关。若新三板挂牌股份公司涉及资产管理业务，还存在进一步就资金来源进行再次核查披露的案例”。“就穿透计算数量而言，并非完全按照穿透披露的最终主体计算，而是穿透至员工持股计划、股份公司（并不要求上市或新三板挂牌）、自然人、行政机关则不再继续穿透计算。[①]一般认为，穿透核查的主要依据和参考是《公开发行证券的公司信息披露内容与格式准则第1号 -- 招股说明书（2015年修订）》第三十五条的规定，“实际控制人应披露到最终的国有控股主体或自然人为止”。按照这一规定，穿透核查通常要求披露至自然人和国有资产管理机构，或者股份有限公司层面。

三、定向增发中的保底承诺

实践中，面对资本市场价格波动，机构投资者为控制风险，往往要求大股东提供保底承诺，而大股东为实现定向增发，也愿意通过保底的方式消除投资方的疑虑。2010年以来，随着定增市场行情的下滑，越来越多的上市公司大股东与投资者签订了定增保底协议。双方一般约定，如果锁定期解禁后或锁定期解禁后一段时间内，如果股票价格无法达到约定的价格，则由大股

① 《干货 | 资管参与上市公司定增的备案、穿透与产品设计》，http://mt.sohu.com/20160507/n448221872.shtml，访问日期：2017年4月15日。

东补偿差价，差价一般是承诺出售价格与实际出售价格之间的差额。

关于此类保底承诺的效力，理论界和实务界多有讨论。在本书关于私募基金结构化部分的讨论中，我们建议当事人慎重选择使用保底保收益的条款。从司法的角度看，主要原因在于在司法裁判过程中此类条款是否有效，法官的认识不同，其效力和法律后果存在不确定性。

当然，定增中大股东或控股股东的保底承诺与结构化基金中管理人的保底保收益安排也存在明显的不同。比如，前者发生在一次性交易过程，从总体上讲并不影响上市公司的利益，也不必然对公司治理和股票价格波动造成影响；后者在基金存续期间将持续发生影响，在一定程度上影响基金管理人的行为选择，对未参与保底保收益安排的投资人的利益构成影响。有鉴于此，考虑到定增中大股东保底承诺的一次性、封闭性等特点，相较于结构化基金中的类似安排，我们认为其对经济秩序和市场规则的影响要小，司法中可能面对的不确定性也较小。但考虑到上市公司的公众属性，以及更为严密的监管政策环境，当事人应当结合具体交易，重点关注此类安排是否触发上市公司信息披露义务，是否会对上市公司的利益构成潜在影响，是否会对公众股东和公开市场造成影响等，并结合这些因素作出判断和取舍。

小贴士 司法机关确认股东承诺保底收益效力的案例（［2013］沪一中民四（商）终字第574号）①

案情简介

浙江省宁波正业控股集团有限公司（简称宁波正业）与上市公司深圳市拓日新能源科技股份有限公司（简称拓日新能）于2011年2月25日签订非公开发行股票认购协议，约定宁波正业以每股21元的价格认购拓日新能非公开发行的395万股股票，共计8295万元。

同日，宁波正业与拓日新能的两名股东上海嘉悦投资发展有限公司（简

① 中国法律顾问网：《浙江省宁波正业控股集团有限公司与上海嘉悦投资发展有限公司与公司有关的纠纷上诉案》，http://www.guo-jin.com.cn/newsshow.php?djid=492&id=1159&pid=679，访问时间：2017年4月17日。

称上海嘉悦）和陈五奎签订了一份《协议书》，该协议第四条、第五条约定保底收益为认购成本的8%，即宁波正业的净收益（出售全部认购股票的收益减去认购成本）若低于保底收益（认购成本的8%），上海嘉悦需在宁波正业出售股票后三个工作日内以现金方式补足其净收益与保底收益之间的差价，陈五奎对此补足事宜承担连带责任。

该协议第八条还约定除宁波正业自身原因外，其余原因导致本协议无效的，上海嘉悦应赔偿宁波正业损失，宁波正业损失为净收益低于保底收益的差额部分，陈五奎对上海嘉悦的赔偿责任承担连带担保责任。

之后，宁波正业在所持股票解禁后于2012年4月17日将其认购的股票通过大宗市场的方式在二级市场进行出售，成交价格为9.10元/股，扣除交易佣金、印花税等之外，净收入为53825840.25元。按照《协议书》约定，宁波正业此次的净收益为−28966159.75元，保底收益应为6636000元，因此上海嘉悦须于2012年4月21日前支付净收益与保底收益之间的差价35602159.75元，陈五奎对此承担连带清偿责任。

双方就补偿问题未达成一致，故宁波正业诉至法院，要求上海嘉悦补足收益款35602159.72元及相应的违约金，陈五奎承担连带清偿责任。

一审裁判

一审法院认为，本案的主要争议焦点是《协议书》中涉及补偿承诺的效力问题。

根据我国合同法第五十二条第（五）项的规定，违反法律、行政法规的强制性规定的合同无效，最高法院《关于适用合同法若干问题的解释（二）》（以下简称合同法司法解释二）第十四条将强制性规定限缩为效力性强制性规定。

一审法院认为，从该份协议书签订的合同主体来看，原告宁波正业作为拓日新能的股东并非与拓日新能订立保底收益条款，而是与拓日新能的股东订立；从协议内容来看，承担赔偿责任的主体也是拓日新能的股东及实际控制人，而非拓日新能本身。既然赔偿主体是拓日新能的股东即实际控制人，股东即实际控制人作为独立的公司法人及自然人对其自身作出的承诺应当独立承担相应的民事责任。

上述民事主体即使承担相应的民事责任也并不会损害到拓日新能利益或其债权人利益，并不违反法律、行政法规中的效力性强制性规定。故一审法院认为原告与两被告订立的《协议书》体现了各方当事人的真实意思表示，当属有效，对各方当事人均具有合同约束力。判决嘉悦公司、陈五奎支付原告补偿款35602159.75元及相应的违约金。

被告上海嘉悦、陈五奎不服一审判决，以一审同样理由提起上诉。

二审裁判

二审认定事实与一审认定一致。

二审法院认为，《协议书》的立约三方对于原告宁波正业就涉案股票的认购若产生损失时该如何进行补偿的意思表示是明确的。根据已经查明的事实，上海嘉悦和陈五奎作为当时寻求定向增发股票的上市公司拓日新能之股东以及实际控制人，出于自身利益考虑促成上市公司拓日新能完成本次增发事项，上海嘉悦和陈五奎向原告承诺补偿具有一定的合理性。系争协议作为一份合同是独立的，并不依附于原告与拓日新能签订的认购协议，且在法院审理中亦未发现《协议书》相关条款存在无效的情形，故二审法院认同一审法院的认定，认为系争《协议书》中有关上海嘉悦与陈五奎对原告所作之补充损失承诺为有效。

此外，综合系争《协议书》第四条、第五条、第八条的约定，除原告自身原因外，无论协议书是否有效，上海嘉悦与陈五奎均应补足原告净收益和保底收益之间的差价。原告在二级市场抛售拓日新能股票的行为符合一般投资者的理性思维，并未发现其有低价抛售的主观故意和事实行为，故二审法院驳回上诉，维持原判。

8

CHAPTER

第八章

决策机制与分配机制：模式、原则与创新

一、有限合伙制私募股权基金管理架构

1. 合伙人大会

合伙人大会（或称合伙人会议）由GP与LP共同组成，其权责及会议召集程序、表决程序均由合伙协议确定，由于法律对此并无强制性规定，实践中的做法是五花八门，但多仿照公司法有关股东会的议事规则并加以改造，执行事务合伙人负责召集会议，基金的委派代表负责主持会议。

合伙人大会的职权由合伙协议规定。理论上，由于执行事务合伙人是被委托执行合伙事务，凡委托之事项均应由执行事务合伙人行使职权，未委托的，应由合伙人保留并应由合伙人大会决定，即凡是不属于执行事务合伙人的职权都是合伙人大会的决议事项。这就要求合伙协议的起草者必须对基金事务非常了解，将应当由执行事务合伙人处理的事务明确赋权给执行事务合伙人，否则，可能导致基金因合伙人大会不能经常召开而导致工作效率降低。当然，也可以将已经由合伙人大会明确享有的职权以外的其他权利一并打包授权给执行事务合伙人，从而避免执行事务合伙人出现因合伙协议未明确规定而越权代理的情况。

一般而言，合伙人大会的决议事项主要是涉及合伙人资格及合伙企业存废的重大事项，与经营（投资）决策有关的事项不应作为决议事项，否则有限合伙人可能涉嫌干涉合伙企业的正常经营，与合伙企业法规定的有限合伙人不执行合伙事务的原则相悖。但也不是说所有与经营决策有关的事项都不得由合伙人大会决定，比如收益分配方案，虽然在合伙协议中有收益分配规则，但具体到每一期分配时总还是需要制订具体分配方案，这个方案由执行事务合伙人来决定还是由合伙人大会来决定？实践中多数情况下是由执行事务合伙人自行决定并进行分配，并不交由合伙人大会决定，但如果有限合伙人比较强势，并不满足于仅仅通过事后的审计报告来监督合伙事务，可能就会要求由合伙人大会来对具体分配方案作出决定，有限合伙人的此类要求难谓不合法，若规定于合伙协议之合伙人大会职权中亦无不可。

2. 基金管理人及其管理团队

基金管理人是基金事务的重要执行机构，如前所述，基金管理人可以是执行事务合伙人，也可以是受托提供基金管理服务的第三方，根据证券投资基金法规定，基金管理人由依法设立的公司或者合伙企业担任，个人不得担任基金管理人。基金管理人应当根据基金业协会的规定，向基金业协会申请登记，否则不得从事私募基金的募集活动。

基金管理人对于基金的管理活动涵盖基金的募投管退全过程，其工作主要通过管理团队完成，管理团队有所谓关键人士领导工作，关键人士是基金管理人的灵魂，一般也是登记在基金业协会管理系统中的高级管理人员。管理团队能否勤勉尽职，能否为合伙人利益最大化工作是基金治理首要解决的问题，按照 ILPA《私募股权投资原则》，管理人出资是利益绑定的最佳方法，国内业务实践中，为了达成利益一致的目标，除了在收益分配上对管理人有激励外，LP 往往要求基金管理人（执行事务合伙人）投入一定比例的资金，一般远远超过 1% 的国际惯例，可能是 20%，也可能是 40%，甚至更多。

由于我国基金管理人只能是组织，不能是个人，因此激励约束机制仅在基金管理人一层是不够的，只有将管理团队中的自然人的利益绑定才能最终达成利益一致。一般的做法是，管理团队或其中的关键人士出资作为基金管理人的股东（若基金管理人为公司，则为股东，若基金管理人为合伙，则为合伙人），透过基金管理人向基金提供资金，从而达到利益绑定的效果。也有做法是，管理团队或其中的关键人士对基金拟投资的项目进行跟投，令其像对待自己的事务那样对待基金业务，尽到善良管理人的责任。

另外，根据基金业协会基金备案系统的操作实践，管理人募集的基金必须备案到该管理人名下，若基金拟更换基金管理人，必须先将该只基金清盘，否则无法调整基金管理人，这也就意味着基金实际上根本不能更换管理人，这一做法有违合伙企业法关于更换执行事务合伙人的规定，基金业协会应当尽快调整其备案系统。

3. 投资决策委员会

投资决策委员会是任何一个合伙协议都会规定的投资决策机构，但是有意思的是，没有人深究投资决策委员会的性质，也即投资决策委员会到底是隶属于谁的机构，由谁组建，又向谁负责？由于对其法律性质认识不一，导致实践中对投资决策委员会的人员组成、议事规则以及基金的投资工作流程都存在不同的作法。

有人认为，投资决策委员会是合伙企业（基金）的决策机构，由合伙协议规定，向全体合伙人负责。支持这种看法最直接的证据就是投资决策委员会及其运行规则都规定在合伙协议中，如果不是合伙企业的决策机构，就不应该将其规定到合伙协议中。这种看法的一个最直接的后果是，有限合伙人都有权染指投资决策委员会，有权在合伙协议草拟过程中就委员会的人员构成及其运行规则提出要求或意见，强势的有限合伙人往往要求在投资决策委员会中得到几个委员名额，从而影响投资决策。

也有人认为，投资决策委员会是基金管理人为基金的投资决策而组建的专门机构，虽然在合伙协议中有规定，但应当向基金管理人负责。否则基金管理人对投资活动就无法行使其管理权限，这与基金委托基金管理人执行合伙事务的宗旨相悖。

我们同意第二种意见，投资决策委员会应当是基金管理人下设的投资决策机构。理由是投资决策委员会的投资决策工作是资金募集完成后基金最核心、最重要的业务活动，如果此项工作不属于基金管理人的工作，那么基金管理人执行合伙企业事务的作用和价值将大为贬损，基金管理人无法独立管理合伙企业，不符合合伙企业法有关执行事务合伙人管理合伙企业的规定。如果按照第一种意见，有限合伙人介入投资决策委员会的决策工作，更是不符合合伙企业法关于有限合伙人不得执行合伙事务的规定。ILPA 的《私募股权投资原则》也未就所谓投资决策委员会提出任何建议，可见美国的有限合伙人组织并不推荐通过介入投资决策委员会的方式控制合伙企业的运用，这应该是贯彻有限合伙人不干涉合伙企业事务原则的必然结果。至于合伙协议直接规定有关投资决策委员会及其运行规则，并不能证明委员会隶属于合伙企业，其实可以理解为基金管理人将其管理工作中涉及的投资决策这一核心业务明示于各位合伙人，帮助其了解基金管理人如何进行投资决策，以便于其监督。

4. 顾问委员会

顾问委员会制度当属于基金行业国际惯例。ILPA《私募股权投资原则》认为，有限合伙人咨询委员会（LPAC）制度的有效运行能保证有限合伙人在合伙协议约定范围内履行其责任，并在合伙关系存续期间适时向普通合伙人提出建议。LPAC 的地位并不体现为直接监管和审计，而是作为普通合伙人的决策咨询机构，并为有限合伙人发表意见提供适当的机会和信息。对于重大事项，普通合伙人应当争取通过咨询委员会集中有限合伙人的意见，并与咨询委员会进行讨论，而不应与有限合伙人直接进行双边讨论。也即 LPAC 的职责主要在于提供决策咨询和充当 GP 与 LP 之间沟通的桥梁。

国内私募股权基金大多在其合伙协议中有顾问委员会的约定，其职责表面上看与国际惯例相去不多，也是提供咨询服务。但实际运作却与国际惯例大相径庭，事实上，LPAC 不仅提供咨询意见，它还是 LP 与 GP 沟通基金管理信息和确保 LP 表达意见的有效机制，是基金实现有效治理的重要环节。国内基金所设立的顾问委员会摆设居多，这或许一方面是因为基金管理人并不希望听到有限合伙人对其做法评头论足，另一方面也可能有限合伙人不甘评头论足而要直接进入投资决策委员会亲自操刀，双方都这样考虑问题，顾问委员会自然也就变了味儿。

5. 托管银行

私募股权基金可以将资金托管给银行等金融机构，也可以自行管理其资金。

如果私募股权基金委托银行等金融机构托管资金，基金的管理还必须接受托管银行的监督。证监会 2013 年出台的《证券投资基金托管业务管理办法》规定：基金托管人应当根据基金合同及托管协议约定，制定基金投资监督标准与监督流程，对基金合同生效之后所托管基金的投资范围、投资比例、投资风格、投资限制、关联方交易等进行严格监督，及时提示基金管理人违规风险。基金业协会发布的《私募投资基金募集行为管理办法》也有类似规定。

二、管理机构及人员的资格要求

1. 基金管理人

基金管理人由依法设立的公司或者合伙企业担任，个人不得担任基金管理人。基金管理人应当根据基金业协会的规定，向基金业协会申请登记，否则不得从事私募基金的募集活动。

设立合伙型私募基金管理人应注意以下事项：①

（1）名称和经营范围。私募基金管理人的名称和经营范围中应当包含“基金管理”、“投资管理”、“资产管理”、“股权投资”、“创业投资”等相关字样，不应出现与私募基金可能存在冲突的业务、与买方“投资管理”业务无关的卖方业务以及其他非金融业务。对于兼营民间借贷、民间融资、配资业务、小额理财、小额借贷、P2P/P2B、众筹、保理、担保、房地产开发、交易平台等业务的申请机构，由于这些业务与私募基金的属性相冲突，将无法登记为私募基金管理人；上述申请机构可以设立专门从事私募基金管理业务的机构后申请私募基金管理人登记。另外，鼓励私募基金管理人在名称中增加“私募”相关字样，但此项要求并非强制性要求。

（2）实收资本 / 实缴资本情况。针对私募基金管理人的实收资本 / 实缴资本不超过 200 万元或实收 / 实缴比例未达到注册资本 / 认缴资本的 25% 的情况，基金业协会将在私募基金管理人公示信息进行特别提示。

（3）人员资格。从事股权 / 创投 / 其他类私募基金投资的管理人机构，至少有两名高管人员应当取得基金从业资格，且法定代表人 / 执行事务合伙人和合规风控负责人应当取得基金从业资格。各类私募基金管理人的合规 / 风控负责人不得从事投资业务。私募基金管理人不得聘用从公募基金管理公司离任未满 3 个月的基金经理从事投资、研究、交易等相关业务。

（4）内部制度。根据拟申请的私募基金管理业务类型建立与之相适应的

① 参见上海市律协：《（试行）律师办理私募投资基金法律业务操作指引（2016）》，http://www.lawyers.org.cn/info/98b4c6b918594116856829a619604983，访问日期：2017 年 2 月 1 日。

制度，包括（视具体业务类型而定）运营风险控制制度、信息披露制度、机构内部交易记录制度、防范内幕交易、利益冲突的投资交易制度、合格投资者风险揭示制度、合格投资者内部审核流程及相关制度、私募基金宣传推介、募集相关规范制度等。

2. 基金高管

证券投资基金法规定，基金从业人员应当具备基金从业资格。基金业协会于 2016 年 2 月发布的《关于进一步规范私募基金管理人登记若干事项的公告》规定，私募基金管理人的高管人员符合以下条件之一的，可以认定取得基金从业资格：

（1）通过基金从业资格考试。基金从业资格考试的考试科目含科目一《基金法律法规、职业道德与业务规范》及科目二《证券投资基金基础知识》。根据中国基金业协会《关于基金从业资格考试有关事项的通知》（中基协字［2015］112 号），符合相关考试成绩认可规定情形的，可视为通过基金从业资格考试。

（2）最近三年从事投资管理相关业务并符合相关资格认定条件。此类情形主要指最近三年从事资产管理相关业务，且管理资产年均规模 1000 万元以上。

（3）已通过证券从业资格考试、期货从业资格考试、银行从业资格考试并符合相关资格认定条件；或者通过注册会计师资格考试、法律职业资格考试、资产评估师职业资格考试等金融相关资格考试并符合相关资格认定条件。

（4）中国基金业协会资格认定委员会认定的其他情形。

拟通过上述第（2）、（3）情形的认定方式取得基金从业资格的私募基金管理人的高管人员，还应通过基金从业资格考试科目一《基金法律法规、职业道德与业务规范》考试，方可认定取得基金从业资格。

已取得基金从业资格的私募基金管理人的高管人员，应当按照《私募投资基金管理人登记和基金备案办法（试行）》及《关于基金从业资格考试有关事项的通知》的要求，每年度完成 15 学时的后续培训方可维持其基金从业资格。

3. 托管银行

基金托管人由依法设立的商业银行或者其他金融机构担任。《证券投资基金托管业务管理办法》（证监会令［第 92 号］）第三条规定：商业银行从事基金托管业务，应当经中国证券监督管理委员会（以下简称中国证监会）和中国银行业监督管理委员会（以下简称中国银监会）核准，依法取得基金托管资格。其他金融机构从事基金托管业务，应当经中国证监会核准，依法取得基金托管资格。未取得基金托管资格的机构，不得从事基金托管业务。

三、决策机制

基金投资决策机制与基金管理人是一人即单 GP 还是两人即双 GP 有关，同时还与基金管理人是公司制还是合伙制企业有关。

1. 公司制单 GP

业务实践中比较常见的是单 GP 的情形。如果 GP 是公司（一般是有限责任公司），其基本的法人治理结构会按照公司法的规定组建。但特殊之处在于，需要对投资决策委员会的地位进行定位，有些 GP 将投资决策委员会置于董事会之下并作为专门委员会，向董事会负责，其总经理等公司具体执行部门仅负责对管理团队的工作进行日常管理，对投资决策委员会的工作则无权干预。也有些 GP 将投资决策委员会置于总经理管理之下，投资决策委员会的人员构成、决策程序都受到总经理的辖制。这两种情形的相同之处在于 GP 主要的公司治理及日常经营管理工作仍然按照公司法的规定进行，区别在于总经理对投资决策委员会的影响程度不同。在相关法律法规没有规定的情况下，GP 具体采取哪种组织架构取决于公司实际控制人的认识，也取决于公司各方的博弈。至于哪种设计更有利于提高决策效率、控制决策风险，并非一个组织结构所能决定，相关实证分析尚付阙如，有待进一步研究。

在 GP 为公司制下，如果基金管理团队又是公司股东，则一般管理团队比较有话语权，其对董事会或总经理的决策都将会有影响，可能倾向于将投资决策流程简化，减少公司的官僚作风，但也可能因为管理团队的双重身份导致公司制衡机制失效，侵害其他股东的利益。

公司制 GP 一般会将其经营决策机制以章程及其他公司制度如经营管理办法、投资管理规定等内部法律文件的形式呈现。

其一般投资决策流程为：1. 管理团队初审项目，如经初步判断认为有投资价值，则报公司总经理或相关职能部门；2. 经总经理或相关职能部门批准，管理团队开展正式尽职调查工作，并形成工作报告，并向总经理及公司预审机构提交；3. 工作报告批准后，由公司组织上报投资决策委员会，进行会议安排；4. 投资决策委员会投票表决通过的，由管理团队协同公司相关职能部门共同办理有关后续投资及投后管理事项。

管理团队在投资决策过程中主要是负责外部调研和向有关部门汇报工作，至于决策流程的推进则主要由公司各个相关部门负责。

实践中，很多 GP 公司并没有完善的公司治理结构，基本上是空壳公司，在这种情况下，其投资决策流程就主要由管理团队负责推进，其决策机制与下文所述合伙制单 GP 的情形没有区别。

2. 合伙制单 GP

若 GP 是合伙企业，则其投资决策机制相对简单，因为合伙企业没有法定的内部治理机构要求，如何管理由执行事务合伙人决定。一般是 GP 的执行事务合伙人（GP 的 GP）根据基金合伙协议中有关投资决策要求及投资决策委员会的规定进一步详细制订一个或一系列投资管理规定，其特点是整个投资决策过程主要就是管理团队和投资决策委员会的互动，没有其他职能部门的介入。决策流程简单直接，管理团队主导整个决策流程。

其一般决策流程为：1. 管理团队初审项目，如经初步判断认为有投资价值，经团队负责人同意，报执行事务合伙人；2. 经执行事务合伙人（委派代表）同意，管理团队开展正式尽职调查工作，并形成工作报告，并向预审机构提交；3. 工作报告批准后，管理团队向投资决策委员会申请召开会议；4. 投资决策委员会投票表决通过的，由管理团队负责办理有关后续投资及投后管理事项。

3. 双 GP 的情形

双 GP 也是业内常见的基金管理模式。双 GP 在投资决策时，一般存在两种主要做法。一种是由其中一个 GP 按照单 GP 的模式进行投资决策，另外一个 GP 仅负责监督。这种情况主要是出现在投资者要求分配基金管理人超额收益或者有其他特殊安排的情形。

另外一种做法是，双 GP 共同参与基金的投资决策。在双 GP 共同参与基金的投资决策时，不论两个 GP 是公司制还是合伙制，抑或一个是公司制一个是合伙制，其经营决策模式都类似于合伙制单 GP 模式。双 GP 处于合作经营的状态，决策机制完全由双方通过制订一个或一系列投资管理规定的方式来确定。其决策流程也与合伙制单 GP 大致相同。但其与合伙制单 GP 不同之处在于，管理团队一般由双方 GP 各自安排一批专业人员组成，两队人马可以协作，但实践中更多的是分别开展项目调研工作，各自上报并各自负责办理有关后续投资及投后管理事项。另外，在投资决策委员会人员构成上，需要两个 GP 协调安排，而不是由一个 GP 说了算。

第二节 管理费之争

一、管理费的收取

尽管私募股权投资市场在中国的发展基本上延续了西方国家的行业规则，但从业务实践看，国内股权投资机构就管理费的收取比例、基数、时间等仍然做过多次不同的尝试和改良，各机构在管理费收取的实际操作上模式众多，甚至曾有私募股权基金机构在募资困难时提出管理费全免以此来吸引LP，但目前主流的人民币基金管理费的收取大体上可分为三种类型：①

1. 按固定比例收取管理费

按照认缴或实缴的出资额收取固定比例的费用，在基金的整个生命周期中不发生变化。这是国内股权投资基金比较常见的管理费收取模式，行业惯例是出资额的2%左右。这种模式的优势是管理费计算简单，与GP的付出不挂钩，与GP实际管理的基金规模也不挂钩，从而确保GP能够获得稳定的收入，缺点是可能助长GP的惰性，不利于形成GP与LP的利益一致。本着GP不应以管理费获利而应该将后端收益分成作为主要激励的原则，这种固定收取管理费的方式，一般被认为是一种过度收费。据称，海外的相关调查显示，这种一成不变的管理费收取方式目前实际运用中已越来越少。②

2. 分段收取不同比例管理费

一般将基金的经营期限分为投资期和退出期，在投资期按照认缴或实缴的出资额收取一定比例的管理费，在退出期收取另外比例的管理费。实践中认为，投资期管理人的付出较退出期多，因此投资期的管理费相对要高一些，比如，投资期为2%，而退出期则为1%。更为常见的做法是，投资期按每年GP管理的实缴出资额的一定比例收取管理费，在退出期则按未退出项目的投资额收取一定比例的管理费，由于两者基数不同，即使收取比例相同，

---

① 雷霆：《资本交易法律文书精要详解及实务指南》，法律出版社2015年版，第593页。

② 王东亮：《影响GP、LP利益一致的要素》，载《融资中国》2012年第4期，转引自http://funds.hexun.com/2012-04-10/140244732.html，访问时间2016年12月17日。

GP 获得的管理费也会不同。这种方式贯彻付出与报酬对等的原则，多劳多得，少劳少得。但这种方式并不利于激励 GP 尽快退出项目。

3. 逐年递减收取管理费

GP 一般在基金开始阶段付出较多，业务打开局面后，可能无需持续付出同样努力，因此，从报酬与付出相统一角度考虑，在基金开始的几年管理费比较高，进入退出期之后将逐年下降，直到降低到一定水平后不再下降，比如，前三年为 2%，第四年起逐年降低 0.25%，第八年起不再降低，持续第七年的管理费水平直至基金解散。递减管理费成为目前最为主流的管理费收取方式。①

具体选择哪种收取模式，既要考虑报酬与付出相统一的原则，也要考虑对 GP 适当激励的原则，实践中，习惯、社会投资景气程度、尤其是 GP 与 LP 的实力对比都对管理费收取模式产生重要影响。目前，国内经济增速趋缓，资本市场迎来寒冬，市场竞争越发激烈，机构也同时面临愈发严峻的募资及退出风险。有报道称，为应对激烈的市场竞争，峰瑞资本首次提出“管理费对赌条款”使基金管理费与投资收益挂钩，在国内的股权投资市场引起了不小的轰动。“对赌条款”的设置一方面可以吸引到更多投资者，另一方面也可以激励基金管理人在项目甄别上投入更多的精力，从而提高机构运作效率及项目投资质量。②

另外，还有一类不太常见的管理费收取模式，即按照 GP 提交的经营预算确定管理费的金额，在经合伙人大会批准后由基金向 GP 支付。这种模式一般出现在 GP 是由 LP 出资组建或控制的情形下，LP 通过预算严格控制 GP 从基金中获得的收入，避免 GP 因享受过多的管理费带来的好处而不思进取，在让管理费名至实归的同时增进基金的投资效率。

二、管理费的计算基数

实践中有按认缴额计算管理费的，也有按实缴额计算管理费的，通常以

---

① 王东亮:《影响 GP、LP 利益一致的要素》，载《融资中国》2012 年第 4 期，转引自 http://funds.hexun.com/2012-04-10/140244732.html，访问时间 2016 年 12 月 17 日。

② 清科研究中心:《2015 年 VC/ 私募股权基金薪酬研报发布：VC/ 私募股权基金从业者薪酬水平差异较大》，转引自中商情报网 http://www.askci.com/news/2015/11/25/1122443vit.shtml，访问时间 2016 年 11 月 30 日。

实缴额计算比较普遍，但在 GP 比较强势的情况下，也有按认缴计算的，或者管理费绝对值不大，需要适当激励 GP 时也会采取认缴计算法。

1. 认缴

按认缴额计算，简单清晰，但与管理人实际管理的出资不挂钩，不具合理性，即便在基金成立后全部出资额很快实缴完毕，也与以实缴额计算的方式存在不同，因为认缴额一般不会变动，而实缴额可能变动不居，这样计算出来的管理费也就不同，以认缴额为基数计算管理费有利于 GP，且计算方便。然而，这一做法在实践中广受批评，被认为是不公平的令 GP 从中赢利，并且会令 GP 和 LP 存在利益分歧。

2. 实缴

实缴额可能因为按项目出资的原因或分阶段出资的原因，也可能因为项目退出的原因，会导致其实缴的数额在管理费计算周期（通常为一年）内出现变动，因此以实缴额计算管理费，需要分时段考虑，计算相对复杂，例如，基金第 1 年实缴 1 亿元，第 2 年 4 月 1 日新增 5 千万，第 2 年 9 月 1 日退出项目分配收益 3 千万，那么，第 2 年的管理费基数的计算公式为：第 2 年管理费基数 =1 亿 *3/12+1.5 亿 *5/12+1.2 亿 *4/12

按实缴额作为计算基数，虽然计算复杂，但符合管理费本义，LP 一般比较认同以实缴作为管理费的计算基数。

三、管理费的用途

ILPA 发布的《私募股权投资原则》认为，管理费应包括 GP 因管理所有的日常经营活动所产生的费用，至少应包括营运开支、员工工资、差旅费、寻找项目的开支，与有限合伙人沟通以及其他管理事项所产生的费用；另外，承销商的费用以及 GP 自身的保险均应由 GP 自行承担。有学者提出，管理费就是给 GP 管理基金一个最基本的补偿，以维持基金的正常运转，GP 不应在管理费中获利。[①]

国内私募基金业务实践中，管理费一般是对 GP 开展基金管理活动的费

① 潘从文：《私募股权基金治理理论与实务》，企业管理出版社 2011 年版，第 121 页。

用补偿，以确保GP能够正常履行其基金管理人的义务，但哪些费用应当算作管理费中的一部分，哪些不算，在实践中的做法不一，比如中介费用，有的约定为与管理费并行的费用，应当由基金出，有的约定中介费用应自管理费中支出，又比如差旅费，到底应由GP自行承担，还是由基金承担？目前也没有统一的做法。合伙协议的约定是唯一执行依据，LP如果不加留意，很可能被GP钻了空子，将本该由GP自身承担的成本转嫁给基金。操作层面上，尽管LP有检查监督的权利，由于协议约定的概念模糊或不完全等原因，在基金被GP实际控制的前提下，有些本不该计入基金支出的费用可能仍被GP计入基金支出。LP在审查合伙协议时要对有关费用条款严格审查，并尽量将可以预见的各类费用的承担主体予以明确。

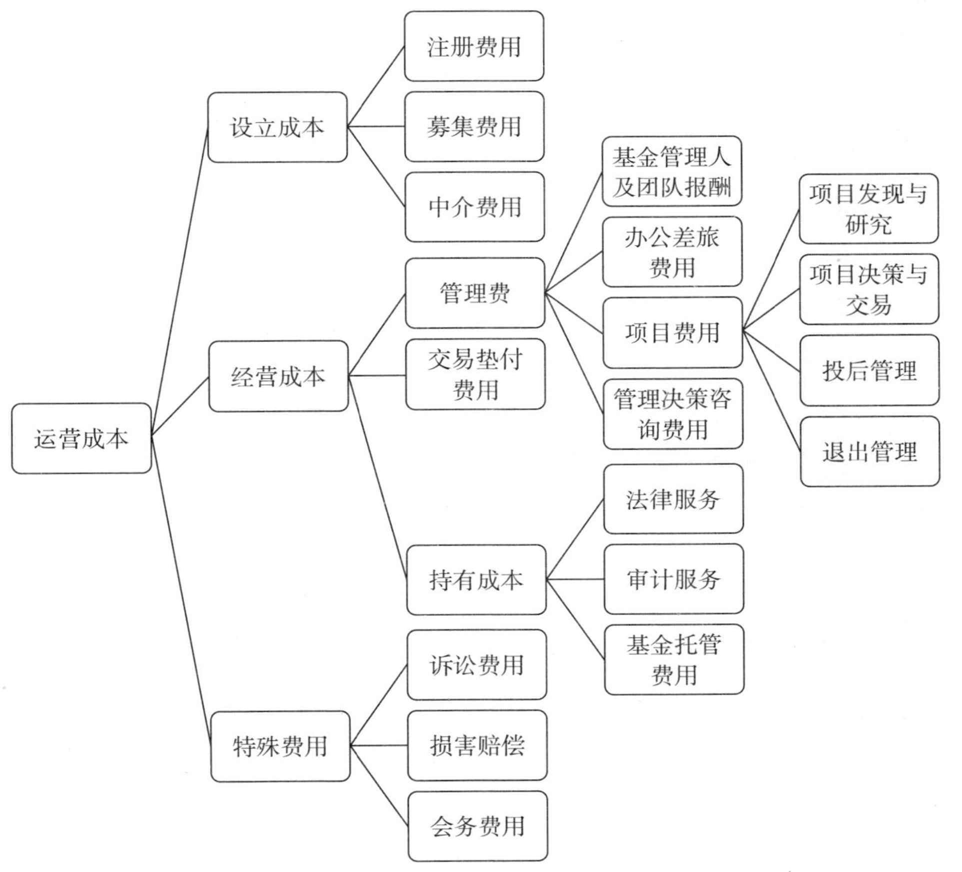

图8-1　私募基金运营成本组成参考

四、管理费的支付

管理费是基金支出的主要成本之一，应当由作为基金载体的有限合伙企业向 GP 支付。在实际操作中，因为 GP 是基金的管理人，因此 GP 有权以合伙协议及银行托管协议的约定以合伙企业的财产向 GP 自身支付，托管银行无权拒绝。

管理费支付时间一般为预交，合伙企业须预先支付给 GP 管理费以便其正常开展工作。在以认缴金额作为管理费基数的情况下，由于认缴金额一般不会发生变动，故预交不存在问题，但在以实缴金额作为管理费基数的情况下，由于实缴金额可能发生变动，一般需要采取先预付后调整的方法，即合伙企业成立当年的管理费须自成立日起几十天内支付（不足一年的按天计算），后续年度的管理费则于年度开始前几十日支付，以该后续年度的前一年度实缴金额作为基数计算应当预交的管理费，若后续年度实缴额有变动，则在年底进行调整，多退少补。

参考条款：管理费

1.1.1　就执行事务合伙人对合伙企业事务的执行，合伙企业应当向该执行事务合伙人支付管理费。

1.1.2　合伙企业存续期间，合伙企业每年应向执行事务合伙人支付的管理费为合伙企业实缴出资总额的 2%。

1.1.3　管理费采取年前预收、年底调整的收费模式。首年管理费应于合伙企业成立日起十五（15）日内支付，其后年度的管理费应于每个会计年度开始前的三十（30）日内支付，下一年度管理费以收费当年认缴出资总额计算 / 以收费当年实缴出资总额计算。年底再按 1.1.4 条进行调整。不满一个会计年度的，管理费按照实际天数占该年度全年天数的比例计算（一年按照 365 天计算）。

1.1.4　存续期内，若实缴出资总额发生变化（以资金实际到账日确定金额变化日，实缴总额以资金账户或托管账户中的资金数额加上已投出而未收回的资金数额为准，项目退出并已分配的资金不计入），则以不同金额的实缴总额所占全年天数的比例分段计算管理费并加总。

1.1.5　存续期内，若执行事务合伙人根据本协议的规定退伙、被除名或被更换，则截至执行事务合伙人退伙、被除名或被更换之日的管理费归原执行事务合伙人所有，此后的管理费归新执行事务合伙人所有。

1.1.6　管理费包含以下费用：（略）。

第三节 复杂的收益分配

与公募基金公司以管理费为主要收入来源不同，私募股权基金 GP 的收入来源更倾向于通过收益提成获得，而不是管理费，正如 ILPA《私募股权投资原则》所言，如果满足了 LP 的回报要求之后 GP 获得一定比例的收益，并且 GP 的财富增长主要是源自业绩提成和投资基金份额的回报收益，那么 GP 和 LP 之间的利益一致目标就得以实现。在收益提成模式下，管理人会恪尽职守直至边际努力收益等于边际努力成本，在最大化其预期效用的同时也使投资者感到满意，从产权经济学的角度而言，收益提成模式可以给基金管理者提供有效的激励。[①] 但尴尬的现实是，国内私募股权基金 GP 的收入大部分还是来源于管理费，《中国私募基金投资年度报告 2016》在分析私募股权基金机构收入结构时发现，近 70%~80% 的赢利来源于向 LP 收取的基金管理费，业绩提成以及项目投资收入的比重普遍偏低。[②]

尽管如此，合伙协议中关于收益分配的内容作为核心条款，仍然是 LP 和 GP 谈判的主要议题，LP 和 GP 孰强孰弱，于此一条款可窥一斑。GP 往往利用其专业知识及管理人地位在合伙协议的收益分配条款中为自身谋取更大更多利益，LP 往往利用其资金优势或政策优势迫使 GP 调整收益分配条款，各方实力对比将决定具体条款内容，因而实践中虽然业界均遵循传自西方国家的收益分配模式，但很难找到内容完全相同的收益分配条款。

一、可分配收益

基金的可分配收益一般是指合伙企业获得的收入减去合伙企业运营成本后的净收益。可分配收益的财产类型一般为现金，如果合伙企业获得的是非

① 李俊英:《我国公募与私募基金收益分配模式的制度比较》，载《浙江金融》2007 年第 06 期，第 45 页。

② 德邦证券股份有限公司编著:《中国私募基金投资年度报告 2016》，江苏人民出版社 2016 年版，第 47 页。

现金财产，如股权、不动产等，在分配的时候需要变现或分割产权。合伙企业的收入来源包括：投资收益、理财收益、咨询服务收入、其他收入等。

投资收益是基金收入的主要来源，基金投入被投资企业后可能会获得股权分红款，但分红款通常体量不大，股权转让（包括上市后转让股票）或退出被投资企业以及投资企业清算才是基金投资收益的主要实现方式。

理财收益发生在基金账户上有闲置资金且在短期内未找到投资项目时。基金购买的理财产品一般是风险低、流动性强的金融产品，如银行存款、国债、地方政府债、政策性金融债和政府支持债券等安全性和流动性较好的固定收益类资产。

GP 的咨询服务收入是否属于合伙企业的收入存在一定争议。ILPA 发布的《私募股权投资原则》认为，GP 收取的交易费、监管费、董事费、咨询费及退出费等所有收费均应计入基金收益。而国内有 GP 主张仅以一定比例如 50% 计入，剩下的 50% 则可以直接归属于 GP，而非全额计入。具体的比例在业务实践中各有不同。一般而言，国外大型并购基金，在进行投资的过程中会涉及复杂的财务顾问工作，会较多地收取此类相关的顾问或咨询费用，国内目前收取此类费用的情况仍然较少，多数合伙协议对此缺乏约定。

除此之外，合伙企业可能还会有一些其他收入，如合伙人缴纳的违约金、以及政府补贴或奖励等。

二、收益分配模式

国外私募股权基金在收益分配上通行的基本有两种模式：一是欧式，即本金优先返还模式（All Capital First，or Euroan Waterfall Model），二是美式，即项目分配模式（Deal-by-deal，or American Waterfall Model）。本金优先返还模式就是确保 LP 收回全部投资本金后，剩余收益在 GP 和 LP 之间分配的模式，该模式对 LP 较为有利；项目分配模式则是在单个项目退出后在 LP 与 GP 之间分配的模式，该模式对 GP 较为有利。每种模式还有具体不同做法，主要由 LP 和 GP 谈判确定。[①]

---

① 参见哈利·曾德罗夫斯基：《私募股权投资（历史、治理与运作）》第二版，孙春民等译，中国金融出版社 2014 年版，第 10 页。

国内私募股权基金的收益分配也大致类似于国际上的这两类模式，但如前所述，收益分配条款是LP与GP博弈的结果，其分配顺序并不完全固定，以下介绍的收益分配模式仅是一般示例，实践中可能并不完全相同。

1. 本金优先返还模式（此处所谓本金，仅为表达方便，实际应为相当于本金金额的收益，下同）

一般分配顺序举例如下：

①项目收益优先返还给LP以清偿其全部出资本金；

②如果全部本金清偿完毕后有剩余，则向LP支付优先回报（也叫门槛收益，hurdle，常见按年化收益率8%确定，单利或复利）；

③如LP优先回报清偿完毕还有剩余，则返还GP投资本金；

④如还有剩余，则GP优先获得以LP所获得的优先回报款项的25%计算的收益；

⑤如还有剩余，则该剩余部分由GP和LP按20∶80的比例分配，实践中也常有按照年化收益率分段约定不同分配比例的做法，如年化收益率超过10%而低于15%时按20∶80分配，超过15%时则按30∶70分配。[①]

2. 项目分配模式

一般分配顺序举例如下：

①单个项目获得收益时先返还LP在该项目上的出资本金；

②单个项目收益尚有剩余时，支付LP优先回报；

③单个项目清偿LP优先回报完毕还有剩余，则返还GP投资本金；

④单个项目还有剩余的，则GP优先获得以LP所获得的优先回报款项的25%计算的收益；

⑤如单个项目还有剩余，则该剩余部分由GP和LP按20∶80的比例分配；但GP需要预留其所获得的部分收益（如不低于30%），作为弥补其他可能发生损失项目的保证金暂不分配；

---

① 刘乃进：《私募股权基金筹备、运营与管理》，法律出版社2015年版，第80页。

⑥到基金解散时，总算收益亏损情况，如发生 LP 本金亏损，则以 GP 预留保证金弥补；不足弥补的，由 GP 从已分配的收益回拨弥补亏损（或者 LP 自行承担损失，GP 不再回拨弥补）。

三、追补与回拨

1. 追补（Catch-Up）条款

美国等西方国家在长期的私募股权基金实践中，逐步演化出基金收益中的 20%（即附带权益，Carried Interest 或 Carry）作为奖励付给 GP 的行业惯例，这应当是美国的基金管理人与投资人反复博弈的结果，其合理性以美国的法律、经济环境作为约束条件，我国基金管理人直接将其搬回国内作为行业规矩，尚欠实践的打磨。20% 这个比例及其计算基数目前存在操作或理解上的差异。有人认为，20% 应以合伙人分配优先回报后的剩余收益作为计算基数（模式一），也有人认为，20% 应以合伙人收回本金后剩余的全部收益作为计算基数（模式二），后一种认识与美国等西方国家流行的分配方式一致。该种方式由于会将 LP 所享有的优先回报部分也计入 20% 的分配基数，因此对 GP 有更大的激励作用，将促使 GP 努力为 LP 挣取优先回报。

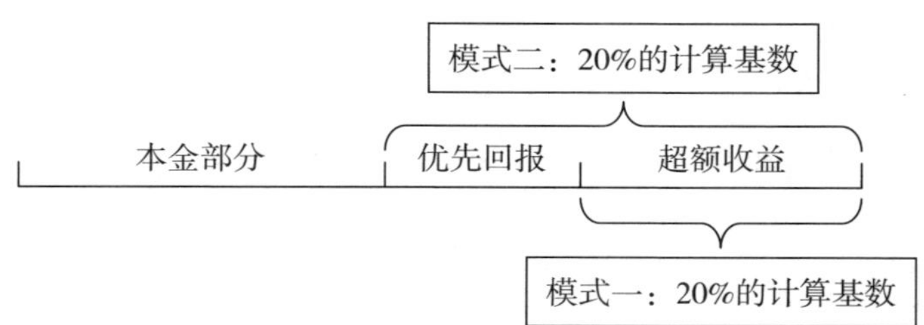

图 8-2 两种计算基数的差异图示

但 GP 要获得 LP 优先回报部分的 25% 的收益（准确说是 GP 的收益与 LP 优先回报收益之比为 20 : 80），必须先为 LP 获得优先回报，LP 全部获得优先回报后才能向 GP 支付这一 25% 的收益，这就涉及“追补”问题，举例说，当项目存在收益时，首先分配合伙人的本金，本金分配完毕后尚有剩余的，应先向 LP 支付 8% 的优先回报，当全部 LP 的优先回报得到偿付后，应当向 GP 支付收益直至 GP 获得的收益与 LP 所得的优先回报之比为 20：80 为止，这种方式被称为“追补”。追补的效果是，GP 有权在基金本金以上的收益中与 LP 按 20：80 分成。

2. 回拨（Claw-back）机制

由于 20% 的超额收益一般应在返还了 LP 的全部本金和优先回报后才应付给 GP，但在项目分配模式下，可能部分项目有超额收益，GP 由此获得了 20% 的额外奖励，而其他项目可能亏损，若此时不采取任何措施，则 GP 可能不是在 LP 的全部本金和优先回报获得清偿后才获得奖励，两者的收益之比实际上不能达到 20：80 的效果，还可能造成 GP 只重视有高额回报的项目而怠于积极管理亏损项目的后果。

为此，美国机构投资者的做法是采取“回拨机制”来纠正这一失衡状态。“回拨机制”主要是暂扣 GP 获得的部分项目超额收益存入提存账户（Escrow accounts）中，[①] 作为对其他亏损项目的风险补偿（保证金），若其他项目发生风险，则该预留之超额收益要先弥补损失，最终清算时该预留之超额收益有剩余的才付给 GP。暂扣的超额收益比例由 LP 和 GP 双方谈判确定。此外，即便 GP 已经分配到了超额收益，如最终清算时基金不能在整体上达到 20：80 的比例，GP 还要把已得收益回吐给基金以重新分配，这对 GP 审慎对待亏损项目有很强的约束力，但此时可能存在已收取的收益缴纳的税费如何处理的问题。一个妥协的方案是，只以预留的超额收益弥补亏损，若仍不足弥补，则由 LP 承担有关损失。

控制 LP 亏损风险的另一个常见措施是单个项目收益首先弥补之前项目的亏损，然后再按前述顺序分配，这样可以在更大程度上校正 GP 与 LP 收益比例不匹配的情况。

① 雷霆:《资本交易法律文书精要详解及实务指南》，法律出版社 2015 年版，第 585 页。

四、收益分配的时间和顺序

1. 分配时间

实践中有多种安排方式，一是由 GP 自行决定；二是在项目退出时；三是按年度分配。

GP 自行决定收益分配时间，并不是赋予 GP 想什么时候分就什么时候分的权力，只不过相比较其他两种方式而言，没有明确分配的标志性事件时点，但应当以善良管理人的行事方式从基金利益最大化的角度安排分配时间，时间弹性较大，比如在托管账户资金达到一定金额时应当及时分配。

如果明确规定在项目退出时分配，需要界定“退出”的定义，并清楚约定阶段性退出是否分配、项目分红或有其他收益时是否分配等问题。

按年度分配的方式与公司按年度分红相类似，在年度审计后根据收益情况进行分配。一种情形是，先确定基金在上年度是否有利润，有利润才分配，没有利润就不分配，由于部分项目尚未退出，只能通过股权估值的方式确定收益，只有估值为正值，才能分配收益，当然即便估值为正值，还需要托管账户中有现金收益才能实际分配，如果托管账户没有现金，就无法分配。另一种情形不管估值是否为正，只要托管账户有现金收益就分配。

2. 分配顺序

为了做到利益一致，LP 倾向于要求 GP 投入较大比例的资金，而不是国际通行的 1% 的出资，在这种情况下，如果仍然按照通行的分配顺序，先分配 LP 本金及门槛收益，再分配 GP 本金，对 GP 并不公平，GP 投入的资金也应该与 LP 投入的资金享有相同的分配顺序，例如 LP 投资 600 万，GP 投资 400 万，如按通行的分配顺序应该是：1. 先支付 LP 的 600 万；2. 再支付 LP600 万的优先回报；3. 再支付 GP 的 400 万本金；4. 再支付 GP400 万的优先回报；5. 超额收益（略）。公平起见，可以调整为：1. 先支付 LP600 万的本金；2. 再支付 GP400 万的本金；3. 再支付 LP600 万的优先回报；4. 再支付 GP400 万的优先回报；5. 超额收益（略）。甚至在偿付本金（或本金加优先回报）阶段不区分 LP 和 GP，仅按出资比例分配，以体现资本平等的原则。

五、收益分配的结构化安排

1. 结构化分配的背景

近年来，我国本土新兴的私募股权投资机构为突破资金募集困难局面，增强对机构投资者尤其是风险厌恶型投资者的吸引力，开始在基金投资收益模式上进行创新，出现了所谓“结构化”或“分级”的概念，将LP分为优先级和劣后级两个级别，甚至分为优先级、中间级和劣后级三个级别。由劣后级LP和基金的GP为优先级LP提供“安全垫”，使其可以先行收回投入的本金，并获得相应投资回报。

事实上，结构化安排一直被用来满足投资者对不同风险和投资回报率产品的需求。金融产品最为常见的结构化设计方式即为分级设计，在信托计划、证券公司资管计划、基金子公司资管计划等金融产品中分级设计也被广泛使用，以满足投资者对风险和收益的不同偏好。

结构化安排除去有利于吸引投资者外，还隐含有风险与收益对等的商业逻辑，劣后级LP在剩余投资收益分配时将获得远大于自身出资份额的分配比重，而GP在剩余投资收益分配时也可能超过传统的20%的超额收益。

保本保收益或者名股实债的做法体现的是担保投资人本金不受损失，且可以得到固定收益回报，如果基金收益无法满足要求，担保人必须补足差额部分，也就是说，投资人的收益（就本金和固定收益而言）与基金的收益并不挂钩，无法体现收益共享、风险共担的股权投资原则。而结构化分级设计则不能当然认为类同于保本保收益，因为即便是优先级LP，也不能获得本金不受损失或一定获得收益的保证，只不过相对于其他劣后级LP以及GP而言，有权先行获得分配而已。也就是说，投资人的收益与基金的收益仍然挂钩，收益共享、风险共担的原则尚未被彻底突破。

2. 结构化的限度

监管部门虽然严格禁止保底保收益，但却并未一概反对基金的结构化设计。从收益分配的角度看，遵照这一监管思路，基金收益分配的结构化设计也应有一定限度，即不得以结构化为名，行保底保收益之实。证监会于2016

年 7 月公布的《证券期货经营机构私募资产管理业务运作管理暂行规定》（证监会公告［2016］13 号，以下简称“《暂行规定》”）中对证券期货私募资管产品的结构化作出了限制性规定，“证券期货经营机构设立结构化资产管理计划，不得违背利益共享、风险共担、风险与收益相匹配的原则，不得存在以下情形：（一）直接或者间接对优先级份额认购者提供保本保收益安排，包括但不限于在结构化资产管理计划合同中约定计提优先级份额收益、提前终止罚息、劣后级或第三方机构差额补足优先级收益、计提风险保证金补足优先级收益等……”，证监会在其制定说明中对该条作出了进一步阐释，回归资产管理业务“利益共享，风险共担”本源，禁止结构化资管产品直接或间接为优先级份额认购者提供保本保收益安排。

当前，部分结构化资管产品过度保护优先级投资者利益，脱离资管产品实际投资结果、通过复杂的合同约定保证优先级投资者获取固定收益，一定程度上已经异化为“类借贷”产品，不符合资产管理业务本源。鉴此，《暂行规定》对结构化资管产品提出了严格的要求，禁止违背“利益共享，风险共担”原则对结构化资管产品优先级提供保本、保收益安排，并列举了对优先级保证收益的具体情形，例如在合同中约定计提优先级份额收益、提前终止罚息、劣后级或第三方机构差额补足优先级收益、计提风险保证金补足优先级收益等情形。虽然《暂行规定》并不适用于私募股权基金，但监管层对于结构化产品的认识可窥一斑。作为私募股权基金的管理人，即便当前尚没有法律法规明确对私募股权基金的结构化安排作出禁止性规定，从风险预防角度考虑，在设计分级收益分配方案时仍应当把握限度，谨防落入保本保收益之境地。

CHAPTER

第九章

投后管理与退出：问题、策略与途径

PRIVATE EQUITY FUND

本章导读

投资界以“募、投、管、退”高度概括了PE/VC基金运作的全部流程。从目前我国私募基金行业实践看，投后阶段的管理相对薄弱。对被投资企业而言，私募基金在投后阶段提供的增值服务在一定程度上比其提供的资金更为重要。本章第一节针对这些问题，集中讨论目前私募股权基金的投后管理问题，介绍改善投后管理的经验和做法。第二节重点介绍项目退出的策略选择、主要路径，以及退出过程中需要重点关注的问题。

本章第一节给出的主要建议包括明确管理目标、管理重点，选择恰当的管理措施等。除此之外，非常重要的一点是加强对投后管理重要性的认识，避免在管理理念、管理思路方面的认识误区。具体讲，一是处理好信任企业原有管理团队与参与公司治理的关系。风险投资行业有“投项目就是投团队”的说法，这在很大程度上反映了创业团队在项目选择、项目管理等方面的重要性。可以说，相信创业团队、保持与创业团队的良好合作是确保投资效果的重要前提，但这并不意味着将投后管理全部交给创业团队。对投资人而言，既要避免过度干预，又要及时关注、帮助企业解决成长发展中的问题。对创业团队过度信任、不闻不问，或者放任管理、不能及时纠偏，既不利于被投企业的发展，也容易对投资效果产生负面影响。二是保持投后管理措施与投资策略的一致性，避免管理错位。策略性投资与战略性投资在投后管理方面存在显著差别。理论上讲，判断投后管理是否到位的主要依据或标准是投资人是否按照公司法的规定和投资协议的约定正确行使股东权利、履行股东义务。对于股权占比较少、拥有少数股东权益的策略性投资而言，依据上述原则进行投后管理并无不当。但对战略性投资而言，仅依据上述原则开展投后管理并不充分。比如，公司的战略方向、业务发展、资金需求等，虽然公司治理框架下的股东会、董事会、经营层等各司其职，但实践中大股东需要关注的事项和承担的责任要远大于于此。三是处理好投后管理的制度化与灵活性的关系。制度化管理是投后管理的基本方法，其意义在于通过规范化的管理流程减少管理失误、堵塞管理漏洞，灵活性的价值在于平衡制度化管理的刚性，避免管理僵化。在投后管理领域，目前比较突出的问题是制度化不足、灵活性有余，尤其对于很多初创企业而言，本身的管理基础比较薄弱，缺少必要的管理制度和完整的管理体系。于此情形，投资人如何开展投后管理，如何帮助被投企业建立完善管理制度和管理体系，如何协调不同的管理理念和管理流程面临很大挑战。

本章第二节讨论了通过公开市场和非公开市场退出的主要路径及其政策环境。随着我国多层次资本市场的发展，以及基金投资业务的创新，私募股权投资的退出通道和方式在不断拓宽。但从总体上看，在非公开市场领域，由于缺乏 PE 二级市场，私募股权基金及其投资份额的流动性还是明显不足。目前的一些退出方式，比如定向减资、股权回购等仍然局限在投资人与被投企业之间，在企业运营效果不佳或实际控制人回购能力有限的情况下，投资人能否实现退出存在极大的不确定性。从美国的经验看，扩大私募股权基金的交易范围、建立完善的评价和交易机制能够显著增加私募股权投资的流动性，这些做法值得借鉴。此外，投资人疏于投后管理，不能及时发现、解决投资项目面临的外部环境变化和内部经营问题，缺乏风险预警机制和止损机制，不能及时调整管理策略和投资策略等也是造成无法退出或退出效果不佳的重要原因。从这个意义上说，投资退出的效果如何，很大程度上是主动管理而不是被动等待的结果。

第一节 ❙ 投后管理为什么重要？

投后管理的概念和研究始于20世纪八十年代初的美国经济学界，但实务中的风险投资家参与企业管理活动的历史则要更为久远。我国开展投后管理研究是近些年的事。一般认为，通过选派董事、监事或高管人员参与被投企业（portfolio company）经营管理和监督检查，以及提供战略咨询、开拓市场、协助融资等增值服务是投后管理的主要内容。具体说来，投后管理是私募基金投资运作的一个重要阶段，始于投资协议的签订，止于投资的退出。投后管理是一个广义的概念，不能简单理解为投资后对被投企业的经营管理，更不能理解为投资后的风险管理，它涵盖了投资后私募基金对被投企业所实施的监督、控制以及所提供的各种增值服务等活动。①

一、投后管理的特点

1. 投后管理的目标

一是控制投资风险。信息不对称是投资活动无法避免的风险，基金天然处于信息劣势地位，被投企业经营者天然处于信息优势地位，即便是谨慎的尽职调查，也无法彻底消除信息不对称的状态。在被投企业获得投资后，出于种种原因经营者可能进一步强化信息不对称状态，并作出损害投资人的行为。主要表现为：1）财务造假。在被投企业获得投资后，经营者可能制造虚假财务信息，用作假账或转移资产等方式处理会计账目。2）资本滥用。经营者可能将资金用于非指定用途，或要求私募基金对已经亏损甚至破产的企业追加投资。3）过度投资。经营者在获得资金后在投资方面有可能变得没有节制，而并不考虑其投资项目是否最优以及投资规模是否适度等问题。4）在职消费。经营者可能购买豪华轿车、租用高档写字楼等，在缺乏监督的情

① 参见李靖：《私募股权投资后管理问题研究》，载《江苏经贸职业技术学院学报》2012年第2期。

况下大肆增加不必要的消费。5）消极怠工。经营者在获得私募基金的投资后，可能消极怠工，出工不出力，丧失创新精神和冒险精神。[①]

私募基金通过派出董事、监事或者高管（通常以财务总监居多）的方式，参与经营决策，了解企业动态，在被投企业出现违反投资协议约定的行为时，通过董事会或股东会及时提出反对意见，从理论上讲可以在一定程度上校正信息不对称问题，并遏制经营者的道德风险。

二是帮助企业成长，提高投资收益。被投企业上市是私募基金获取超额收益的捷径，有研究表明，[②]未上市企业和上市企业的PE差相当大，即便私募基金不采取任何进一步的支持和帮助，只要被投企业顺利上市，私募基金都可能获得高达数倍的投资回报。但自2012年底，IPO审批停滞后，私募基金通过上市获得超额收益的路径遭到封堵，加之优质企业稀缺，被投企业估值普遍偏高，私募基金获得超额回报的难度不断加大，通过提供增值服务帮助被投企业提升价值成为私募基金的解决方案之一。

从被投企业角度看，自身若系优质项目，并不缺乏投资人光顾和垂青，被投企业此时亦有选择投资人的权利。投资人除了能提供资金外，能否提供其他额外的帮助以提升企业价值是被投企业选择投资人的关键点，例如能否提升企业管理水平，能否有助于开拓产品市场，能否有利于获得关键技术，能否便利再融资，能否扩大影响力，能否释放协同效应，等等。因此，私募基金拥有资金仅仅是合作的前提条件之一，而非全部。私募基金管理人必须考虑能否满足被投企业的额外的需求。这从被投企业一侧迫使私募基金管理人必须重视提高增值服务的能力。

2. 投后管理的主要方式

根据投资策略的差别，战略性投资和财务性投资的投后管理存在一定差别。在前者，投资人往往要求被投企业出让控股权，私募基金以企业实际控

---

① 吕洪渠、璩涛：《风险投资中的道德风险与防范》，载《山东省农业管理干部学院学报》2006年第2期。

② 参见徐一菲：《关于PE投后释放协同效应的研究》，2013年上海交通大学MBA硕士学位论文。

制人的身份来指导、控制企业的运营，从而达到整合企业资源、提升企业整体价值的目的，私募基金开展全方位的投后管理是普遍做法；在后者，投资人一般不以谋求控制权为目标，私募基金的持股比例、对公司的控制能力和意愿都显著区别于战略性投资，更多的借助控股股东和原管理团队实现公司的管理运营。

从私募基金的角度，实务中的投后管理方式多样，统计显示，活跃于中国境内的 VC/PE 机构的投后管理模式大致分为四类：一类是“投资团队”负责制；第二类是“投后团队”负责制；第三类是“投资 + 投后团队”负责制；第四类是咨询公司服务模式。[①]

“投资团队”负责制是指项目投资团队除负责项目的开发、筛选、调查和投资外，也负责投资完成后对被投企业的管理工作。目前由投资团队负责的投后管理模式是业界主要操作方式。其优势在于投资团队从项目初期开始接触企业，对企业情况更为了解，与企业实际控制人和高管团队交流沟通更为方便。劣势则在于，投资团队可能精于投资，但未必熟悉管理，增值服务难免力不从心，而且投资团队主要精力在于项目选择，对被投企业的监控可能流于形式。

“投后团队”负责制是指私募基金管理人成立专门的投后管理团队，在基金投资后接手被投企业的投后管理工作。根据清科研究中心 2013 年统计，当时国内的私募基金已有 16.1% 设立了专职投后管理团队，如达晨、九鼎、中信产业基金等；另有 54.8% 的机构虽未设置专职投后管理团队，但计划在将来设立。规模化运作的基金中，在 LP 关系管理、被投项目增值服务、项目退出路径选择与设计及相关中介机构协调等层面的事务越来越多，凭借个人力量已经难以统筹兼顾，建立专职的投后管理团队进行专业化操作成为现实的需要。专职投后管理团队负责投后管理的优势在于，监督检查效率提高，增值服务比较及时。劣势则在于项目在投后环节更换负责人，加大了被投企业与

① 清科研究中心：《2013 年中国 VC/PE 机构增值服务专题研究报告》，https：//wenku.baidu.com/view/b68f059edd88d0d233d46a6b.html，访问日期：2017 年 5 月 1 日。

基金的磨合成本，另外，设立专职投后管理团队需要解决项目业绩如何在投后团队与项目投资团队之间分配的问题，否则可能会挫伤其工作积极性。

“投资＋投后团队”负责制是指投后团队负责协调、动员资源为被投企业提供增值服务，通常不专门负责某个被投企业，而项目投资团队则负责具体被投企业的监督检查，以及增值服务接口工作。这种模式融合了前述两种模式的优势，有利于资源的充分利用。但前两种模式的缺点也同时存在，即项目投资团队的精力仍要分配一部分在投后管理上，而且如何激励投后团队也是需要解决的问题。

咨询公司模式是指私募基金管理人专门成立企业咨询公司并为被投企业提供增值服务的方式。这种模式下，被投企业需要为增值服务支付费用，但换来的可能是更加优质的增值服务。国外有的大型投资机构如 KKR 就成立了专门的增值服务子公司，能够为被投企业提供专业的运营和管理建议，并对提高企业商业收入和业务开展提出规划和指导。

上述四种模式并无优劣之分，选择哪种模式只能根据基金本身所处环境和条件来决定，生搬硬套反而会弄巧成拙。对于处于初创期的私募基金而言，集中精力募集资金、研究项目无可厚非，但随着募资压力的减小、投资项目的增多，应当尽快补齐投后管理短板。

二、我国私募基金投后管理的现状

从投后管理的目标看，高效的投后管理要兼顾风险控制和企业发展。这两个目标又分别包含不同的管理目标和管理措施。同时，如何协调不同指标之间的冲突或差异，如何把握不同阶段的管理重点和控制重点，对私募基金的管理能力和动员资源的能力构成重大挑战。实践中，私募基金重投资、轻管理，重结果、轻过程的问题比较突出。

1. 适应项目投后管理的人才储备不足。私募股权投资不仅对从业人员选择项目、发现项目的能力要求很高，同时也需要从业人员具有丰富的企业运营经验，具有丰富的金融、法律、财务、管理等相关知识和经验，具有出色的沟通技巧、高超的谈判技巧，对一个人的综合能力要求非常高。我国私募股权基金行业方兴未艾，短短数年的发展尚难以培养出既满足投资需要又满足管理需要的人才，而大量从其他行业转行进入的专业人员又需要有相当时日的培训及实践才能熟悉投资业务，人才的缺乏直接导致基金难以提供高质量的增值服务。此外尽管没有任何基金管理人否认投后管理的重要性，但在涉及建设专门的投后管理团队时却有不少基金逡巡不前，主要原因在于，由于投后增值服务的效果存在不确定性，而投后管理团队建设的成本很高，导致基金下大力气提高投后管理水平的主动性并不强。

2. 缺乏投后管理的经验和制度安排。基金管理人即便能够意识到应当加强投后管理，但鉴于整个行业都处于初创期，可资借鉴的做法和案例偏少，如何因地制宜的设计投后管理机制并非易事，基金管理人在这方面的制度建设往往是空白，导致投后管理工作存在明显的任意性。同时，由于投后管理缺乏科学的考核机制和有效的激励约束机制，如何建立专职投后管理团队，如何处理阶段性投资与专职管理的关系，如何规避管理人员的道德风险等都将影响投后管理的实际效果。

3. 私募基金与被投企业之间的磨合问题。基金对于被投企业的监督检查本质上是有利于被投企业自身发展的，但很多企业家的态度是，欢迎资金进来，参与管理则不必，导致基金与被投企业因投后管理而关系紧张，相互排斥，最终不仅谈不上提供增值服务，就连本应恪守的合同义务也无法全面执行。

三、加强投后管理的重点

1. 把能不能进行有效的投后管理作为投资决策的重要考量因素。投后管理效果，既取决于投资后的实际管理过程，也取决于目标企业本身的管理基础和管理特点。比如，目标企业已往的管理活动是否对管理优化构成实质性障碍，双方的管理理念和经营思路是否存在显著差异等。这些问题，如果不能在投资决策阶段得到解决或找到可行的解决方案，单纯指望投后管理阶段处理，可能效果并不理想。所以，在投资决策过程中，投资人在做好商业和技术性判断的同时，对投资后可能面临的管理问题也要有准确的判断，这比将来面对这些问题时临时抱佛脚，再考虑解决方式的效果要好得多。

2. 把握阶段性管理重点，与被投企业共同成长。被投企业一般处于初创期或成长期，需要私募基金提供的增值服务非常广泛，包括战略制定、公司治理、财务管理、投融资、市场拓展、人力资源、人脉关系等都存在改善提高的需求，私募基金可以在自身擅长的领域为被投企业提供适当的增值服务。一般来说，私募基金通过对特定行业的投资会获取该行业内部主要企业及其上下游客户、供应商、相关专家的大量信息，并保有丰富的人脉关系，私募基金有条件形成以自身为轴心的行业生态组合，通过提供牵线搭桥服务协助被投企业提高经营业绩、开拓市场空间，各个企业以基金为纽带互通有无、互利互惠，充分释放协同效应，确保增值服务落到实处。有些私募基金牵头成立企业家俱乐部或类似组织，其目的就是通过构建被投企业间交流平台的方式达到牵线搭桥的服务意图；也有些私募基金凭借人脉广泛的优势，提供猎头服务，将行业内的优秀人才调配到最能实现其价值的企业，为被投企业提供人力资源的增值服务。

事实上，私募基金最擅长的是资本运作，因此其所能够提供的最核心也最有把握的增值服务是为被投企业提供与资金供应相关的服务，在被投企业的再融资（包括直接融资和间接融资）过程中，私募基金可以提供联络投资者、参与融资谈判、规范被投企业报表、设计融资方案等专业服务，甚至以联合投资或投贷联动的方式促进后续投资人、金融机构对被投企业进行投资或融资。

3. 建立有效的沟通与合作机制，规范过程管理。一是重视与被投企业，特别是其实际控制人和管理层的沟通。尽快建立信任关系，缩短磨合期，避免沟通不畅或因为“置身事外”影响管理效果；二是按照投资协议和公司治理规则，合理、充分行使权利，帮助企业建立和规范公司的治理结构、管理流程和业务流程，强化公司的制度化和规范化管理，为投后管理提供制度保障；三是重点管理措施要具体、具有可操作性。比如信息获取和知情权，不仅投资协议要明确约定知情权的范围，也要约定具体的提供信息的方式、期限和相关责任，避免流于形式。投资人可以要求被投企业定期送交经营报告，通过报告中的有关数据了解企业的经营信息。从实践的角度，建议重点关注以下情况：管理层变动、企业家状态、财务报表重大变化、销售及订货重大变化、存货异常变动、投融资情况、市场及行业重大信息，等等。此外，也可以采取打电话或面谈等方式，与经营者进行沟通，了解被投企业的经营情况。国外调查显示，优秀的风险投资家平均每年到每个被投资企业了解情况 19 次，通过面谈或打电话的方式与重要管理人员进行接触的时间达到 100 个小时。[①] 这些做法对提高管理效果非常有帮助。

小贴士　美国黑石公司（Black stone）投资塞拉尼斯的投后管理案例[②]

一是黑石获得塞拉尼斯董事会席位。黑石在向塞拉尼斯投资之后，取得了董事会中的席位。黑石通过参加董事会，为公司的经营决策、财务管理提供了参考性意见，比如优化资本配置、减低负债率等。

二是黑石定期审计塞拉尼斯的财务报告。黑石要求塞拉尼斯每月向其递交财务报告。黑石利用对财务数据的分析了解塞拉尼斯的经营状况及存在的问题，有针对性地提出解决方案。

三是黑石直接与塞拉尼斯管理层沟通。黑石经常通过电话、参会等沟通方式与塞拉尼斯的高层管理人员接触、洽谈，随时了解公司的经营情况，并进行指导或咨询。

黑石高效的投后管理推动了塞拉尼斯公司的快速发展。自 2003 年 12 月黑石宣布收购塞拉尼斯公司 84% 的股权起，塞拉尼斯的价值迅速增加，2007 年 5 月，当黑石将其持有的最后的股份售出后，黑石及其联合投资者从赛拉尼斯获得的利润高达 29 亿美元，这一数字是其投资成本的 5 倍。

---

① 范秀岩、李延喜：《风险投资后续管理的内涵》，载《工业技术经济》2005 年 2 月第 24 卷第 1 期。

② 参见彭秀玲：《私募股权投后增值服务项目研究》，2015 年吉林大学硕士学位论文。

第二节 ┃ 找到恰当的退出路径

黑石掌门人苏世民在与复星集团董事长郭广昌谈话时分享了黑石 30 年的成功秘诀，他认为核心就是首先必须关注结果。据传，KKR 的创始人也说过，“不要在投资的时候庆贺我，在我成功退出时再庆贺”。这既表明私募大佬们极其谨慎的行事风格，也反映出退出效果在私募投资基金行业的极端重要性。对于私募基金（管理人）而言，最高的奖赏在于其项目的成功退出而非其他。私募基金的退出居于基金运作的核心地位，所有的投前尽调、协议安排、投后管理，无一不是围绕“退出”在做文章，投资人的盈亏也主要依赖于项目退出带来的收益，因此，对于私募基金退出问题应当给予高度关注。

就现有文献看，针对基金退出问题的法学论文虽然不少，但主要是就几种常见的退出渠道如 IPO 等的优劣势进行对比分析，未能将退出路径及效果与投前尽调、协议安排、投后管理等前端环节的逻辑联系进行梳理分析，从整体上进行研究。事实上，私募基金“募投管退”的运行过程是一个以资本增值为目的的投资业务流，具有不可分割性，处于核心地位的“退出”环节的运行必然受到其他环节的制约，对私募基金退出的研究必须把“募投管退”放在一起进行整体研究才能得出符合实际的结论。

一、退出路径的复杂性和不确定性

随着我国多层次资本市场的逐步建立，基金的退出路径也渐次呈现多样化，包括 IPO、并购、回购、清算等等，都有大量实践。有学者从回报率、流动性及其他因素等三个维度对比后，认为基金的退出路径有优劣之分，IPO 优于并购（协议转让），并购优于回购，回购优于清算。[①] 尽管这种研究

① 参见李靖、王琳博：《中国私募股权资本退出：方式、困境及出路》，载《金融市场》2016 年第 12 期。

没有考虑被投企业所处宏观及微观环境，可能并不符合个案实际情况，但不同的退出路径对基金收益有不同影响，这一点毋庸置疑。

问题是尽管退出路径存在优劣之分，基金在退出被投企业时仍然面临选择，甚至可能选择收益看上去并不高的退出路径，而这种情况在实务中并不少见，为什么会出现这种情况？我们认为，除了信息不对称影响基金对退出路径的判断外，以下情况也是影响路径选择的因素：

1. 国家政策法规及宏观经济变动

2009 年创业板设立之前，我国基金业通过 A 股上市退出的案例数量有限，较高的上市门槛阻碍了基金选择 IPO 方式。但自创业板开市之后，大量基金采取创业板上市方式退出，退出数量从 2009 年至 2011 年逐年递增，2012 年底新股发行暂停后 IPO 数量明显呈下降趋势，可见政策对退出路径的选择有着显著影响。

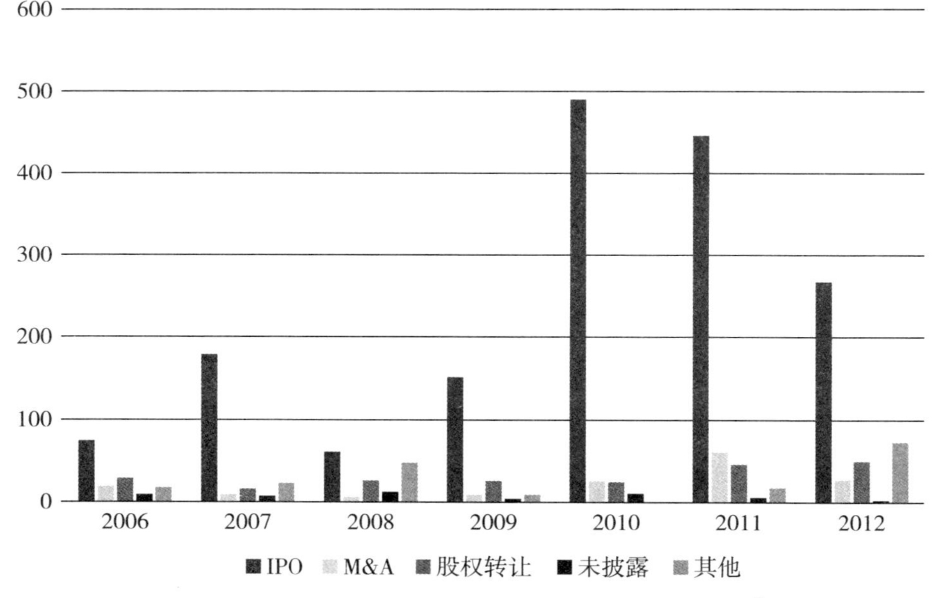

图 9-1　2006—2012 年中国私募股权市场退出方式分布[①]

① 赵继强:《中国私募股权投资基金退出机制法律问题研究》，2014 年复旦大学硕士学位论文，第 6 页。

规章制度的变化同样影响基金退出的选择，2017 年 2 月证监会修改《上市公司非公开发行股票实施细则》，明确定价基准日只能为本次非公开发行股票发行期的首日，导致三年期定增的吸引力基本消失，私募基金参与定增的积极性被抑制。

至于宏观经济变动对退出方式的影响，虽然尚没有明确的结论，但自 2000 年美国网络股泡沫破灭后，国外学者已经对经济总量（GDP）、货币市场、技术冲击以及资本市场对私募基金退出的影响进行了考察，大量的研究表明，私募基金的发展对促进宏观经济的发展和经济技术含量具有重要的促进作用，宏观经济的发展同样对私募基金的发展特别是退出活动具有重要影响。从不同的退出渠道来看，不同的受让主体所能供给的资金变化也存在较大的差异。如上市方式退出的资金供给主要受资本市场繁荣程度的影响，当资本市场繁荣时，退出比较活跃，退出效率较高，当宏观经济处于衰退周期，资本市场低迷时，上市退出活动就显得比较萎靡。①

2. 投资方式和交易结构

从微观层面看，基金退出活动受制的因素可能远至基金募集之初。例如，有一类 PE 业务模式是“上市公司 + 基金”，上市公司作为 LP 投资于基金中，基金管理人负责寻找标的项目并投资，经过投后培育，再装入上市公司。这类业务模式的最大特点就是退出路径早在投资前就已经确定，除非发生特殊情况，否则退出路径不会发生变化，即基金的组建方式决定了日后被投企业的退出方式。

基金的结构化安排也会影响退出路径的选择，优先级合伙人对年度回报的要求可能迫使基金管理人放弃长线投资转而通过并购或回购方式尽快了结。

尽调效果也有影响，如果基金管理人对尽调效果满意，可能会基于其获得的信息设计相对简单的退出方案，如果基金管理人对尽调结果将信将疑，可能会设计非常复杂的退出方案以规避其无法获得真实信息的风险。

① 参见彭海城:《中国私募股权基金退出机制研究》，2012 年华中科技大学博士学位论文，第 51 页。

对赌协议作为基金投资惯用的风控措施，对于退出路径更是有着直接、确定的影响。对赌协议一般规定在业绩无法达标时企业实际控制人的回购义务，有时会以企业上市的时间作为对赌内容，广义的对赌条款还包括了优先清算权。这些对赌内容都是关于基金退出的特殊安排，一旦触发条件，基金就会按对赌协议的约定退出企业，因此，对赌协议的有无，其内容如何，都将对基金今后退出方式的选择产生重大影响。

3. 投后管理效果

被投企业实际控制人在投前一般态度友好，较能忍受对赌条件，但资金到位后，实际控制人的心态会产生变化，尤其是创业者，一般难以忍受外来约束，可能采取不合作态度。在这种情形下，基金不仅无法实现其投后管理目标，也会影响到日后的退出。例如，基金如欲引入第三方基金接盘，实际控制人可能采取抵制措施或者提出其他一些不合理要求，导致基金无法按照既定方案退出。

4. 退出路径本身的限制

基于 PE 倍数在上市企业与非上市企业之间存在的巨大落差，以 IPO 方式退出将可能获得最大收益，但退出时效性差，而并购（协议转让）方式相对比较迅速，但收益不一定能够得到保证。回购方式需要股东有较强的资金实力或融资能力，否则，要么双方产生纠纷，要么基金妥协并改采其他退出方式。至于清算方式，基金以这种方式退出时利益难以得到保障，一般在不得已时才会选择这种方案。

除以上几种因素外，基金管理人的经验及退出偏好、基金的业绩要求等都会对退出路径的选择产生影响。正是因为影响因素众多，基金退出选择次优而非最优方式便不足为奇。

退出路径确定后，可能还存在退出时机的选择。但对于退出时机的选择实际上受制于退出路径的选择而又不同于退出路径的选择。所谓受制于退出路径的选择是指，只有退出路径确定后才能考虑退出时机问题，不同的退出路径对于退出时机的把握并不相同。所谓不同于退出路径的选择是指，即便路径确定，仍然存在选取最优退出时机的要求。例如，在采取 IPO 方式时必须考虑市场行情和锁定期的影响，不同时点上的退出价格可能相差很大。但若采取并购方式，则因为行权时间的限制而无法考虑市场行情，更多的是要考虑在限定期限内对潜在买家的比较和筛选。对于通过回购或清算退出的方式，退出时间点基本上无法选择，只能根据协议的约定在回购或清算条件触发时进行有关回购或清算活动。

二、通过公开资本市场退出

1. IPO

IPO（Initial Public Offering）是指企业在证券市场上第一次向公众出售股票进行公开募集资金的行为。私募股权基金将资本投入到某个企业里以支持其发展，待企业符合上市条件后，私募股权基金将其推入证券市场并在限售期满时逐步转让其所持有的股权来收回投资，实现退出与私募股权资本增值。①

私募股权基金发展至今，IPO 一直是我国私募基金最重要的退出渠道之一。依据清科研究中心统计数据，2011 年私募股权基金通过 IPO 方式退出比例达 90%；2012 年下降至 70%；2013 年由于实行 IPO 暂缓审批，下降至 18%；2014 年受益于境内 IPO 开闸，IPO 方式退出比例上升至 39.1%。作为私募基金普遍偏好的退出方式，IPO 的优势在于：

第一，收益高。根据投中集团统计，2009 年至 2011 年，国内私募基金通过 IPO 实现退出的平均账面回报率超过 7 倍，2009 年达到峰值 11.40 倍。当然，随着私募股权基金行业的激烈竞争以及优质企业估值持续高企，私募基金通过 IPO 退出获得的平均账面回报率已呈现逐渐下跌趋势。②

第二，有利于提高声誉。公开上市，可以提高私募基金的知名度，这为私募基金带来无形价值。较好声誉的投资机构在以后的基金募集、项目投资

① 李靖、王琳博：《中国私募股权资本退出：方式、困境及出路》，载《金融市场》2016 年第 12 期。

② 投行观察室：《解析 PE 投资退出的四种方式及其对比》，http://www.goingconcern.cn/article/10565，访问日期：2017 年 4 月 17 日。

等环节都会享有明星投资机构的优势，在募集环节更易于募集所需资金，在投资环节更容易争取到好的项目。

第三，有利于和谐共赢。相比于股东回购或协议转让给第三人，IPO 退出方式不仅为私募基金带来高收益，同时也为被投企业其他股东带来高收益，大幅提升了被投企业价值及其市场开拓、投融资能力，是基金、创业者和被投企业的三方共赢，有利于私募基金与创业者和被投企业开启新的合作，符合中国商人崇尚的“和气生财”经营理念。

IPO 的缺点在于：

第一，门槛高，机会少。符合上市要求的中小企业少之又少，基金发现此类企业的机会不多，选择成本高昂，所谓“千淘万漉虽辛苦，吹尽黄沙始到金”。近些年，随着基金数量的高速增长，资质稍好的中小企业要价涨势凶猛，基金即便幸运发现了有上市潜力的企业，由于估值高企原因，也很难获得前些年那种高回报率了。

第二，风险大。被投企业从准备上市到成功 IPO，一般要 3~5 年时间，在如此之长的时间内，各种不确定因素都可能出现，可能影响基金的收益，甚至阻断其退出之路。例如我国 IPO 政策时常发生变动，2013 年暂停审批期间通过 IPO 方式退出的基金大幅下降。在等待上市期间，企业自身及市场行情都在不断发生变化，一旦出现突发不利事件，可能招致企业中断上市，功亏一篑。另外，如果基金存在突击入股（主板和中小板规定在招股说明书正式披露前 12 个月内；创业板在申请受理前 6 个月内）的情况，必须在锁定期满后才能出售其所持股票，这对基金的赢利预测构成挑战。倘若私募基金因为审批程序和持股锁定期的耽搁未能在合适的时机转让股权变现退出，其预期收益可能无法实现，甚至可能遭受严重损失。

2. 借壳上市

被投企业如果能够通过借壳的方式上市，作为其股东的基金一样能够享受与 IPO 退出方式类似的高收益，这是非上市企业与上市企业巨大的 PE 差以及壳资源的增值空间所决定的。因此，在 2016 年年底 IPO 审批加速前，借壳上市为众多投资机构所追捧。借壳上市相比 IPO 而言，其优势主要在于等待证监会审批的时间相对短暂，而且在2016年证监会修订有关规定前还有一些制度漏洞为投资人规避监管、炒作壳资源提供了机会。但《上市公司重大资产重组管理办法（2016年修订）》出台后，有关借壳上市的审批规定趋于严格，之前绕过借壳上市审批标准的做法基本失灵。在证监会一方面施压壳炒作，另一方面加大IPO审批力度的双重作用下，基金已不再急于通过借壳上市退出。据不完全统计，受到政策变化的影响，沪深两市仅在前述办法出台1个月内就有52家上市公司先后宣布终止重大资产重组。

3. 上市公司收购

所谓上市公司收购是指被投企业被上市公司收购的行为，[①]属于上市公司资产重组活动。通过“装入”上市公司，被投企业实现上市目的，上市公司也获得了新的利润增长点。一般而言，上市公司收购被投企业有利于公司股票升值，因此被投企业获得的对价也相对较高，而非上市公司收购被投企业的价格则相对要低。这也是上市公司收购被投企业的特殊之处。上市公司收购被投企业如果构成重大资产重组，[②]或者通过发行股份购买资产的，应当按照《上市公司重大资产重组管理办法（2016年修订）》的规定报证监会核准并履行有关信息披露义务。在“上市公司＋基金”模式中，基金投资的项目经过培育，在符合上市公司需求后装入上市公司。这种方式是上市无望的中小企业比较理想的退出路径。

4. 新三板

据清科集团统计，2016年我国中外创投共发生2001笔退出交易，退出案例数再创市场新高，同比上升10.4%。其中1230笔资本实现新三板挂牌退出，占比达61.5%。随着新三板市场挂牌企业超过万家，新三板市场成为创投资本退出的主要渠道之一。[③]业内人士认为，如果新三板市场的流动性

---

① 本文上市公司收购并非证监会《上市公司收购管理办法》所定义的“上市公司收购”，该办法所称上市公司收购是指投资人通过收购上市公司股票获得其控制权的行为。

② 详见《上市公司重大资产重组管理办法（2016年修订）》第十二条。

③ 清科报告：《2016年1230笔创投资本实现新三板挂牌退出》，http://finance.eastmoney.com/news/1348，20170130707217522.html，访问日期：2017年4月30日。

在未来有所改善，创投资本退出渠道将会更加通畅，资金利用效率将会更高。

三、非公开市场退出

1. 股权转让

此处“股权转让”是指在资本市场以外，私募基金通过转让其所持被投企业的股份而退出的行为，不包括转让给上市公司或通过全国股转系统转让的行为。实务中，在给定的时间内找到一家符合基金回报要求的受让方并非易事，需要私募基金具有比较广泛的人脉关系，即便找到接手的下家，交易价格的谈判也是棘手的问题，通常私募基金通过股权转让的方式获得的收益远低于通过资本市场转让所获得的收益。但股权转让与IPO相比没有锁定期，股价确定，交易时间较短，有利于基金快速变现。股权转让的受让方既可以是实业企业，如被投企业的同类企业或其上下游企业，也可以是金融资本，如其他基金等。事实上，基于流动性的考虑（主要是为了满足LP的投资回报要求），在无法以特定价格找到下家时，不乏以关联基金受让本基金所持被投企业股份从而使本基金变现退出的情况，这类托盘交易实际上迟滞了风险爆发，关联基金一般存在较大压力。

2. 股份回购[①]

狭义的股份回购是指在触发投资协议约定的回购条款的事件发生后，由股东（通常是控股股东或实际控制人）按照约定的价格收购基金所持被投企业股份的行为。广义的股份回购还包括基金将股份卖给被投企业、其他股东或被投企业员工（管理层）的行为。

投资协议的回购条款属于广义对赌条款（详见本书专题篇之专题三），一般约定在被投企业的业绩未达设定的标准时由控股股东或实际控制人负责按照一定的价格收购基金所持股份，以确保基金按照一定的收益率回收资本。也可能同时约定，在被投企业的业绩达到某一设定标准时控股股东或实

---

① 本处所谓“股份回购”是基金业界对于控股股东收购投资人所持被投资企业股权的一种说法，并非《公司法》上第七十四条或第一百四十二条所述的由公司收购股东股权的行为，特此说明。

际控制人有权按照一定的价格收购基金所持部分或全部股份。前一种回购属于被动回购，是在发生双方均不愿见到的情况后，为维护投资人的利益而设定的保护性措施。其合理性在于投资人（基金）投资时通常给予企业高额估值，原股东会因此受益，那么对等的是，股东应当承担其估值缩水带来的风险，因此由股东自愿按一定价格回购并不能称之为显失公平。后一种回购属于主动回购，是在被投企业经营超预期时，基金通过转让一定股份对控股股东予以奖赏，甚至转让全部股份并使股东彻底摆脱基金的制约。主动回购的价格通常比被动回购的价格要高，体现出利益共享的原则。

无论是主动回购还是被动回购，收购人必须有足够的资金实力或融资能力，否则无法如约付款。在主动回购的情形下，由于被投企业经营向好，收购人的资金实力一般较有保障，即使缺乏资金，也可以通过担保的方式融通资金，故此时其履约能力基本没有问题。但在被动回购的情形下，由于被投企业经营不如预期，很可能陷入困境，作为控股股东的收购人此时可能既缺乏足够资金也没有担保能力来融资以履行回购义务，因而很容易产生纠纷。实践中，此类诉讼相当常见，要么是基金起诉要求控股股东承担违约责任，要么是控股股东起诉要求法院认定回购条款无效，导致基金陷入旷日持久的民事案件处理之中，严重危害基金的收益及其声誉。

广义的股份回购中，由被投企业回购基金所持股份存在法律风险（详见本书专题篇之专题三），基金不宜设置单独由被投企业承担回购义务的条款（至少应将回购义务人设定为控股股东和被投企业两者），以防被法院认定为无效。

股份回购的优势在于，基金无需另找第三人接盘，节省搜寻成本；也无需与收购人就回购价格展开谈判，节省交易成本（当然这一点可能仅在理论上成立，实践中，尤其在被动回购情形下，双方很可能就价格问题再次展开谈判）。对于控股股东而言，由自己回购股份，可以避免陌生人介入企业管理，有利于原股东继续保持对被投企业的控制。

股份回购的缺点在于，基金收益率较低，可能仅够保本。在被投企业经营困难的情况下，基金的回购要求还可能遭到拒绝，最终形成诉讼。

3. 企业清算

清算退出可能是基金最不愿意采取的退出方式，因为即便是基金享有优先清算权（暂不论法律是否支持），在被投企业进入清算后，往往会因为资不抵债，导致没有资产可供返还基金。一旦启动清算程序，基金能够收回投资成本已经是较为理想的结果，获得保底收益基本是一种奢望，更多的时候，清算退出意味着基金将遭受部分甚至全部损失。通过清算方式退出，往往代表投资的失败，可能会引起外界对基金投资能力及市场判断力的质疑。[①]

需要注意的是，在基金与原股东签订的投资协议及其补充协议中，一般会约定优先清算权。但优先清算权是优先股的一项权利，并非任何类型的公司股东均可享有。如果股东所持股份不属于优先股，按照公司法第一百八十六条的规定，“有限责任公司按照股东的出资比例分配，股份有限公司按照股东持有的股份比例分配”，即清算分配属于法定事项，只能依法按股东持股比例分配，不存在股东之间可以协议变更的可能。因此，如果基金所持股份不属于优先股，则其约定的优先清算权因与法律相冲突将归于无效。

根据证监会 2014 年 3 月发布的《优先股试点管理办法》第三条规定，上市公司可以发行优先股，非上市公众公司可以非公开发行优先股。在基金持有这两类公司的优先股股票时，才可以优先于普通股股东优先分配剩余财产。

当然，实务中，有基金为规避优先清算权无效的风险，将优先清算义务改由控股股东或实际控制人承担，即发生被投企业清算时，控股股东所得之清算财产应当交付给基金，直至基金获得相当于投资本金及一定利息的资金为止。相当于控股股东在其清算所得范围之内为基金提供了担保。这种约定并不违反法律规定，也未损害第三人的合法利益及社会公共利益，当属有效。

---

① 投行观察室:《解析 PE 投资退出的四种方式及其对比》，http://www.goingconcern.cn/article/10565，访问日期：2017 年 4 月 17 日。

4. 定向减资

“定向减资”之名未见于法学文献，[①]迄今为止尚无著述论及此概念。但实践中，采取定向减资方式减少注册资本的事例已出现在上市公司及新三板市场[②]中。基金退出时，若控股股东无力受让其所持股权，采取定向减资方式退出可能会成为基金的备选退出路径之一。所谓定向减资，就是在公司减资之时仅缩减某一个股东或部分股东的持股比例，而非同比例缩减全体股东股权的行为。公司减资后各股东所持股权比例与减资前不同，甚至会发生某一股东或部分股东退出公司的情况。我们认为，定向减资的实质就是股权在股东之间转让的行为加上一般意义上的公司减资行为，两个行为集合成一个行为。因此，定向减资并非制度创新，也无须对其进行特别规制。采取定向减资方式处置股权，需要遵守关于股权在股东之间转让的法律规定及章程的规定，同时要遵守公司减资的规定。

由于定向减资集合了两个法律行为，其主要优点是程序上可以起到简化两个步骤的作用。但也必须注意这一操作方式的合法合规性问题。比如，国资委有关国有资产监督管理的文件对国有企业处置股权的行为有明确的规定，要求必须评估并进场交易，履行审批或备案手续，但没有关于通过减资方式处置股权的规定，如果以定向减资之名行股权转让之实，瞒天过海，规避监管，可能面临违反相关法律法规和监管政策的风险。又比如，股权转让行为依税收规定需要缴纳所得税，在采取定向减资方式时，由于法律行为步骤简化可能导致对应税行为分辨不清，可能出现违反税收监管相关法规政策

---

① 张玲云《试论减资方式多元化对公司债权人利益保护原则的影响》(2009年华东政法大学硕士论文)曾简要提及“不等比减资”的概念，“不等比例减资是指公司减资后各股东的出资比例或持股比例发生变化。主要包括两种情形一是全部股东减少出资但个别股东减少出资的比例不同；二是只有部分股东减少出资，而有的股东不减少出资，出资额保持不变。不等比例减资，减资后各股东的股权比例或持股比例将发生变化，甚至可能出现部分股东的股权消灭的情况”。该概念与定向减资相似，但作者未对其作进一步阐释。

② 参见2014年《吉电股份：关于参股隆达公司49%股权定向减资的公告》，http://app.finance.ifeng.com/data/stock/ggzw/000875/14837958；《案例研究“股东占款”奇葩解决方式“定向减资”还债，新三板独此一例》，http://www.toutiao.com/i6249255492648960513/，访问时间：2017年5月14日。

的问题。

5. PE 二级市场

所谓 PE 二级市场是指，对于 LP 所持基金份额进行转让、交易的市场。美国的 PE 二级市场比较成熟，为了响应 LP 对即时流动性和更大透明度的需求，逐步形成了专门买卖 LP 所持基金份额的二级市场基金。从 2000 年到 2010 年，近 600 亿美元的资金是由二级市场基金筹集的，这类基金专门购买发生基金直投数年后的 PE 投资组合份额。[①]

目前，我国尚没有形成有效的 PE 二级市场。2010 年 11 月，北京金融资产交易所举行"2010 全国私募投资银行研讨会暨北京金融资产交易所私募股权交易规则发布会"，宣布正式启动私募股权基金二级市场交易，目标是建设高效的私募股权基金二级市场交易平台，提升市场的效率和流动性，拓展私募股权基金的非公开上市退出渠道，力争成为多层次资本市场的重要组成部分。[②] 但据我们了解，有关交易规则并未公开，交易平台实际也未开展业务。原因据说一是无法避免交易双方甩开中介私下交易的风险，二是基金份额估值困难。总之，PE 二级市场尚未有效形成，开发有待时日。

---

① 哈利·曾德罗夫斯基等:《私募股权投资：历史、治理与运作》，孙春民、杨娜等译，中国金融出版社 2014 年版，第 45 页。

② 北京金融资产交易所:《北金所启动私募股权基金二级市场交易》，http://finance.ifeng.com/roll/20101115/2880273.shtml，访问日期：2017 年 4 月 17 日。

下篇　专题篇

CHAPTER 1

专题一

合伙协议：法律地位和重点条款

本章导读

有限合伙私募股权基金涉及的法律文件主要包括三类：一是调整合伙人内部关系的法律文件，包括合伙协议、单边协议等；二是规范合伙企业管理关系的法律文件，如委托管理协议、基金销售协议、账户监督协议、托管协议等；三是调整合伙企业对外投资关系的法律文件，比如保密协议、投资条款清单、股权转让协议、增资协议等。本部分选取了合伙协议、单边协议、投资协议等三个法律文件进行讨论，其中投资协议重点介绍特殊权利条款和对赌条款。这三类法律文件在规范私募股权基金的内部治理、合伙人的权利义务、对外投资关系等方面居于重要地位，争议和问题也比较突出。

专题一重点介绍合伙协议的法律地位、法律性质，以及其中的重点条款和相应的示范文本。合伙协议与公司章程的地位、功能非常类似，都是企业的组织基础和纲领性文件，但比较而言，二者的区别也十分明显。从内部治理的角度看，公司章程采用的是分类、分级管理的多层治理结构，按照经营管理事项的不同类别和重要程度分别将决策权配置给股东会、董事会和经营管理层。与之相比，合伙协议对合伙企业治理结构的约定更加灵活、简洁，“扁平化”管理的特征更加明显。造成这些差异的主要原因，一是风险投资的行业特点客观上要求更高的决策效率和灵活性，过多的决策环节、复杂的决策流程很难适应市场的快速变化；二是普通合伙人取得经营管理权的对价是对合伙企业的债务承担无限连带责任。因此，作为一种制度安排，在合伙协议中不宜采用分权或制衡的做法。虽然有前述理由和制度约束，但实践中合伙人围绕经营管理权的争夺仍然是一个比较突出的问题，合伙协议的相关条款往往陷入两个极端：要么是有限合伙人对参与基金管理和投资决策提出要求，要么是基金管理人不恰当的限制有限合伙人的处分权、知情权和监督权。于此情形，当事人需要准确判断这些条款对自身权利义务和基金运作的影响。

合伙协议，是指由全体合伙人协商一致、依法达成的有关共同出资、共同经营、共担风险的协议。合伙协议是合伙组织体的法律基础，合伙协议规定了合伙组织体的经营目的，确立了合伙人之间的基本权利义务关系以及承担责任的依据。

合伙协议分为普通合伙协议和有限合伙协议，普通合伙企业全体合伙人签订的是普通合伙协议，有限合伙的 GP 和 LP 共同签订的是有限合伙协议。有限合伙协议比普通合伙协议更为复杂，合伙企业法第六十三条规定，有限合伙协议除了要包括普通合伙协议必备的内容外，还必须载明一些其他事项，主要是关于有限合伙人及有限合伙执行事务合伙人的规定。

一、合伙协议的地位和法律性质

1. 合伙协议的标准化

PE 行业早期的有限合伙协议条款内容基本上是直接翻译自境外私募基金的合同文本，个别条款效力存疑。在近十多年的国内实践中，有限合伙协议内容逐步适应国内法律环境，条款逐渐完善，但实践中也存在协议制定较为随意的情况，尤其是有的机构借“私募”之名从事违法、违规活动，投资者无法从合同文本层面进行甄别，造成损失。为便于监管及控制风险，基金业协会于 2016 年 4 月发布《私募投资基金合同指引 3 号（合伙协议必备条款指引)》(以下简称《指引》)，对有限合伙协议从编制体例到条款内容，都进一步予以规范，为今后大资管时代下私募类产品的统一监管奠定了基础。该《指引》提出“私募基金管理人通过有限合伙形式募集设立私募投资基金的，应当按照本指引制定有限合伙协议，有限合伙协议中应当载明本指引规定的必备条款”，这就意味着，在 2016 年 7 月 15 日以后备案的私募基金必须按照该《指引》规定的条款草拟有限合伙协议，否则在备案时将可能遭遇麻烦。为规避合规风险,GP 在准备有限合伙协议文本时，应当涵盖该《指引》规定的必备条款，在条款名称及内容方面均应与之保持一致。

《指引》必备条款共计二十一条，基本涵盖了私募基金有限合伙协议常见的主要内容，对证券投资基金法和合伙企业法要求的条款及对投资人有重大影响的条款进行了重点提示。《指引》就必备条款的内容作出了说明和要求，具体条款内容由合伙人根据说明和要求自行拟定。

《指引》所述二十一项必备条款中，部分条款内容基本固化，没有合伙人自行发挥的余地，如“报送披露信息”条款，《指引》对该条款的说明是“订明全体合伙人同意私募基金管理人或其他信息披露义务人应当按照中国基金业协会的规定对基金信息披露信息进行备份”，在合伙协议中只需要将这句“全体合伙人同意私募基金管理人或其他信息披露义务人按照中国基金业协会的规定对基金信息披露信息进行备份”照搬即可，不需要另行措辞。还有一些条款需要自行草拟，但内容基本已经程式化，无须合伙人操心，如“争议解决”条款。

从实践的角度看，最耗费合伙人精力的条款主要是三类内容，一是涉及出资的条款，包括出资金额、出资形式及期限、违反出资义务的责任等；二是涉及分红的条款，包括收益分配与亏损负担、费用范围及支付方式等，此类条款是合伙协议的核心条款，也是各个合伙人角力最多的地方；三是涉及合伙人权限及其运用的条款，包括执行事务合伙人的权利义务、有限合伙人的权利义务、执行事务合伙人权利的行使及限制、合伙人大会的权限及议事规则、投资决策委员会的人员构成及议事规则，还包括合伙人的入伙、退伙等常规事项。

2. 合伙协议的法律性质

作为有限合伙的核心法律文件，合伙协议的法律性质为何？学界有不同认识，有学者提出，合伙协议具有双重属性，既是合伙人之间的民事合同，也是“合伙”这一团体的组织规则。[①] 我们赞同这一观点。

作为民事合同，自应遵循意思自治原则，有关合伙协议的订立、修改和变更、解除都应当征得全体合伙人的一致同意。合同内容也应以民事权利、民事义务和民事责任为核心。作为组织规则，合伙协议应当规定“合伙”这一团体的组织原则和工作机制，合伙企业法第十八条关于合伙协议应当载明的事项中，合伙企业的名称、主要经营场所的地点、合伙目的和合伙经营范

① 参见王利明：《论合伙协议与合伙组织体的相互关系》，载《当代法学》2013 年第 4 期。

围、合伙事务的执行、入伙与退伙、争议解决办法、合伙企业的解散与清算等内容具备组织性规则的特征，与公司章程的作用类似。应当看到，虽然合伙协议有类似公司章程组织规则的作用，但其自治范围远大于公司章程，合伙企业如何组织、如何开展活动大都由合伙人自行决定。这就使得投资者按照自身意愿设计内部管理架构成为可能，合伙企业管理和运营的灵活性得以彰显。

可见，合伙协议是一种比较复杂的法律文件。相较于公司章程文本的千篇一律，实践中很少有完全相同的合伙协议，这种由合伙协议的复杂性和自治性所共同决定的特点不易改变，即便律师提供了很多示范文本，实践中的合伙协议仍然五花八门。当然，随着基金业协会有关法律文件指引的出台，合伙协议从条款结构上将逐渐趋于一致，但重点条款的具体内容仍难统一。

二、合伙协议中重点条款涉及的问题

1. 合伙人大会与执行事务合伙人的权限划分

合伙企业的全部事务由合伙人大会及执行事务合伙人依据各自的职权分别完成，合伙人大会与执行事务合伙人构成了合伙企业完整的内部治理结构，有限合伙人通过合伙人大会参与合伙企业的管理。合伙人大会的职权与执行事务合伙人的职权互不相容，任何一方不得行使对方的职权。在合伙协议草拟时，应当先考虑合伙人大会的职权范围，再考虑执行事务合伙人的职权。由于合伙人大会作为合伙企业的最高权力机关，不是执行机关，其会议不可能频繁召集，故合伙人大会仅应就涉及合伙企业资产以及合伙人资格等重大事项进行决策，而由执行事务合伙人对合伙人大会决策以外的事项进行管辖，这样既有利于执行事务合伙人顺利开展合伙事务的管理，也与合伙人大会的层级地位相称。

尽管分配职权的原则并不复杂，但如何恰当分配合伙人大会与执行事务合伙人的职权却不是一件容易的事，有的合伙协议将执行事务合伙人的权限约定得很宽泛，合伙人大会的作用仅在于听取执行事务合伙人汇报工作，甚至连退伙、入伙这种需要全体合伙人同意的事项都规定必须事先征得执行事务合伙人同意方可作为合伙人大会的议题，合伙人大会作为最高决策与监督机关的地位几近丧失，基金在成立后任由执行事务合伙人摆布，有限合伙人通过合伙人大会表达自身意愿的机会大为减少。而有的合伙协议则走向另一个极端，有限合伙人权力膨胀，合伙人大会越俎代庖执行合伙事务，执行事务合伙人的独立意志无法贯彻到合伙企业管理中，合伙企业的经营效率受到损害。

我们认为，出现上述权利失衡的主要原因，一是投资者和基金管理人对有限合伙人与执行事务合伙人之间的关系存在认知偏差，二是国内私募基金市场不成熟，基金管理人业绩记录与诚信记录缺乏。

私募基金是专家理财业务，基金管理人即执行事务合伙人具备丰富的行业和投资经验，能够通过专业团队管理弥补单个投资者资金、能力不足的缺陷，为投资者在险恶的金融市场攫取尽可能高的利益。而投资者作为有限合伙人，在承担有限责任的同时，必须放弃对基金的经营管理权和投资决策权，扮演“消极投资人”的角色，双方之间应当通过有效的激励机制和监督沟通机制确保利益一致，最大限度消除委托代理关系的消极影响。实践中，投资者对双方的关系认识不足，加之国内私募基金市场不成熟，基金管理人业绩记录与诚信记录缺乏造成投资者对基金管理人不信任，直接的后果就是越俎代庖，通过直接干预合伙事务来控制投资风险，导致在合伙协议中对有限合伙人的权利、合伙人大会的职权作出不适当的扩张。而作为基金管理人，过分强调投资效率，有意逃避有限合伙人的监督，都会促使基金管理人在合伙协议中过分限制有限合伙人的权利及合伙人大会的权限。

因此，恰当的划定合伙人大会与执行事务合伙人之间的权限，有赖于投资者与基金管理人正确认识两者的关系，建立确保双方利益一致的激励约束机制，也有赖于私募基金市场发展的成熟程度，尤其是监管制度的完善程度。

小贴士 合伙人大会职权与执行事务合伙人职权参考条款

1.1 合伙人大会职权

1.1.1 除本协议另有规定外，合伙企业的下列事项应经过合伙人大会做出决议：

（1）变更合伙企业的名称；

（2）变更本合伙企业的经营范围；

（3）变更合伙企业的经营场所；

（4）更换执行事务合伙人；

（5）处分合伙企业的不动产；

（6）听取执行事务合伙人关于收益分配方案及其执行情况的报告；

（7）听取执行事务合伙人关于上一年度投资收益情况、费用收支情况等财务报告；

（8）审议批准为被投资企业提供担保或贷款；

（9）审议批准合伙人入伙、退伙、合伙人资格继承事宜；

（10）审议批准以实物资产退还退伙人的财产份额；

（11）审议批准合伙企业中普通合伙人与有限合伙人互相转变；

（12）审议批准合伙人增加或者减少出资份额；

（13）修订或者补充合伙协议；

（14）决定本合伙企业的解散及清算事宜；

（15）决定延长合伙企业合伙期限；

（16）决定将合伙人除名，本协议另有约定的除外；

（17）执行事务合伙人认为需由合伙人大会决议的事项；

（18）法律法规及本协议规定应当由合伙人大会决定的其他事项。

1.1.2 除本条规定的事项及本协议其他条款明确规定由合伙人大会决定的事项外，合伙企业的事务均由执行事务合伙人负责处理或作出决定。

1.2 执行事务合伙人职权

1.2.1 执行事务合伙人的职权包括：

（1）召集和主持合伙人大会，提议召开合伙人临时会议；

（2）主持合伙企业的日常管理工作；

（3）审议批准合伙企业的规章制度；

（4）决定认缴出资总额的增加；

（5）对外开展业务，缔结合同、协议及达成其他约定；

（6）管理本合伙企业的资产；

（7）处分合伙企业动产、知识产权或其他财产权利；

（8）根据合伙人大会的决议处分不动产；

（9）决定托管银行的聘请及更换，决定托管费用的具体数额；

（10）决定聘任或解聘为合伙企业服务的律师事务所、会计师事务所及其他中介服务机构；

（11）投资项目的收集、筛选、调查、谈判、执行投委会的项目决策（投资、增减资、退出）和投资项目的后期管理事项；

（12）保管合伙企业所有经营和开支的档案与账簿；

（13）根据合伙企业与相关方签署的交易文件向被投资企业推荐、提名、委派董事、监事、高级管理人员及其他相关人员；

（14）决定合伙企业利润分配和亏损分担方案并执行；

（15）办理合伙企业在工商行政管理部门等相关政府部门的登记等事宜，并根据适用法律的规定向相关政府部门披露合伙企业的相关信息；

（16）代表合伙企业处理与合伙企业相关的诉讼、仲裁等事宜；

（17）办理与合伙企业有关的各类税费事宜；

（18）决定聘任或解聘合伙人职员以外的人担任合伙企业的高级管理人员及其报酬事项；

（19）制订为被投资企业提供担保或贷款的方案；

（20）处理法律法规或本协议规定的其他应由执行事务合伙人执行的事务以及其他与合伙企业事务相关的管理、控制、运行等事项。

1.2.2 除本协议另有规定外，为履行或行使本协议第 1.2.1 条所列各项职权，执行事务合伙人有权以合伙企业的名义采取所有其认为必要的行为以及签订所有相关文件，而无需经过其他普通合伙人、有限合伙人的进一步批准，本协议约定由合伙人大会审议批准的除外。

2. 有限合伙人参与企业管理的限度

我们在第二章介绍了与有限合伙人参与合伙企业管理相关的“控制原则”和“安全港规则”，并对我国合伙企业法上的相关制度进行了简要分析。从实践的角度看，如何平衡有限合伙人与普通合伙人之间的关系确实是合伙协议拟定和实施过程中的重要问题。当前，私募基金业有限合伙人参与合伙企业管理比较普遍。有限合伙人参与合伙企业管理的方式主要通过两个路径，一是要求在投资决策委员会中获得委员席位，在投资决策中直接体现有限合伙人的意志；二是要求成为基金管理人的股东，通过参与管理团队的方式间接影响合伙企业的经营管理。

针对这些问题和实践中的做法，我们认为，在合伙企业管理方面，平衡有限合伙人与普通合伙人之间的关系应当遵循三个原则：一是依法合规。按照合伙企业法的现行规定，除第六十八条规定的情形外，法律对有限合伙人直接参与合伙企业管理并未留出更大的制度空间和余地。如前所述，虽然实践中存在有限合伙人参与投资决策委员会，或通过其关联企业成为合伙企业管理人的方式事实上参与企业管理，但这种做法存在一定法律风险，特别是有限合伙人直接参与合伙企业投资决策委员会的情形，与合伙企业法的有关规定存在明显冲突。二是不能以牺牲或削弱有限合伙企业的制度优势为代价。有些做法，虽然并不直接违反现行法律规定，但对企业的决策和管理效率造成很大影响。比如，前述有限合伙人或其关联企业与普通合伙人共同组成合伙企业的执行事务合伙人。于此情形，合伙企业的投资决策事实上由普通合伙人与有限合伙人共同作出，沟通和决策程序进一步复杂，效率也受到影响，其实际效果是合伙企业的决策机制进一步向有限公司靠拢，原有的灵活性、高效率等受到挑战。三是完善信息沟通和管理机制。强化和规范普通合伙在管理沟通、信息披露等方面的义务和责任能够有效解决有限合伙人与普通合伙人或执行实务合伙人之间的信息不对称。既能够落实有限合伙人的知情权和监督权，也进一步强化普通合伙人的责任意识和规范意识。当然，要想让恺撒的归恺撒，上帝的归上帝，既有赖于相关监管政策和规范体系进一步完善，也有依赖于投资者与基金管理人正确认识两者的关系，逐步推动成熟的市场机制和投资文化的建立。

小贴士 有限合伙人的权利义务参考条款

1.1 有限合伙人的权利

（1）参加或委托代表参加合伙人会议并依本协议的约定行使表决权；

（2）有权自行或委托代理人查阅会议记录，审计财务会计报表及其他经营资料；

（3）有权了解和监督有限合伙企业的经营状况并提出意见；

（4）依据本协议获得收益分配的权利；

（5）依法转让财产份额的权利；

（6）法律法规或本协议赋予的其他权利。

1.2 有限合伙人的义务

（1）有限合伙人以其认缴的出资额为限对合伙企业债务承担责任；

（2）按照本协议约定的条件和方式如期足额缴付出资；

（3）除本协议明确规定的权利和义务外，有限合伙人不得参与及干预合伙企业的正常经营管理；

（4）有限合伙人仅将执行事务合伙人向有限合伙人所提供的一切信息资料用于合伙企业相关的事务，不得向第三方公开或用于与合伙企业无关的商业活动；

（5）有限合伙人不执行合伙企业的事务；

（6）未经全体合伙人一致同意，不得出质其财产份额；

（7）其他依据法律法规或本协议的约定应由有限合伙人承担的义务。

1.3　不执行合伙企业事务

1.3.1　有限合伙人不执行合伙企业事务，不得对外代表合伙企业（包括但不限于参与管理或控制合伙企业的投资业务及其他以合伙企业名义进行的活动、交易和业务，或代表合伙企业签署文件）。

1.3.2　有限合伙人的下列行为，不视为执行合伙企业事务：

（1）参与决定普通合伙人入伙、退伙；

（2）对合伙企业的经营管理提出建议；

（3）参与选择承办合伙企业审计业务的会计师事务所；

（4）获取经审计的合伙企业财务会计报告；

（5）对涉及自身利益的情况，查阅合伙企业财务会计账簿等财务资料；

（6）在合伙企业中的利益受到侵害时，向有责任的合伙人主张权利或者提起诉讼；

（7）普通合伙人怠于行使权利时，督促其行使权利或者为了合伙企业的利益以自己的名义提起诉讼；

（8）依法为合伙企业提供担保。

1.4　陈述和保证

1.4.1　各有限合伙人分别向普通合伙人和其他有限合伙人承诺和保证如下：

（1）其系依法成立并有效存续的企业或有完全民事行为能力的自然人；

（2）其有权签署并履行本协议，其签署并履行本协议不会（i）违反其须遵守的任何法律、法院判决与仲裁裁决；或（ii）违反其合法成立及有效存续所依据的任何文件；或（iii）违反其作为签约方签署的任何文件或协议；

（3）就签署及履行本协议，已按内部程序作出有效决议并获得充分授权，代表其在本协议上签字的人为合法有效的代表；

（4）就签署及履行本协议，已获得所有所需政府部门的批准、登记或备案（如需要）；

（5）若其签署及履行本协议需获得第三方的同意，其已获得所有该等第三方的书面同意；

（6）其已仔细阅读并完全理解本协议条款之确切含义，不存在任何误解；

（7）其缴付至合伙企业的任何出资均为来源合法的资金；

（8）其为符合《私募投资基金监督管理暂行办法》规定的合格投资者；

（9）截至本协议签署之日，其并未涉及会对本协议所述任何事项或其他各方造成重大不利影响的任何事项；

（10）其向其他各方交付的所有资料均是真实、准确和完整的，不存在任何误导性陈述。

1.4.2 如有限合伙人违反上述陈述和保证事项给合伙企业和/或其他合伙人造成损失的，应对合伙企业和/或其他合伙人予以充分的、及时的赔偿。

3. 合伙人大会与投资决策委员会的议事规则

常见的合伙协议中，合伙人大会的议事规则主要有合伙人大会的召集、召开与表决等内容，多参照有限责任公司章程中的股东会议事规则改写而成。

投资决策委员会是投资业务方面的最高决策机构，因此，投委会的工作程序必须具备可操作性，不能有模糊表述或遗漏项，比如有的合伙协议规定“委员通过书面记名对议案进行表决”，如何表决再无后文，是不是可以弃权，是不是可以投附条件同意票，都不清楚，这样的规定就不具有可操作性；又比如有的合伙协议要求关联方回避，但没有就“关联方”作出清晰定义，可能引起争议；再比如有的合伙协议虽然要求关联方回避，也对关联方作出定义，但没有考虑如果投票的委员多数都是关联方从而导致投票人数不足时该怎么办的问题。因此，议事规则的草拟必须考虑周全，不断在实践中完善。

小贴士 合伙人大会与投资决策委员会议事规则参考条款

1. 合伙人大会议事规则

1.1 合伙人大会的召集

1.1.1 合伙人大会分为定期会议和临时会议，定期会议每年召开一次，于当年第一季度；经执行事务合伙人或半数以上有限合伙人提议或联名提议，可召开临时合伙人大会。

1.1.2 合伙人大会由执行事务合伙人召集和主持。召开合伙人大会会议的，执行事务合伙人应至少提前五（5）日书面通知各合伙人，该等书面通知应至少包括：会议的时间、地点；会议议程和相关资料；联系人和联系方式。

1.2　合伙人大会的召开

1.2.1　合伙人大会会议可以由合伙人或其授权代表以现场、电话会议或视频会议等可即时获取会议信息的方式出席。如经全体合伙人一致同意，也可以以书面方式召开会议。

1.2.2　全体普通合伙人（包括执行事务合伙人）及代表四分之三以上实际出资额的有限合伙人出席方构成合伙人会议的有效出席人数；涉及普通合伙人退出或更换执行事务合伙人事项的，该普通合伙人或该执行事务合伙人以外的普通合伙人及代表四分之三以上实际出资额的有限合伙人出席亦构成合伙人会议的有效出席人数。

1.2.3　除本协议另有约定外，合伙人大会对合伙人大会职权中的第 4 项、第 8 项、第 12 项、第 13 项的审议需经出席会议的合伙人一致同意，方为表决通过；合伙人大会对合伙人大会职权中的其他事项的审议需经出席会议的合伙人过半数同意方为通过。涉及更换执行事务合伙人、合伙人入伙、退伙、除名的，必须经当事人以外的其他全体出席会议的合伙人一致同意方为通过。

1.2.4　执行事务合伙人应对会议进行记录，并将会议所作决议制作成书面文件，出席会议的合伙人或其授权代表应在会议记录上签字，对会议所作决议投赞成票的合伙人或其授权代表应在决议文件上签字、盖章。执行事务合伙人应及时将会议记录及书面决议文件发给以非现场形式出席会议的合伙人，该等合伙人应于收到执行事务合伙人该等书面文件后签字、盖章并在三（3）日内将该等文件发回执行事务合伙人。

2. 投资决策委员会议事规则

2.1　投委会职权

（1）对合伙企业拟投资项目的投资事宜作出决议；

（2）对合伙企业已投资项目的增减资、退出等事宜作出决议；

（3）本协议和合伙人大会授予的其他职权。

2.2　投委会工作程序

（1）投委会召开会议时由主任委员提议并召集，并应于会议召开五（5）日前通知全体委员，参会委员必须达到除去应当回避的委员之外的其他全部委员的四分之三及以上时方可召开，否则会议召开时间顺延。会议由主任委员主持；

（2）全部议案经过所有与会委员审议完毕后，依照议案审议顺序对议案进行逐项表决；

（3）投委会委员通过书面记名表决对议案进行表决，表决意向分为同意、不同意，不得弃权，不得附生效条件。出席会议的每一名委员享有一票表决权。投委会按照一人一票的方式对合伙企业的事项作出决议。一般项目：经除有关联关系之外的投委会全体委员三分之二以上同意方为有效；特殊项目：单笔投资金额超过认缴总额15%以上重大投资项目，须经投委会除有关联关系之外的全部委员一致同意方为有效；

（4）投委会会议通过的项目，其投资决议、表决的结果以及对议案的建议和意见，应以书面形式报执行事务合伙人。

2.3 关联方回避

拟投资项目如与投委会成员存在利害关系，该成员应当回避，不得参与项目评审及投票，也不得以任何方式影响其他委员对项目的判断。如因关联关系原因导致投委会有效表决人数低于3人，则执行事务合伙人应及时更换投委会成员，确保非关联关系成员不低于有效表决人数。

2.4 投委会会议记录

投委会会议应当进行书面会议记录，出席会议的委员和会议记录人应在会议记录上签名。出席会议的委员有权要求在记录上对其在会议上的发言作出说明性记载。投委会会议记录、投委会决议的书面文件由执行事务合伙人保存。

投委会会议记录应至少包括以下内容：

（1）会议召开的日期、地点和召集人姓名；

（2）会议召开方式、出席会议人员的姓名；

（3）会议议程；

（4）委员发言要点；

（5）每一决议事项的表决方式和载明同意、不同意的表决结果；

（6）其他应当在会议记录中说明和记载的事项。

专题二

单边协议：妥协还是创新？

本章导读

专题二归纳了单边协议产生的背景、主要类型、法律效力，以及适用中的常见问题。进一步总结单边协议的适用效果，一是在有限合伙人之间造成不公平，二是加重基金管理人的风险或负担。单边协议的产生，很大程度上反映了基金管理人在资金募集领域的弱势地位，对基金管理人而言，与其说是一种创新，不如说是向投资人的妥协。这种妥协的主要风险体现在：（1）管理难度和协调难度。面对投资条件不同、利益诉求各异的投资人，尤其是在存在多份单边协议的情况下，管理人可面临如何处理不同协议之间的冲突的尴尬局面。在信息披露、投资监督、收益分配等环节，投资人很可能觉察到合伙协议之外单边协议的存在，由此引发的争议将进一步加剧内部协调和平衡的难度。（2）运营成本和投资限制。在投资人通过单边协议减少管理费分摊，或提高收益分配要求的情形，管理人只能在正常的基金分配渠道之外作出安排。在投资人以单边协议限制基金的投资范围或提出特定要求的背景下，基金管理人不能完全按照自己的判断进行投资决策。这两种情况都在很大程度上增加了管理人的运营成本和投资风险。（3）违约责任与合规风险。在发生争议的场合，单边协议的隐密性将不复存在。于此情形，基金管理人一方面要应付因违约引发的争议事项，另一方面，也可能面临监管机构基于合规管理的行政处罚和问责。

单边协议，一般是指基金管理人在有限合伙协议之外与某个或某几个有限合伙人（而非全体有限合伙人）签订的对有限合伙协议作出修改或者补充的协议。单边协议在国内法律中没有明确定义，其称谓可能来自于对英美法中“side letter”或“side agreement”的翻译。

单边协议不是有限合伙协议的补充协议，两者最明显的区别在于，单边协议的签署主体不是全体合伙人，而且单边协议对有限合伙协议内容的修改或者补充，只是针对个别合伙人，未签署单边协议的其他合伙人仍然按有限合伙协议享有权利或履行义务。

单边协议与“抽屉协议”有相同之处，也有不同之处。相同的是，单边协议与“抽屉协议”都具有非公开性，外人无从查知；不同的是，单边协议强调的是在多人共同签署的协议之外，个别人又签署的与之有关的协议，而“抽屉协议”和公开协议的签署主体完全相同，但公开协议摆在明面上，而“抽屉协议”锁在抽屉里。当然，由于单边协议与抽屉协议的概念均非法定，内涵并不清晰，故业界人士对有关文本的称呼比较随意，对单边协议与抽屉协议的细微差异不加区分。

一、单边协议产生的背景

在基金管理人募资过程中，部分投资人可能会在原有有限合伙协议之外提出有别于其他投资人的特殊要求，如要求基金管理人承诺固定回报、优先分配或优先退出、享受比其他合伙人更高的收益等，基金管理人为了尽快完成募资并设立基金，一般需要与有特殊要求的投资人就其特别要求展开谈判并签订内容异于有限合伙协议的单边协议。在基金成立并存续期间，也可能因投融资环境变化导致部分投资人会要求与基金管理人签署单边协议。

根据中华股权投资协会发布的《人民币基金与美元基金：有限合伙协议比较调研报告 2011》，42.4% 的参与调研的基金与某（些）LP 签署了单边协议。人民币基金与美元基金中存在单边协议的比例分别为 20.0% 和 61.1%。

有特殊要求的投资人（简称“特殊 LP”）一般是如下投资人：（1）能够为基金提供大部分资金者。作为“大股东”，可能会提出不同于其他人的条件。(2) 有特殊资金渠道的投资者。如信托公司、证券公司，可以利用其“牌照”快速募集资金，并通过特定金融产品对接基金。但由于“刚性兑付”的潜规则，需要基金管理人作出特殊承诺、保证，或结构化安排。(3) 有特殊需求的投资者。如有些投资人因在自身项目上有资金需求，希望借道私募基金筹集资金，基金管理人只是“顾问”角色，双方可能会有私下的安排。[①](4) 有特殊风控要求的投资者。如保险公司，对资金安全要求高，可能会要求基金管理人提供资金安全保障措施。

实践中，签署单边协议的具体动因包括[②]：

1. 在基金募集期间，基金管理人为了获得“特殊 LP”的投资或继续投资，只能接受“特殊 LP”的特殊要求，但又不愿给予其他 LP 同等待遇，故签署单边协议；

2. 由于投资活动的长期性，“特殊 LP”出于对投资风险的考量，结合自身实际情况一般会就合伙协议中尚未约定而在私募股权基金未来运行过程中可能会出现的问题同基金管理人进行磋商，磋商的结果一般是签署相应的单边协议；

3. 信托公司或其他资管机构以发起设立的集合资金信托计划、基金子公司资产管理计划所募集资金投资私募基金时，往往要求有限合伙协议对 LP 进行结构化的分类设计，并赋予不同类型的 LP 以不同的权利，如优先 LP、普通 LP、劣后 LP，各类 LP 具有不同的收益分配比例和分配顺位。在此基础上，为了进一步保证“特殊 LP”的权益，信托公司或资管机构可能还会提出不同于其他 LP 的特殊条件，并要求与基金管理人签署单边协议。

4. 有限合伙协议由 LP 代持方（名义 LP）签署，而实际出资人（隐名 LP）与基金管理人另行签署单边协议。

5. 在有限合伙存续期间，发生有限合伙协议没有约定或明确约定的事项，基于沟通成本和协商意愿等原因，基金管理人无法就该事项与全部合伙人达

① 参见王以锦：《PE 业务合规操作实务手册》，法律出版社 2015 年版，第 156 页。

② 秦茂宪、李锐、支晓南：《有限合伙“单边协议”——实践、效力及风险分析》，http://blog.sina.com.cn/s/blog_a19761c80101c5w0.html，访问日期：2017 年 2 月 19 日。

成一致意见，因此与部分 LP 就有限合伙存续期间发生的特殊情况进行约定并签署单边协议。

二、单边协议的典型条款

单边协议通常包括有限合伙协议未规定的特殊安排或对有限合伙协议的安排进行调整，赋予部分有限合伙人区别于其他合伙人在合伙协议中享有的权利，其典型条款包括：

1. 调整合伙企业投资范围。主要目的是满足作为单边协议当事人的有限合伙人在资金使用的地域范围、投资标的企业的行业属性等方面的特殊要求。这类有限合伙人包括地方政府的投资平台、某些大型集团公司所属的投资机构等。投资人往往希望通过这种约束，加大基金在当地或本系统的投资强度，带动地方经济发展。

2. 调整收益分配方式。通过这类条款安排，赋予单边协议中的有限合伙人优于其他投资人的收益分配顺序或分配比例。比如约定其最低收益率并由普通合伙人提供担保，或者给予其更为有利的分配计算方式和选择权等。

3. 赋予部分有限合伙人优先退出权。此类条款的实质是由基金管理人向该有限合伙人提供投资项目优先退出的担保，以降低其项目无法退出或不能如期退出的风险。比如，约定在特定条件下，由基金管理人受让或优先受让该有限合伙人在某投资项目中的股权收益份额等。

4. 给予部分有限合伙人管理费折扣。这种情况多发生在该投资人在基金募集过程中首先出资，或者单个投资人的出资份额在整个基金规模中占有较大比例的情形。出于加快后续融资，以及尽快募集到位等考虑，基金管理人往往会给予这些有限合伙人不同程度的管理费折扣。

5. 给予部分有限合伙人项目跟投选择权。此类条款往往赋予该有限合伙人更多的投资机会或投资项目选择权。通常约定，在基金投资新的项目时，该有限合伙人具有在合伙企业之外，以自有资金自行决定是否跟投的权利，并且在具体投资比例、投资价格等方面享有特定的权利。

序号	条款	合伙协议	单边协议
1	投资范围	本基金的投资范围为全国各领域的基础设施建设工程。	本基金的投资范围仅限于某某地区的交通道路基础设施建设工程。
2	收益分成	基金获得的投资收益根据各LP认缴有限合伙出资的比例向各LP进行分配。	投资人A的收益优先于任何其他LP进行分配，按照13%/年投资收益率计算的投资人A的收益以及本期可供分配的收益的60%中较大值者为投资人A的收益金额。
3	优先退出	—	当退出条件成就时，在同等条件下，GP应优先受让投资人A持有的全部/部分有限合伙权益。
4	收益补偿	—	如基金的年化收益率低于12%（含本数）时，GP应按年化收益率12%的标准减去投资人实际分配收益的差额向投资人支付投资收益补偿费。
5	管理费折扣	GP管理费由各LP根据其认缴出资额按比例分摊。	投资人A应缴纳的管理费按有限合伙协议约定其应分摊金额的80%计算。
6	最惠待遇	—	GP承诺现在或将来给予任何其他LP的权利、优惠、特权或豁免待遇应同样给予投资人A。
7	项目跟投	—	有限合伙投资任何新项目，投资人A有权选择是否跟投，若选择跟投，则投资比例应以与其认缴的出资比例相当，且投资的价格、条款和条件应与其他潜在投资人的投资价格、条款和条件相同。

图7-2　单边协议常见特殊安排举例①

三、单边协议的法律效力

1. 现行法律法规的有关规定

合伙企业法第十九条规定，“修改或者补充合伙协议，应当经全体合伙

① 参见秦茂宪、李锐、支晓南：《有限合伙“单边协议”——实践、效力及风险分析》，http://blog.sina.com.cn/s/blog_a19761c80101c5w0.html，访问日期：2017年2月19日。

人一致同意；但是，合伙协议另有约定的除外。合伙协议未约定或者约定不明确的事项，由合伙人协商决定；协商不成的，依照本法和其他有关法律、行政法规的规定处理”。有关条文并未涉及对单边协议的规定。从协议主体的角度看，由于单边协议合同主体与有限合伙协议的合同主体不完全一致，因此，单边协议并非有限合伙协议的补充协议，不当然适用合伙企业法。作为民事合同，单边协议法律关系应受民法通则、民法总则和合同法调整，但尚未有直接针对单边协议进行规制的法律条文。

在部门规章层面，证监会 2016 年 7 月发布的《证券期货经营机构私募资产管理业务运作管理暂行规定》（13 号文）多处涉及对单边协议的规范。

该规定第三条为“证券期货经营机构及相关销售机构不得违规销售资产管理计划，不得存在不适当宣传、误导欺诈投资者以及以任何方式向投资者承诺本金不受损失或者承诺最低收益等行为，包括但不限于以下情形：……（三）与投资者私下签订回购协议或承诺函等文件，直接或间接承诺保本保收益；（八）销售资产管理计划时，未真实、准确、完整地披露资产管理计划交易结构、当事各方权利义务条款、收益分配内容、委托第三方机构提供服务、关联交易情况等信息；……”。

该规定第四条规定“证券期货经营机构设立结构化资产管理计划，不得违背利益共享、风险共担、风险与收益相匹配的原则，不得存在以下情形：……（三）未在资产管理合同中充分披露和揭示结构化设计及相应风险情况、收益分配情况、风控措施等信息；……”。

其第八条规定“证券期货经营机构开展私募资产管理业务，不得从事非公平交易、利益输送、利用未公开信息交易、内幕交易、操纵市场等损害投资者合法权益的行为，不得利用资产管理计划进行商业贿赂，包括但不限于以下情形：……（六）违背风险收益相匹配原则，利用结构化资产管理计划向特定一个或多个劣后级投资者输送利益；……”。

从证监会的前述规定看，目前对证券期货经营机构及相关销售机构在从事私募资管业务时签署单边协议持严格禁止的态度，认为单边协议有悖公平交易原则。需要注意的是，前述并不适用于私募股权基金。

2. 单边协议的效力分析

如前所述，单边协议的出现是为了满足一些特殊投资者的特殊要求，这些特殊要求针对的是基金，而基金的其他 LP 则不能享受单边协议的利益，甚至并不知道还有这样的协议存在，这自然就产生一个疑问，单边协议合法吗？

我国《民法通则》第五十五条、五十六条规定“民事法律行为应当具备下列条件：(1）行为人具有相应的民事行为能力；(2）意思表示真实；(3）不违反法律或者社会公共利益。民事法律行为可以采用书面形式、口头形式或者其他形式。法律规定用特定形式的，应当依照法律规定”。这是合同的一般生效条件，具备了这些条件的合同法律将认可其效力，否则可能是无效合同，也可能是可撤销合同或效力待定合同。

通过对单边协议产生的原因及其常见条款内容的检视，我们认为，协议内容对协议效力有决定作用。如果单边协议存在保底保收益的内容，因其违反国家有关金融秩序的规定，将受到监管机构处罚，不排除被司法机关认定为无效合同的可能性；如果单边协议存在损害第三人合法利益的情况，则单边协议或单边协议中的具体条款应当被认定为无效；如果单边协议的约定并无违反金融法规的内容，也没有损害第三人的合法权益，则该单边协议应当被认为有效。

(1）单边协议存在保底保收益的内容。《私募投资基金监督管理暂行办法》第十五条规定，“私募基金管理人、私募基金销售机构不得向投资者承诺投资本金不受损失或者承诺最低收益”。违反该规定的，“中国证监会及其派出机构可以对其采取责令改正、监管谈话、出具警示函、公开谴责等行政监管措施”、“责令改正，给予警告并处三万元以下罚款；对直接负责的主管人员和其他直接责任人员，给予警告并处三万元以下罚款；情节严重的，中国证监会可以依法对有关责任人员采取市场禁入措施”。

也即存在保底保收益内容的单边协议将承担被监管机构行政处罚的风险。同时，尽管《私募投资基金监督管理暂行办法》属于部门规章，尚达不到法律、行政法规的效力层级，不能依据合同法第五十二条中“违反法律、行政法规的强制性规定”的条款判定单边协议无效，但是，保底保收益的行为是当前金融监管部门严厉查处的危害金融秩序的行为，不排除司法机关依据合同法第五十二条中“损害社会公共利益”的条款判定单边协议无效的可能性，相关分析详见第六章第四节。

目前，由于《私募投资基金监督管理暂行办法》的出台，基金管理人一般都不会直接与投资者签订保底保收益内容的协议，往往通过结构化设计起到类似担保的效果，或者通过第三方担保来达到目的，此时就不能仅仅因为有结构化的约定而判定协议无效，但如果结构化设计损害第三人的合法权益，仍将被认定为无效合同。

（2）单边协议存在损害第三人合法权益的内容。例如优先安排特殊 LP 获得基金收益，优先安排特殊 LP 退出基金等，这些约定势必直接损害第三人的利益，司法机关可能会依据合同法第五十二条中“恶意串通，损害国家、集体或者第三人利益”的条款，判定单边协议无效。

（3）单边协议内容并无违反法律法规及损害第三人的情况。如投资者放弃部分利益的约定，或者有关要求公平对待各个投资者的约定等，此类单边协议应属有效。

四、单边协议适用中的常见问题

1. 关于授权基金管理人签署单边协议的问题

有观点认为，只要在有限合伙协议中明确授权基金管理人有权签署单边协议，则单边协议就有效力，否则，就属无效。这种说法没有法律根据。虽然合伙企业法第十九条为基金管理人不经全体合伙人同意就修改或补充合伙协议提供了合法途径，但基金管理人能够签署的仅限于有限合伙协议的补充协议，并未给单边协议留有余地。实践中，有限合伙人出于维护自身利益的考虑也不可能授权（包括在有限合伙协议中明确同意）基金管理人与其他有限合伙人签署单边协议。

2. 关于单边协议的对外披露

单边协议出现的原因是要满足“特殊 LP”的特殊需求，因而单边协议必然具有非公开性的特征，如果今后监管严格，从法律层面要求基金管理人披露单边协议，否则单边协议无效，则单边协议现象可能不复存在。

3. 关于基金管理人的关联方与有限合伙人签订的协议

基于合同相对性的法理，我们认为，尽管基金管理人的关联方与有限合伙人签订协议的目的也是为了保底保收益，但关联方作为独立法人应当为自己的自愿担保行为承担民事责任，这不属于监管机关禁止的范围，只要按照合同法和物权法、担保法的规定判断其行为性质与效力即可，没有必要舍近求远地按照法律性质并不清晰的单边协议来对其定性，相关法律风险可参见第六章第四节论述。

4. 关于有限合伙人之间签订的协议

虽然有限合伙人之间签署的法律文件内容与有限合伙协议有关，但考虑到基金的运行由基金管理人掌管，在缺乏基金管理人参与的法律文件中，一般不可能存在损害其他有限合伙人的情况，此类法律文件对基金本身的运行也没有影响，没有必要将其归为单边协议。

5. 第三方对有限合伙人提供的担保

这一问题与前述第 3 项问题本质上相同，我们认为将此类担保认定为单边协议只会将事情复杂化。在没有任何理由突破合同相对性的前提下，只须按照合同法和物权法、担保法的规定判断第三方的行为性质与效力，令其承担相应的民事责任即可。

6. 关于基金管理人的员工与部分有限合伙人签订的协议

基金管理人的高管（委派代表除外）在没有获得基金管理人授权的情况下与有限合伙人签订协议应属超越权限的行为，在基金管理人追认前其协议效力待定，在经过基金管理人追认后即获得了与基金管理人签署协议相同的效果，即构成单边协议。如基金管理人不予追认，则该主管自行承担赔偿责任，有限合伙人也可以在基金管理人追认前撤销协议并追究该主管的民事责任。

7. 关于基金本身与部分有限合伙人签订的协议

此处协议非指有限合伙人与基金之间进行交易而签署的协议，特指某（些）“特殊 LP”为其特殊要求而签订的类似于前述单边协议的法律文件。

基金本身虽然是独立民事主体，但其合伙事务均由基金管理人负责执行，不排除基金管理人以基金名义签署类似协议的情况。但我们认为，“特殊 LP”的有关特殊要求属于合伙内部事务，是合伙人之间的事，合伙企业（基金）本身无权参与，有限合伙人明知应与基金管理人签署协议，却同基金签署协议，应当按照合同主体履行不能（不适格）为由，确定合同不生效。

CHAPTER 3

专题三

投资协议：特殊权利安排与对赌条款

本章导读

专题三总结了投资协议中典型的特殊权利条款和对赌条款，重点从司法和仲裁的角度探讨了对赌条款的法律效力。在风险投资领域，旨在保护投资人的特殊权利条款使用非常普遍。究其原因，一方面是被投企业大多处于初创期或成长期，技术、产品、市场面临很大的不确定性，投资人有必要采取措施防范风险；另一方面，在目标企业可能进行后续融资的背景下，特殊权利条款有助于提高投资人的谈判筹码，防止被不公平对待。特殊权利条款的使用对降低投资风险、增强激励约束，平衡当事人之间的利益关系发挥了重要作用。当然，实践中也存在一些需要关注的问题。一是要关注特殊权利条款在法律适用方面的不确定性。部分特殊权利条款由国外直接移植而来，在国内外不同法律政策背景下，或者找不到适用的依据，或者与国内立法、司法存在冲突，由此引发的争议或纠纷不一而足。二是要关注特殊权利条款对公司治理的影响。一票否决权、超过持股比例的表决权要求、提高重大事项所需表决权比例等做法是投资人在公司决策层面要求特殊权利的典型表现。这些做法，不仅对公司决策效率造成很大影响，在目标公司多轮融资、不同投资人均对公司决策权提出特殊权利要求的情况下，很可能进一步加剧公司决策过程的复杂性，使公司治理变得混乱不堪。对投资人而言，需要认真评估目标公司此前与其他投资人签订的特殊权利条款，清理其对公司治理和决策机制的影响，在避免公司决策进一步复杂化的同时，为落实自己的投资策略和投后管理创造条件。三是要客观评价特殊权利条款的实施效果。对于业绩对赌、现金补偿、股权回购，领售权、随售权等特殊权利安排，除法律适用的不确定性外，当事人违约、政策变动也是影响其实施效果的重要因素。就违约而言，在无法达到预期目标的情况下，被投企业或其实际控制人因欠缺履约能力无法承担违约责任的现象很多。于此情形，投资人依约受让目标企业的股权可能并无实际意义。从政策变动趋势看，监管层对公开资本市场的信息披露、公司股权结构的稳定性、同股同权等问题的关注日益严格、规范。在被投企业考虑挂牌或上市的情况下，如何处理已经存在的特殊权利条款、如何满足证券监管部门的要求，投资人需要特别关注。

投资方通过增资的方式入股目标企业，所签订的投资协议称为“增资协议”或“认购协议”；若投资方通过受让原股东股权的方式入股目标企业，则投资协议称为“股权转让协议”；若投资方同时通过上述两种方式入股目标企业，则称为“股权转让及增资协议”。

投资方以增资的方式入股目标企业，其结果是目标企业新增了股东，原股东并未退出，但原股东所持股权比例相应缩减。投资方作为财务投资人，通过增资方式持有的股权一般不会超过50%，并且会同意保持原控股股东的实际控制地位。

投资方以股权转让方式入股目标企业，可能存在两种情况，一种是受让控股股东或其他股东一部分股权，但控股股东及其他股东仍持有部分股权，另一种是全额受让控股股东或其他股东的股权，转让股权的股东退出目标企业。

实践中，还有很多情形是投资方既增资又受让一部分控股股东或其他股东的股权，增资的款项为目标企业注入新的动力，给予原股东的股权转让款则帮助前一轮的投资套现或部分套现，满足其收益要求，相关条款既需要考虑增资的情况，也要考虑股权转让的情况，协议文本要相对复杂。

一、投资协议中的特殊权利条款

从私募股权基金行业的实践看，与普通的股权转让协议或增资协议相比，投资人往往在协议中加入若干保护投资者权利的特殊条款。主要原因在于，一是标的企业往往处在初步发展阶段，企业价值、成长性和经营风险存在较大不确定性，出于风险控制的考虑，需要针对不同企业作出个性化的交易结构安排；二是标的企业在不同阶段可能发生多次融资和股权变动，为避免公司的实际控制人、公司治理结构等发生重大变动对公司成长和发展产生影响，投资人有必要通过必要的激励约束机制加以控制；三是私募股权投资具有阶段性投资的特征，从投资退出的角度看，预先对可能的退出条件、退出方式作出安排，有助于减少将来的争议和不确定性。

特殊权利条款主要包括估值调整或对赌条款、公司治理条款、反稀释条款，以及出售权和优先清算权条款，以下我们将分别介绍其基本内容和参考文本。

1. 一票否决权。投资方指派一名或多名人员担任目标企业董事或监事，有些情况下还会指派财务总监，对于大额资金的使用和分配、公司股权或组织架构变动等重大事项享有一票否决权，保证投资资金的合理使用和投资后企业的规范运行。

参考条款：

在目标公司董事会决定下述重大事项时，应经投资人委派的董事投票赞成，方可作出有效的董事会决议：（1）略；……

2. 优先分红权。约定投资方以高于其出资比例的方式优先获得分红，以便尽早获得投资收益。但更多的情况是，投资方要求在目标企业上市之前或征得其同意之前不得分红，以确保目标企业资本充足，并尽快上市。

参考条款：

本次增资后至目标公司首次公开发行前，未经全体董事一致同意，目标公司不得分红；若目标公司在本协议约定的时间内未能实现首次公开发行，则此后年度，目标公司必须分红，且其可分配利润必须优先分配给投资人，直至投资人退出目标公司为止，投资人所获得的全部分红收益加上退出收益应当不低于其所持股权对应的出资款加上单利年化收益率12%确定的收益之和。

3. 信息披露条款。为保护投资方作为目标企业小股东的知情权，一般会在投资协议中约定信息披露条款，如目标企业定期向投资方提供财务报表或审计报告、重大事项及时通知投资方等，还可能进一步约定投资方的检查监督权，如查阅目标企业原始账簿等。

参考文本：

投资人享有作为股东所享有的对目标公司经营管理的知情权和进行监督的权利，投资人有权取得目标公司财务、管理、经营、市场或其他方面的信息和资料，投资人有权向目标公司管理层提出建议并听取管理层关于相关事项的汇报。

只要投资人尚持有目标公司股权，即有权在正常工作时间内检查目标公司的设施、场地，有权与相关的董事、管理人员、员工、会计师、法律顾问和投资银行家讨论目标公司及其关联方的业务、经营和情况。投资人的检查工作不能影响目标公司的正常运营，检查费用由检查方自行承担。

4. 优先认购权。投资协议签署后至目标企业上市或挂牌之前，目标企业以增加注册资本方式引进新投资方的，应在召开相关股东（大）会会议之前通知本轮投资方，并具体说明新增发股权的数量、价格以及拟认购方。本轮投资方有权但无义务，按其在目标企业的持股比例，按同等条件认购相应份额的新增股权。

参考条款：

投资人有认购最多与其持股比例相当的目标公司任何新发证券或股权的优先认购权。认购价格、条款和条件与其他潜在投资人的条件相同。在投资人放弃其优先认购权的情况下，目标公司现有其他股东有权认购其放弃部分。目标公司新增注册资本时，投资人有权优先按照持股比例认缴出资。

5. 反稀释条款。投资协议签署后至目标企业上市或挂牌之前，目标企业以任何方式引进新投资方，应确保新投资方的投资价格不得低于本轮投资价格。如果目标企业以新低价格进行新的融资，则本轮投资方有权要求控股股东无偿向其转让部分公司股权，或要求控股股东向本轮投资方支付现金，即以股权补偿或现金补偿的方式，使本轮投资方的投资价格降低至新低价格。

参考条款：

本次增资后至目标公司首次公开发行前，目标公司若引进新投资，而新投资的投前估值低于本次增资的投后估值，本次投资人占目标公司引进新投资后的股份比例按以下公式进行调整或投资人认可的其他方式进行补偿：

调整后本次投资人占目标公司股份比例 =（本次投资人增资款）/（该新投资的投前估值 + 该新投资的融资金额）

6. 随售权 / 共售权。如果目标企业控股股东拟将其全部或部分股权直接或间接地出让给任何第三方，则投资方有权但无义务，在同等条件下，按其与控股股东之间的持股比例，将其持有的相应数量的股权售出给拟购买待售股权的第三方。

参考条款：

若现有股东拟向任何第三方出售其所持有的目标公司全部或部分股权且投资人同意的，投资人有权选择以同等条件按比例向该第三方出售股权。

7. 拖售权 / 领售权。如果目标企业的业绩达不到约定的要求或不能实现上市、挂牌或被并购的目标，投资方有权强制目标企业的控股股东按照投资方与第三方达成的转让价格和条件，和投资方共同向第三方转让股份。

参考条款：

若目标公司未能如约完成公开发行，且有第三方同意以不低于人民币 x 亿元收购目标公司时，投资人有权要求控股股东将其所持有的目标公司股权，按与投资人转让股权的同等价格和条件，出售给该第三方。于此情形，控股股东有义务将其所持目标公司的股权按与投资人同等的条件与投资人一起出售给该第三方。

8. 优先清算权。发生清算事件时，目标企业按照相关法律及公司章程的规定依法支付相关费用、清偿债务、按出资比例向股东分配剩余财产后，如果投资方分得的财产低于其在目标企业的累计实际投资金额，控股股东应当无条件补足；也可以约定溢价补足，溢价部分用于弥补资金成本或基础收益。

参考条款：

若目标公司进入清算程序，公司财产应当优先向投资人分配，并保障投资人获得不低于其所持股权对应的出资款加上单利年化收益率 12% 确定的收益之和。

若目标公司财产不足或法律上无法实现前述优先权利，控股股东（一致行动人）负责向投资人支付并补足前述金额。控股股东（一致行动人）是多个法人、其他组织或自然人的，按股东间的持股比例承担其义务。

从投资者的角度看，在投资协议中增加上述条款，有助于保持对目标企业的控制力，有助于保护自身的权益。但从实践效果看，这些条款往往也是双刃剑，在为投资者提供保护的同时，对目标企业的决策和运营效率不可避免产生影响，在企业调整公司治理结构、股权结构等方面也增加了后续融资的复杂性和难度，反过来，这些问题又在一定程度上成为影响投资退出的因素。因此，在选择使用投资优先权条款时，一方面要结合项目具体情况发现和把握影响投资风险的关键问题，并据此设计交易结构和合同条款。特殊权利条款不是越多越好，而是要抓住核心；另一方面，投资成败、合作的具体效果取决于很多因素，单纯依靠合同条款并不能解决所有问题，如何在投资过程中做好分析评价、与目标企业管理层和实际控制人建立良好的信任与合作关系，加强投资过程的动态跟踪和规范管理对最终的投资效果至关重要。需要注意的是，上述特殊条款和下文讨论的对赌条款是监管部门重点关注的合同内容，如被投企业属于公众公司（上市公司、非上市公众公司），有关条款往往难获监管部门认可，如股转系统针对新三板企业的《挂牌公司股票发行常见问题解答（三）——募集资金管理、认购协议中特殊条款、特殊类型挂牌公司融资》就对有关特殊条款作出了限制性规定。因此，私募基金在设计合同条款时，应当在考虑被投企业法律环境的基础上选择使用有关特殊条款。

二、对赌条款[①]

1. 对赌条款的概念

在条款清单及投资协议之外，投资方往往还要与融资方签订投资补充协

① 一般认为，对赌条款或对赌协议是舶来品，其对应英文名为 Valuation Ajustment Mechanism，简称 VAM，也翻译作“估值调整机制”，系由境外的 PE 基金引入中国，并因蒙牛、永乐、太子奶等著名案例而广为人知。不过有学者在对海外文献检索后发现，尽管国内文献众口一词地将对赌协议或估值调整机制视为国际资本市场或 PE 投资的常用工具，但这些概念并不见于域外的法律文件［刘燕：《对赌协议与公司法资本管制——美国实践及其启示》，载《环球法律评论》2016 年第 3 期。］还有学者查阅了硅谷知名的风投律所 Fenwick & West 自 2004 年以来按季发布的硅谷 VC 投资协议条款趋势调查报告，发现在这跨越 12 年的调查报告中，从未提及 Valuation Ajustment Mechanism，或者 VAM 的字样［清澄君：《硅谷无对赌》，http://www.360doc.com/content/16/0206/22/27398134_533109081.shtml，访问日期：2017 年 3 月 31 日。］与国内的对赌协议最为近似的风险投资协议条款是“回赎条款”（redemption），以及被称为“或有对价”（Earnout）的条款，但这些条款与国内的对赌协议存在实质性差异。硅谷的回赎（redemption）通常按投资原价执行，收益风险由投资人承担，而我国回赎价格通常以投资原价加上固定收益率确定，投资人不承担投资风险。［参见清澄君：《硅谷无对赌》，http://www.360doc.com/content/16/0206/22/27398134_533109081.shtml，访问日期：2017 年 3 月 31 日。］“或有对价”（Earnout），是一种定价和支付的机制，即达成某种条件买方才对卖方支付特定金额的价款。通过 Earnout 付款安排的设计，收购方将交易对价分期支付，在交割日仅支付首期款，而根据目标企业在交割日之后一段约定时期内的盈利表现，来决定是否支付以及支付多少剩余对价，是一种延期且或有的支付方式。［参见《并购神器：Earn-out 机制》，http://mt.sohu.com/business/d20170111/124062961_355052.shtml，访问日期：2017 年 3 月 31 日。］但无论如何，对赌协议在国内 PE/VC 资本市场几乎已经成为“标配”法律文件，据中华股权投资协会（CVCA）2014 年正式发布的《中国式“估值调整机制”（俗称“对赌协议”）的现状、趋势和最佳实践》调查显示，PE/VC 基金使用对赌协议十分普遍，人民币基金 100% 使用对赌协议，同时，随着对赌协议的大规模使用，在商业实践中也引发了很多纠纷，过半机构签署对赌协议的项目与企业家发生争议，股东无力回购和上市失败是最主要的矛盾点。如何认识对赌协议是摆在投资人和被投资人面前的重要课题。

议，补充协议的内容主要涉及对赌条款，因此，补充协议往往也称为对赌协议。投资实务中的对赌协议，一般是投资方在对目标企业进行投资时，为了克服未来盈利的不确定性、双方信息的不对称及委托代理问题所带来的投资收益风险，与目标企业或/及其实际控制人预先安排的估值调整或者获得特定优先权的机制，其测量指标主要是企业未来一定时期的经营业绩或能否上市。

通常，对赌协议在业界有三种不同口径的理解，即狭义对赌条款、广义对赌条款，以及介于广义和狭义的中等口径的对赌条款。[①] 本书采用狭义对赌条款的表述，即针对股权估值困难，双方约定以特定时间后公司实现的业绩作为标准，或者对超额投入的投资方给予补偿，或者要求投入不足的投资方增加出资。

PE 基金投资中大量使用对赌条款的主要原因包括以下几个方面：一是企业估值困难，并且投融资双方对企业估值存在分歧。PE 基金对企业的估值决定了 PE 基金所占目标企业的股权比重，乃至最终影响到整个投资的回报率，合理的估值是控制投资风险的最主要措施之一。但是，在投资方评估水平不足，或者融资方存在道德风险，以及市场风险难以把握的情况下，目标企业未来价值很难精准判断。融资方希望获得更多投资，往往高估企业价值，有时甚至有意无意隐瞒一些问题；与此相反，投资方为了降低风险和提高收益，往往在企业估值上比较保守。而且，由于目标企业没有上市，难以找到合适的参考企业，估值方法的预设前提存在很大主观随意性。通过估值调整机制，可以有效校正估值风险。二是投融资双方信息不对称。私募股权资本

① 参见刘燕：《对赌协议与公司法资本管制——美国实践及其启示》，载《环球法律评论》2016 年第 3 期。该文认为：通常，对赌协议在业界至少存在三种不同口径的理解：一是狭义的口径。对赌协议仅指初始投资的作价调整条款，即针对股权估值困难，双方约定以特定时间后公司实现的业绩作为标准，或者对超额投入的投资方给予补偿，或者要求投入不足的投资方增加出资。二是中等口径的解读。对赌协议包括前述的初始投资作价补偿条款以及投资方退出时的股权回购条款，后者通常发生在被投资企业未能成功实现上市的情形下。三是广义的口径。是将对赌协议表述为投资方与融资方就"未来不确定的情形"所作的约定，根据未来企业的实际盈利能力，由投资方或者融资方获得一定的权利或收益作为补偿。通过分期融资、控制权分配（以及重新分配）、创始人薪酬安排、反稀释条款、领售权、跟售权、股权回购及清算优先股等一系列特殊设计，在未来某种预定条件发生时，调整投资方和融资方之间的利益（或权利义务）。

市场是一个高度信息不对称的市场。目标企业为获得更高估值，在提供的企业信息中往往会渲染优势、夸大业绩，甚至隐瞒负面问题。相对于 PE 基金，目标企业是天然的信息占优势的一方，而 PE 基金则由于投资前处于外部人的地位，对目标企业的运作经营、财务指标都知之甚少，是信息劣势一方。投资方担心被骗，往往不愿轻易出手，导致合作无法完成。对赌协议是一个有效的信号传递工具，能够有效地解决信息不对称引起的双方不信任，有利于交易的达成。[①] 三是委托代理风险。首先，投融资双方利益分歧客观存在，由于投资方并不参与经营，并且信息占有量处于劣势，因而很难对融资方进行有效监督，这就极易导致融资方为追求自己利益最大化不惜损害投资方利益，从而产生道德风险。其次，企业经营者水平良莠不齐，投资方在事前难以作出准确判断，在企业经营过程中又难以形成有效监督，就难免会“遇人不淑”。这就使投资方担心利益受损而犹豫不定导致投资难以进行。投资方对赌协议可以防范这一风险，即如果企业达不到预期目标，即使投资方无法取得投资收益也可以获得融资方赔偿。[②] 四是合同的不完全性。投融资双方事先不可能完全预见合同履行期内可能出现的各种情况，从而无法达成内容完备、设计周详的合同条款。由于人们的有限理性、外在环境的复杂性和不确定性等不完美因素的存在，合约双方不可能详尽准确地将与交易有关的所有未来可能发生的情况及相应情况下的职责和权利写进合约，这一不足可以通过签署对赌协议，在今后发生某种事件时进行利益调整来弥补。

对赌协议产生的原因反映其价值所在，除此之外，对赌协议事实上起到了对融资方及目标企业管理者的激励约束作用。对赌协议以目标企业的经营业绩为标准，以股权为筹码，企业的经营业绩越好，经营者获得股权就越多，其对企业的控制权就越强，因而可以激励其为被投资企业创造出更好的业绩，客观上也就为投资方带来更大的投资回报。同时，将融资方所持目标企业的股权比例直接与其经营业绩相挂钩，实际控制人会自觉约束自身的行

① 参见黄伟：《投资基金模式下的协同创新激励机制研究》，重庆大学博士论文，2014 年，第 29-35 页。

② 赵金龙　昝凌霄：《对赌协议若干问题研究》，载《证券法苑》2015 年第 1 期。

为，摒弃道德风险及机会主义，从而“绑定”投融资双方的利益，实现投资方与企业管理层的共赢。

与此前讨论的投资协议中的特殊权利条款一样，对赌协议也具有双刃剑的作用，对企业也存在负面影响。一是短视效应。[①] 对赌协议一般以未来两三年的业绩为对赌条件，融资方在短期内要实现业绩的大幅提升，可能无法兼顾企业的长远发展。PE 资本的注入可能会诱使目标企业进行非理性的规模扩张，对赌协议设定的高额业绩增长目标更可能推波助澜，使目标企业放弃稳健发展战略，最终因能力不足而失败。太子奶和永乐对赌失败就是很好的例证。[②] 二是滥用对赌协议导致纠纷增多。作为“标配”法律文件，融资方可能丧失对于对赌协议的讨价还价能力，在资金压力下，融资方多半会轻率接受投资方拟定的对赌协议，以至触发补偿或回购条款时才后悔不已，在此情况下，双方极易因对赌协议的履行发生纠纷，导致目标企业利益受损，最终也影响投资方的预期收益。

2. 常见的对赌条款[③]

（1）股权调整式。该类条款最为常见，主要约定当目标企业未能实现对赌协议规定的业绩目标时，目标企业实际控制人将以无偿或者象征性的价格将一部分股权转让给私募基金。反之，则将由私募基金无偿或者象征性的价格将一部分股权转让给目标企业实际控制人。但是，股权补偿机制可能导致目标企业的股权发生变化，影响股权的稳定性，在上市审核中不易被监管机关认可。

（2）现金补偿式。当目标企业未能实现对赌协议规定的业绩目标时，目标企业实际控制人将向私募基金给予一定数量的现金补偿，但不再调整双方之间的股权比例。反之，则将由私募基金用现金奖励给目标企业实际控制人。应补偿现金 =（1- 年度实际经营指标 ÷ 年度承诺经营指标）× 投资方的实

① 姚磊：《私募股权投资中的对赌协议研究》，华东政法大学硕士论文，2012 年，第 30 页。

② 中国经营报：《深度调查太子奶对赌事件：李途纯的三重赌局》，http://finance.591hx.com/article/2010-06-20/0000062255s.shtml，访问日期：2017 年 3 月 31 日。

③ 参见姚磊：《私募股权投资中的对赌协议研究》，华东政法大学硕士论文，2012 年，第 31~32 页。

际投资金额 - 投资方持有股权期间已获得的现金分红和现金补偿。

（3）股权回购式。当目标企业未能实现对赌协议规定的业绩目标时（特别是以上市作为条件的对赌），目标企业实际控制人将以私募基金投资款加固定回报的价格溢价回购其持有的全部或部分股份。若对赌失败，经营不利的目标企业实际控制人是否有足够的资金来实现回购存在一定的风险，前述现金补偿方式也存在这个问题。

3. 对赌条款的效力

关于对赌协议的效力问题，需要区分其具体约定。某种对赌条款有效，并不意味着其他对赌条款也有效。鉴于对赌协议在我国资本市场中应用不到二十年时间，很多对赌条款都移植于外国法律文本，洋洋洒洒几十页，但不乏生吞活剥、于法无据的内容，[①] 从现有案例看，司法机关、仲裁机构等对不同对赌条款的司法态度和裁判态度并不完全一致。

（1）司法机关

号称中国对赌第一案的“海富投资案”自 2012 年底经最高法院判决后，各法院及仲裁机构对于有关“对赌协议”履行纠纷所作的裁判以及由此引起的争议便屡见于网络和报端，讨论主要集中在股权回购条款的效力认定方面。

有人总结人民法院对于“海富投资案”[②] 对赌协议的态度是，PE 投资方与目标企业的对赌协议无效，但认可 PE 投资方与目标企业股东之间的对赌。其法律逻辑是：基于公司资本维持和法人独立财产原则，股东从公司获得财产的途径只能是依法从公司分配利润或通过减资程序退出公司，除此之外，股东应无权直接从公司取得财产，否则将对公司及公司债权人的合法权益造

① 张兰田在其《企业上市审核标准实证解析》一书中认为，目前广泛应用的一部分对赌条款其法律效力不明，造成这种尴尬的主要原因是：1. 盲目迷信外国法律文本，未进行本土化改造；2. 起草文本的主要以非诉律师为主，缺乏商业诉讼实战经验；3. 认为不会进入诉讼阶段，抱有侥幸心理。

② 最高法院在此案的判决书（［2012］民提字第 11 号）中认为：目标企业对 PE 投资方的补偿约定使得 PE 投资方的投资可以取得相对固定的收益，该收益脱离了目标企业的经营业绩，损害了公司利益和公司债权人利益；目标企业股东对于 PE 投资方的补偿承诺并不损害公司及公司债权人的利益，不违反法律法规的禁止性规定，是当事人的真实意思表示，是有效的。

成损害，其行为将构成公司法禁止的滥用股东权利，从而导致合同无效。①

尽管有学者认为，该案的判决缺乏说理，没有依据合同法关于合同无效的规定展开论述，也没有将公司法下的资本维持原则具体适用于案件的裁判过程具体展示出来，法官高度凝练的宣言和裁判无法解答人们的困惑：为什么"脱离经营业绩"的"相对固定"的投资收益就会损害公司或债权人的利益？为什么允许融资方自食其言、不守诚信？为什么不能尊重PE合同的创新以及意思自治？② 但人民法院通过裁判传递出的对于对赌协议的态度却是清晰的，即不轻易否认对赌协议的效力，但在对赌协议可能损害第三人利益时将不予支持。

最高人民法院《关于人民法院为企业兼并重组提供司法保障的指导意见》（法发〔2014〕7号）第6条提出"要坚持促进交易进行，维护交易安全的商事审判理念，审慎认定企业估值调整协议、股份转换协议等新类型合同的效力，避免简单以法律没有规定为由认定合同无效"，表明了法院原则上应当从鼓励交易、维护交易安全、遵循商事外观主义、尊重意思自治、坚持商业判断准则的角度判断对赌协议的效力，除非是违反了法律、行政法规的强制性规定外，不应认定为无效。

上海瑞沨股权投资合伙企业与连云港鼎发投资有限公司、朱立起股权转让合同纠纷上诉案（[2014]沪一中民四[商]终字第730号）判决书提出了认定对赌协议条款考虑的具体要素。该案判决书写到"本院认为，综合研判本案的主要证据《乐园新材增资协议》以及《补充协议一》、《补充协议二》之内容以及各方当事人的特殊主体身份，可以确定本案的基本法律关系应为乐园公司（目标企业）在谋求上市之前由原始股东（鼎发公司、朱某）利用瑞沨投资等私募资本（PE）进行投融资的一种特殊的组合法律关系。该法律关系在很大程度上反映了中国资本市场当前融资渠道创新发展的经济现象，具有一定的典型性，应当予以高度关注。该案的主要争议焦点在于系争协议

① 参见雷霆：《资本交易法律文书精要详解及实务指南》，法律出版社2015年版，第490页。

② 参见刘燕：《对赌协议与公司法资本管制——美国实践及其启示》，载《环球法律评论》2016年第3期；潘林：《"对赌协议第一案"的法律经济学分析》，载《法制与社会发展》2014年第4期。

约定的股权回购条款是否有效。该条款模式目前普遍发生于投资方与目标企业的股东、实际控制人之间，机制设计的初衷是为了高效促成交易、良性引导目标企业的经营管理、降低投资风险，且对于双方交易起到一定的担保功能，同时还隐含有一定程度对于目标企业估值调整的期权，业内将该条款称之为'对赌条款'。由于'对赌条款'在内容上亦隐含有非正义性的保底性质，容易与现行法律规定的合同无效情形相混淆，且无对应的法律条文予以规范，故人民法院在对此法律行为进行适度评判时，应当遵循以下原则：1. 鼓励交易；2. 尊重当事人意思自治；3. 维护公共利益；4. 保障商事交易的过程正义，以此来确定'对赌条款'的法律效力"。

上海市第一中级人民法院所设定的上述四个评判原则，是在与最高人民法院的评判标准保持一致的前提下，根据现今的商业趋势而对于司法实践中法院在判定对赌条款效力的评判标准所进行的高度概括和明确。通观相关案例中多个法院对个案所做出的认定，该四个评判原则实际系全国各地法院对于对赌条款评价标准无形中所达成的共识。[①]

（2）仲裁机构

从目前公布的涉及对赌协议的仲裁案件看，仲裁机构认可 PE 投资方与目标企业股东之间的对赌，[②] 甚至根据个案实际情况，在一定程度上也认可 PE 投资方与目标企业的对赌，例如中国国际经济贸易仲裁委员会裁决的以下这起案件：[③]

案情简介

2011 年 3 月，基金 A、自然人 B（以下合称"投资人"）与目标企业 C 及其唯一的股东 D 签订了《增资协议》，A 和 B 共同向目标企业 C 投资。《增资协议》约定，A 向目标企业 C 增资 1000 万元（20 万元计入注册资本，其

---

① 王军旗　杨燕婷："对赌协议"纠纷法律实务研究，http://www.law-lib.com/lw/lw_view.asp?no=26099，访问日期：2017 年 4 月 2 日。

② 参见华南国仲金融案例精选（十二）：股权回购安排中利息和违约金的认定，载华南国际经济贸易仲裁委员会微信号：SCIA700。

③ 案例节选自陈浮、张威：《最全面的对赌协议仲裁报告案例分析》，http://www.investbank.com.cn/Information/Detail.aspx?id=49143，访问日期：2017 年 4 月 3 日。

余计入资本公积)，B 向目标企业 C 增资 200 万元（5 万元计入注册资本，其余计入资本公积)；增资完成后，目标企业 C 的注册资本由 175 万元变为 200 万元，其中，A 持有目标企业 10% 的股权，B 持有目标企业 2.5% 的股权，D 持有目标企业 87.5% 的股权。

《增资协议》中，针对公司经营约定了业绩承诺条款和股权回购条款（即通常所称的“对赌条款”)。业绩承诺条款的主要内容：目标企业 C 在 2011 年度的税后净利润不低于 1000 万元人民币，2012 年度税后净利润不低于 1500 万元人民币，2013 年度税后净利润不低于 2000 万元人民币，若净利润低于上述标准，则 C、D 对 A、B 进行现金补偿（补偿方式为：补偿金额 = 投资总额 × 每年未完成的净利润 ÷ 承诺净利润)。股权回购条款的主要内容：当目标企业 C 任何一年净利润低于业绩承诺标准的 80% 或在 2011 年底前未取得特定的 M 业务或 N 业务的代理权，D 有义务按 20% 的年收益率受让 A 和 B 持有的目标企业股权，C 对受让义务承担无限连带责任，股权回购价格为拟回购股份所对应之实际投资额 ×（1+20%× 自出资完成之日起至回购之日止的天数 ÷365)。

协议签订后，各方按照约定完成了增资及相应的股权变更手续，D 作为对 C 占有绝对控股地位的大股东继续实际控制并经营公司。进入到 2012 年后，按约定需要对 C 的经营情况进行审计，以便 A、B 作为投资人可以进一步了解 C 的实际经营情况。

经过反复磋商，A、C 与会计师事务所 E 达成一致，由 E 对 C 的 2011 年及 2012 年 1 至 6 月财务报表进行审计。经审计，C 在 2011 年的净利润为 800 万元，2012 年 1 至 6 月份净利润为亏损 300 万元。因审计资料不全面，E 出具了无法表示意见的《审计报告》。另外，C 直到 2012 年仍未取得 M 业务及 N 业务的代理权。

这种情况下，A、B 遂与 C、D 协商解决方案。因各方的预期差距较大，未能达成一致意见。2012 年 12 月，C 和 D 根据《增资协议》中约定的仲裁条款，率先向贸仲提起仲裁，请求确认业绩承诺条款和股权回购条款为无效条款，以此拒绝承担业绩补偿和股权回购义务。A 和 B 接到仲裁通知后，亦向贸仲提起仲裁，要求 C 和 D 根据《增资协议》的约定进行业绩补偿和股权回购。

仲裁裁决

本案仲裁庭作出了比最高人民法院在海富投资案中的司法观点更进一步的裁决，认定投资人 A、B 与目标企业 C、大股东 D 之间的业绩补偿条款和股权回购条款（对赌条款）合法有效，目标企业 C 未完成承诺的业绩，C、D 应支付现金补偿，且 D 应回购股权。

仲裁庭认为，增资前 D 是目标企业 C 的唯一股东，增资后其依然持股 87.5%，而投资人增资后只为小股东，投资人对企业的估值依赖于 D 对预期经营状况的承诺，所以其高溢价出资的对价是该业绩承诺得以实现，为了降低风险，投资人要求签订业绩承诺条款。C、D 为了获得高溢价的出资，自愿签订此条款，其中并不存在欺诈与非法目的。同时，C 的经营活动始终由 D 控制，在这种情况下，业绩承诺条款是帮助投资人在投资之前预防风险、在投资之后化解风险的契约性保护手段，也是鼓励与约束 C、D 尤其是控股股东 D 履约践诺的利益激励与责任约束机制，因而符合平等自愿、权义对等、公平合理、诚实信用的契约精神，应认定为合法有效。C 和 D 应按照业绩承诺条款的具体约定，向投资人支付现金补偿。

本案仲裁庭未裁定目标企业 C 承担回购股权的连带责任，可以推断，仲裁庭的意图是尊重意思自治，坚持以商业判断准则判断对赌协议的效力，但又回避与最高法院对"海富投资案"判决结果的冲突，回避是否会损害目标企业债权人的判断，其后果只能是认可条款有效而不要求目标企业承担责任。应当说，仲裁裁决留有遗憾，也说明目前法律界对公司法资本维持原则的逻辑在商事领域尤其是 PE 投资领域的具体运用尚不成熟，各方的观点并不统一。

4. 监管机关的态度

相比于司法机关要根据个案具体情况来判断对赌条款效力的做法，监管层面对于对赌条款的态度则非常明确，对于新三板公司，股转系统禁止在认购协议中存在与挂牌公司的对赌，但并未限制投资人与实际控制人的对赌；对于 IPO 项目，证监会强调，对赌协议在上会前必须终止执行。有关讨论详见本书第七章第二节及第三节。

5. 对赌（条款）协议的会计处理

对赌协议当事人的权利义务存在不确定性，当事人是否需要履行特定义务、能否取得相关权益具有或然性，这就必然导致会计核算必须采取特殊的处理方式，而且，投资人是与控股股东对赌还是与目标公司对赌，其会计处理也存在较大区别，对于基金的财务管理影响甚大，不容忽视。有关讨论详见本书专题篇之专题四。

4

CHAPTER

专题四

会计处理：核算依据、特殊事项与合并报表

本章导读

专题四讨论基金会计核算的特殊性、对赌条款的会计处理，以及合并报表问题。在会计核算和税收问题上，有限合伙制私募股权基金面临的突出问题是会计准则的适用问题。《企业会计准则—基本准则》适用于我国境内设立的所有企业，有限合伙企业自然不能例外。但问题在于，目前的企业会计准则基本上是以公司制企业为调整对象制定的，合伙企业的会计处理在很多情况下需要参照会计准则的相关规定执行。由于合伙企业在组织形式、财产性质、业务特点等方面与公司制企业存在显著差异，其结果是没有“参照物”，或者参照不准。理论上讲，合伙企业并非法人，依据“穿透”原则，其经营活动和纳税义务应当还原到相关自然人或公司法人，但即便如此，很多问题也无法解决。作为专事风险投资的机构，私募股权基金的投资活动具有很强的阶段性特征，比如频繁投资、阶段性持有不同企业的股权、所持股权的数量和价值经常变动等。从会计处理的角度看，投资活动的这种阶段性、临时性特征对选择会计科目、核算依据、核算标准等都带来挑战，尤其是在私募股权投资大量使用结构化基金、估值调整工具的背景下，如何处理权益性投资与借贷性投资，如何处理估值调整项下的权益变动和投资变动等都需要慎重考虑。

一、会计核算

1. 合伙制私募基金会计核算具有特殊性

目前，我国没有专门针对合伙企业的会计准则。按照《企业会计准则——基本准则》的规定，基本准则和具体准则适用于在中华人民共和国境内设立的企业。这就意味着合伙企业采用的是与公司制企业完全相同的企业会计准则。

然而，合伙企业是与公司制企业完全不同的组织形式。针对具有股权或股份性质的公司制企业的企业会计准则，其整个逻辑体系及其假设和前提都不适合于合伙企业。① 例如，合伙人所持有的合伙企业财产份额与公司股东所持有的股权在法律性质上并不相同，合伙人所享有的权利义务与股东享有的权利义务也是大相径庭，合伙企业在法律责任安排、纳税、收益形成与分配等方面与公司制企业都有不同。因而直接以公司制企业为标准制订的企业会计准则套用于合伙企业，难免会给人以削足适履生搬硬套的感觉，不能满足实务中的会计处理需求。

目前我国会计学界在这方面的研究还相当贫乏，国际上一些国家已经在这方面有了更深入的探索。美国注册会计师协会早在 1995 年就发布了专门适用于有限责任合伙企业的会计准则“会计实务公告 14 号”。后来该准则被汇总到美国财务会计准则委员会发布的“会计准则汇编：专题 272 号”之中。英国于 2002 年制定了有限责任合伙企业会计准则，并于 2006、2009 和 2010 年进行了修订。此外，欧盟对合伙企业也制定了统一的会计准则。② 考虑到我国有限合伙制私募基金蓬勃发展的趋势，有必要在借鉴英美等国制度的基础上，根据合伙企业会计核算的特殊性制定我国合伙企业专用的会计准则。

① 段爱群:《合伙企业应有自己的会计准则》，载《中国会计报》2013 年 2 月 22 日第 010 版。

② 李昕、文桂江:《借鉴国外经验构建我国合伙企业会计准则》，载《财会月刊》2014 年第 7 期上。

2. 会计核算依据的选择与适用

目前企业会计准则对如何核算股权投资的规定主要基于投资方持有意图和股权的性质进行判断，既可以是交易性金融资产、可供出售金融资产、长期股权投资，又可以指定以公允价值计量且其变动计入当期损益的资产，按其归类的不同影响当期损益也不同，客观上提供了操纵利润、调节税收的可能。[①]

对于主要投资 PRE-IPO 项目及参与定增的私募股权投资，基金管理人的意图是为了在相对短的时期（通常为 1~2 年）内通过公开市场变现，在上市前有一个非公开的市场，其公允价值能够以合理的估值方法确定，但是不符合“交易性金融资产”的确认条件，因此，依据《企业会计准则第 22 号 - 金融工具确认和计量》将这种类型的股权投资以“指定以公允价值计量且其变动计入当期损益的金融资产”确认和计量是合理的。

对于其他普通股权投资，其公允价值难以可靠获取，主要依赖于未来企业的经营状况确定，且合伙企业持有该等股权的期限相对较长，符合《企业会计准则第 2 号 - 长期股权投资》中关于长期股权投资的定义，应纳入长期股权投资核算。基金能够对被投资企业实施控制时计入“长期股权投资——成本法”，并纳入并表范围；能够对被投资企业施加重大影响的，计入“长期股权投资——权益法”。[②]

对于利润分配的会计核算，合伙企业的会计核算与公司制企业存在显著差异。公司法规定，公司当年税后利润在弥补以前年度亏损、提取法定盈余公积后，按实缴出资比例、持股比例或约定进行分配，在公司弥补亏损和提取法定公积金之前向股东分配利润的，股东必须将违反规定分配的利润退还公司。而合伙企业法仅在第六十九条规定“有限合伙企业不得将全部利润分配给部分合伙人；但是，合伙协议另有约定的除外”，未有先弥补亏损和提取法定公积金再分配的规定，只要求遵从合伙协议。因此，基金管理人需要在

① 参见吴剑波：《有限合伙私募股权投资企业会计与税务处理浅析》，载《财会通讯》2012 年第 8 期（上）。

② 参见郎天：《浅谈合伙企业投资的核算及其对投资者的影响》，载《中国商论》2016 年 16 期。

协商拟定合伙协议时考虑会计核算方式的影响，并根据财务管理需要调整合伙协议条款，以满足投资及管理需求。

二、对赌协议的会计处理

私募股权投资中的对赌协议会计处理的特殊性主要源于对赌协议当事人权利义务的不确定性。如前所述，实践中对赌条款主要通过现金补偿或股权变动两种方式对企业估值和双方权益进行调整。由于对赌条件是否成就本身存在不确定性，因此，无论哪种方式，客观上均使得当事人是否需要履行特定义务、能否取得相关权益具有或然性。

1. 投资价款的会计处理

在没有对赌条款的情形，通过增资方式调整公司股权结构的会计处理较为简单，即投资人将其用于股权投资的款项记为长期股权投资；目标公司记为实收资本，或者在溢价发行的情况下将溢价部分计人资本公积。在存在对赌条款的情形，相关的会计处理则较为复杂，实践中也有不同认识。

在对赌协议的当事人系私募股权基金与目标公司的控股股东或实际控制人的情形，由于对赌并不涉及目标公司的权益变动，因此，目标公司的会计处理适用普通增资条件下的处理原则，即将基于私募股权基金投资获得的资金计入股本金或资本公积。在存在对赌的情形，从投资人或私募股权基金的角度看，实际上存在两个法律关系，即投资人与目标公司之间基于增资形成的投资关系，以及投资人与目标公司的控股股东或实际控制人之间基于估值调整形成的债权债务关系。就前者而言，由于并不存在基于对赌条款造成的权利义务的或然性，投资人和目标公司均可按照前述普通增资程序进行会计处理。就后者而言，投资人和目标公司的控股股东或实际控制人则应当根据对赌条款的具体约定，依照《企业会计准则第 37 号—金融工具列报》第 12 条的规定，即“发行方不能无条件地避免交付现金、其他金融资产或以其他导致该工具成为金融负债的方式进行结算的，应当分类为金融负债”的规定记为负债，并根据对赌协议的执行情况及时做出调整。[1]

在对赌协议的当事人系私募股权基金与目标公司本身的情形，投资价款如何进行会计处理有不同的作法。[2]实践中，比较典型的处理方式是投资人和目标公司并不过多考虑对赌因素，直接按照普通增资扩股方式进行会计处理，在对赌条件成就时再通过定向减资等方式进行处理。这种做法的好处是方式简洁，在溢价发行的情况下能够有效增加每股净资产和公司内在价值。但缺陷也很明显，突出表现在无法反映真实的投资关系，违反企业会计准则相关会计处理原则。从会计处理的角度看，投资人与目标公司之间的对赌条款属于在普通增资合同中嵌入的金融工具，其目的在于调整和平衡当事人之间的利益和风险分配。按照《企业会计准则第 22 号—金融工具确认和计量》第二十一条和第九条的规定，应当将主合同和嵌入的衍生工具的公允价值及其当期变动进行计量记为金融负债，将衍生工具的金融负债记为交易性金融负债。从目标公司的角度看，由于对赌条款的存在，无论是现金补偿抑或是股权回购，均无法确定性的避免未来公司的现金流出，因此，应当在期初将全部投资价款确认为交易性金融负债，并按照对赌条款约定的具体条件测算增资合同交易对价和嵌入的衍生工具的公允价值，进一步分类计入交易性金融负债和长期应付款。相应的，投资人对外支付的投资价款也不能简单记为长期股权投资，而是要按照上述规则确认为交易性金融资产，并根据公允价值测算情况和具体对赌条件分类进行会计处理。

2. 现金补偿、股权回购的会计处理

对赌协议中典型的估值调整方式是现金补偿、股权补偿、股权回购，以及这些方式的结合。其中，投资人与目标公司控股股东或实际控制人的对赌主要采用现金补偿或股权补偿的方式。于此情形，由于投资人与目标公司控

---

① 《国际财务报告准则第 32 号—金融工具列报》的相关规定与《企业会计准则第 37 号—金融工具列报》第十二条的规定一致。

② 参见沈洁：《从‘对赌条款’的法律效力引发的会计思考》，载《中国注册会计师》（非执业会员版），2016 年第 12 期总第 43 期；胥振阳：《非上市公司现金对赌的会计处理和法律效力》，载《法制与社会》，2014 年第 7 期（上）。王阔：《私募股权投资‘对赌协议’会计处理》，载《新会计》2016 年第 12 期。

股股东或实际控制人之间的对赌并不涉及目标公司本身的股权调整，无论现金补偿抑或股权补偿均属于当事人之间的债权债务关系。从会计处理的角度看，在现金补偿的情形，应当分别计入营业外支出或营业外收入；在股权补偿的情形，双方均无须调整对应的长期股权投资的账面价值，只需要在期末确认投资损益时对前期已确认的投资损益按照新的股权比例加以调整即可。

投资人与目标公司之间的对赌大多采用现金补偿或股权回购的方式。根据《企业会计准则第 22 号—金融工具确认和计量》有关混合金融工具的说明，主合同及其嵌入的衍生工具是否应当合并计量主要考虑两个因素，一是主合同与嵌入衍生工具在经济特征和风险方面是否存在紧密联系，二是主合同与嵌入衍生工具的条件相同。若满足上述两个条件，投资合同与嵌入的对赌工具将作为一个整体进行计量；否则，需要将对赌工具从投资合同中分拆出来单独进行核算。按照此项规则，首先需要测算对赌条款项下纳入估值调整范围的交易性金融资产的公允价值。[①] 如果估值调整最终可能涉及全部投资款项，应当将投资合同与对赌工具作为整体合并处理，全部计入交易性金融资产；如果估值调整的最大范围仅涉及投资款项的一部分，则应当将投资合同与对赌工具分拆处理，即把对赌工具项下经测算的公允价值计入交易性金融资产，将其余部分计入长期股权投资。在实际发生现金补偿的情形，投资人和标的公司分别调整相关交易性金融资产的价值；在目标公司回购投资人股权的情形，投资人调整对应的长期股权投资的价值，目标公司用于回购投资人股权的现金支出进入营业外支出，并相应调整交易性金融资产的价值。

3. 与表决权或控制权相关的会计处理

在以股权作为对赌工具的情形，从投资人的角度看，由于期初取得的股权与对赌协议届满时实际持有的股权数量可能存在差异和不确定性，因此，在判断是否将目标企业纳入合并报表范围时应当考虑基于投资和对赌形成的表决权和控制权的不确定性。《企业会计准则第 33 号—合并财务报表》、《国

---

① 目前被广泛采用的用于测算公允价值的方法是 Black-Scholes 模型。

际财务报告准则第10号—合并财务报表》均规定，在评估控制权时，如果投资方持有被投资方表决权不足半数以上，则投资方应考虑其持有的潜在表决权及其他方持有的潜在表决权，以确定其是否拥有权利，比如可转换公司债券、可执行认股权证等。在考虑此类潜在表决权时，需考虑是否为实质性权利。实质性权利的判断标准需要考虑所有事实和情况，包括但不限于权利持有人能否从行使权利中获利。[①] 同时，《国际财务报告准则第10号——合并财务报表》应用指南第B89、90段规定，在存在潜在表决权或其他包含潜在表决权的衍生工具时，编制合并财务报表应当仅以现存所有者权益为基础确定分配给母公司和非控制性权益的损益以及权益变动的份额，无须考虑潜在表决权或者其他衍生工具可能行权或转换，除非投资方在当前获得与所有者权益有关的回报而在实质上拥有现存所有者权益。

根据上述规则，如果投资人拥有目标公司过半数以上（不包括半数）权益性资本，或者通过协议安排、目标公司内部治理结构安排等拥有目标公司股东会、董事会等半数以上表决权或投票权，应当将目标公司纳入其合并报表范围。于此情形，并不考虑对赌协议对投资人控股地位的潜在影响。换言之，根据对赌协议的执行效果，即使投资人未来丧失对目标公司的控制权，也并不影响其当期的会计处理和财务报表合并范围。反之，即便投资人基于对赌协议的履行，通过增加股权份额或表决权在未来取得对目标公司的控制权，也不能现在就将目标公司纳入合并报表范围并做相应的会计处理。

三、合并报表问题

按照《企业会计准则第33号——合并财务报表》(以下简称《33号准则》)的规定，为了反映母公司和其全部子公司形成的企业集团整体财务状况、经营成果和现金流量，需要对母子公司的财务报表作合并处理。对于有限合伙制私募基金而言，到底是基于GP的执行事务合伙人地位而并入GP，还是基于出资比例而并入出资最多的LP，这在实践中是一个令人困惑的会计处

① 参见《国际财务报告准则第10号—合并财务报表》应用指南第B23段。

理问题。

按照《33号准则》的规定，合并财务报表的合并范围应当以控制为基础予以确定。“控制”是指投资方拥有对被投资方的权力，通过参与被投资方的相关活动而享有可变回报，并且有能力运用对被投资方的权力影响其回报金额。《33号准则》第八条规定，投资方应当在综合考虑所有相关事实和情况的基础上对是否控制被投资方进行判断。相关事实和情况主要包括：(1）被投资方的设立目的；(2）被投资方的相关活动以及如何对相关活动作出决策；(3）投资方享有的权利是否使其目前有能力主导被投资方的相关活动；(4）投资方是否通过参与被投资方的相关活动而享有可变回报；(5）投资方是否有能力运用对被投资方的权力影响其回报金额；(6）投资方与其他方的关系。

分析上述相关事实和情况，可以看出《33号准则》是按照公司制母子企业之间的特点对所谓“控制”作出的描述，其适用于有限合伙制基金是否合适不无疑问。有人根据上述六项规定，一一分析有限合伙制基金中GP与出资最多的LP到底谁符合准则所规定的“控制”因素，最后的结论是“在判断是否对合伙企业具有控制权时，不应仅仅基于GP的身份作出判断，而应重点关注合伙协议的相关约定和基金具体情况而定，如各投资者相对持股情况、公司治理结构、各投资者对被投资单位的权利及承担的风险和收益的大小等因素。”[①] 这一结论在本来就比较复杂的判断标准上又依据合伙企业的特点增加了更多的不确定性因素，使得有限合伙制基金的合并报表问题变得异常复杂，既让人感到无所适从，也为某些人上下其手提供了条件，因为合并还是不合并报表都有可能找出大量支持依据。这就造成企业合并报表的随意性，对提高企业会计报表的质量构成不利影响。

我们认为，解决合伙制基金财务报表合并问题的根本出路还在于尽快出台符合合伙企业特点的会计准则，否则，基金报表合并的随意性无法得到妥善解决。

① 刘兵、华麦：《有限合伙制基金合并报表问题》，http://www.goingconcern.cn/article/7902，访问日期：2017年6月25日。

CHAPTER 5

专题五

税务问题：以基金不同纳税主体为视角

本章导读

专题五介绍基金不同纳税主体的税务问题，以及针对私募股权基金的税收优惠政策。从税务的角度看，比较突出的矛盾是虽然可以通过还原将私募股权投资机构的各项应税收入分配到具体纳税义务人，但与公司制法人或自然人相比，私募股权基金的收入来源更为复杂、分配机制更加灵活、不同主体的责任形式也存在差异。如何正确掌握并灵活运用有关税法规定及税收优惠政策以节省税负是每一只私募基金都应当认真研究的课题。

流转税和所得税是当前我国企业缴纳的主要税种。在流转税中包括增值税、消费税和营业税。自 2016 年全面推开营改增试点后，属于金融保险业的私募基金需要缴纳的流转税由营业税改为增值税。因此私募基金业务目前涉及的税收主要是增值税和所得税。

如图 1 所示，私募基金业务的纳税主体包括有限合伙企业（基金本身）、GP（基金管理人）、LP 和被投资企业，不同的纳税主体所涉税种及税率不尽相同。

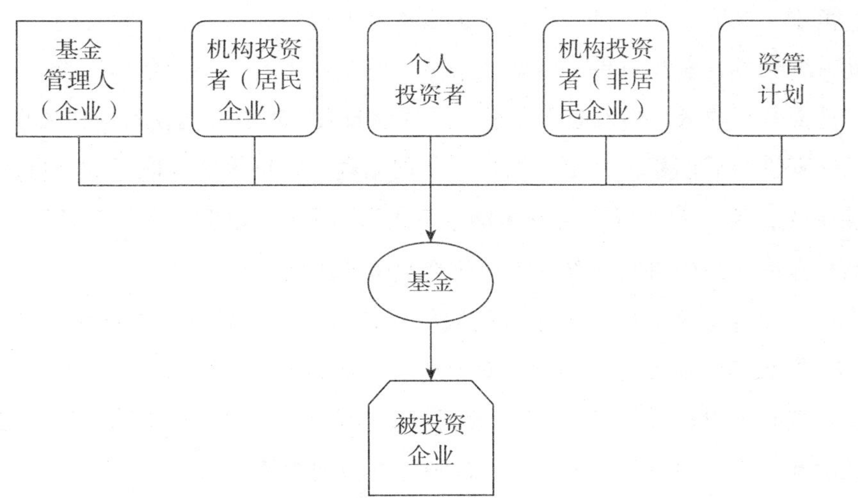

图 1　有限合伙制私募股权基金的纳税主体

一、基金自身的税务问题

1. 基金收入来源

基金收入来源大体分为三个方面：(1) 股权转让退出时产生的收益；(2) 被投资企业产生的利息、股息、红利；(3) 闲置资金购买国债等获得的理财收益。

2. 基金涉及的基本税种

(1) 所得税：基金层面不缴纳所得税

2007 年 6 月 1 日起施行的新修订的合伙企业法第六条规定，合伙企业的生产经营所得和其他所得，按照国家有关税收规定，由合伙人分别缴纳所得税。财政部、国家税务总局于2008年发布的《关于合伙企业合伙人所得税问题的通知》（财税［2008］159号）规定，合伙企业以每一个合伙人为纳税义务人；合伙企业生产经营所得和其他所得采取“先分后税”的原则。

（2）增值税：部分理财收入和部分股权转让需缴纳增值税

2016年5月1日起执行的《关于全面推开营业税改征增值税试点的通知》（财税〔2016〕36号，以下简称“财税36号文”）将金融服务业纳入“营改增”范围，其中规定“各种占用、拆借资金取得的收入，包括金融商品持有期间（含到期）利息（保本收益、报酬、资金占用费、补偿金等）收入、信用卡透支利息收入、买入返售金融商品利息收入、融资融券收取的利息收入，以及融资性售后回租、押汇、罚息、票据贴现、转贷等业务取得的利息及利息性质的收入，按照贷款服务缴纳增值税”，因此，如果基金将闲置资金用于具有保本收益性质的理财业务，应当缴纳增值税。

对于作为基金主要收入来源的股权转让行为是否要征收增值税，“财税36号文”没有明确规定，但要求对转让有价证券的业务活动征收增值税。这就意味着必须对基金的股权转让行为标的进行定性，属于有价证券的，则需要缴纳增值税，不属于有价证券的，则无需缴纳增值税。

有价证券有广义与狭义两种概念，广义的有价证券包括商品证券、货币证券和资本证券。商品证券是证明持券人有商品所有权或使用权的凭证，取得这种证券就等于取得这种商品的所有权，持券者对这种证券所代表的商品所有权受法律保护。属于商品证券的有提货单、运货单、仓库栈单等。货币证券是指本身能使持券人或第三者取得货币索取权的有价证券，货币证券主要包括两大类：一类是商业证券，主要包括商业汇票和商业本票；另一类是银行证券，主要包括银行汇票、银行本票和支票。资本证券是指由金融投资或与金融投资有直接联系的活动而产生的证券。持券人对发行人有一定的收入请求权，它包括股票、债券及其衍生品种如基金证券、可转换证券等，其突出特点是高流动性。资本证券是有价证券的主要形式。狭义的有价证券即指资本证券。我们认为，“财税36号文”所指的有价证券是指狭义的有价证券，原则上应当受证券法规制。

如果转让上市公司股票，因上市公司股票属于有价证券，需要缴纳增值税。如果转让非上市公司股份，由于非上市公司股份原则上不属于有价证券，故不需要缴纳增值税，但非上市公众公司（主要是新三板挂牌企业）的股份是否属于有价证券尚没有明确规定。有人认为，由于财政部、国家税务总局于2002年12月发布的《关于股权转让有关营业税问题的通知》（财税［2002］191号）规定，股权转让不征收营业税。按照“营改增”减轻税负的改革方向看，非上市公众公司的股份转让不应缴纳增值税。我们认为，挂牌新三板的企业，其股票受证券法规制，具备有价证券的所有属性，应当属于“财税36号文”所指的有价证券，因此转让新三板企业股票应当缴纳增值税。

二、基金管理人（GP）的税务问题

根据证券投资基金法的规定，自然人不得成为基金管理人，因此，基金管理人作为纳税主体的只能是企业。

1. 基金管理人收入来源

基金管理人的收入来自于两个方面：（1）基金管理费及咨询服务收入；（2）基金分配的收益。

2. 基金管理人涉及的基本税种

（1）所得税

基金管理人可能是公司，也可能是合伙，若基金管理人是合伙，则在所得税方面与基金相同，无须缴纳，而由其合伙人承担。如基金管理人为公司，则须依法缴纳所得税，以下为公司型基金管理人有关所得税缴纳的讨论。

基金管理人所获得的管理费及咨询服务费属于企业所得税法上的“提供劳务收入”，非为免税收入，应当缴纳所得税。

基金管理人从基金获得的收益因其具体来源不同，涉及的所得税问题须分别讨论。

①对于闲置资金购买国债等获得的理财收益，按照企业所得税法第二十六条关于税收优惠的规定，国债利息收入免税，因此，按照“先分后税”

原则，基金管理人基于国债利息收入获得的分配收益应当免于征收所得税。但闲置资金购买其他理财产品所得的收入，所得税并不免除。

②对于基金分配的基于被投资企业产生的利息、股息、红利等收入，有人根据合伙企业属于税务“透明体”的原理，认为基金管理人所获得的该等收入应当按照企业所得税法第二十六条关于“符合条件的居民企业之间的股息、红利等权益性投资收益”属于免税收入的规定，免征所得税。但按照《中华人民共和国企业所得税法实施条例》第八十三条的解释，“所称符合条件的居民企业之间的股息、红利等权益性投资收益，是指居民企业直接投资于其他居民企业取得的投资收益”，而基金管理人是通过基金投资于目标企业的，并非“直接”，因此，能否适用免税规定存在疑问。有税务专家表态，“居民企业通过合伙企业间接对外投资，取得被投资企业的股息、红利所得不可以享受《中华人民共和国企业所得税法》第二十六条规定的‘符合条件的居民企业之间的股息、红利等权益性投资收益’免税的税收优惠，需并入居民企业合伙人当年度应纳税所得额，计算缴纳企业所得税”。[①]

③对于股权转让退出时产生的收益，基金管理人应就此部分收入按照自身所得税税率缴纳企业所得税。

（2）增值税

按照“财税 36 号文”规定，提供基金管理服务并收取费用的，属于直接收费金融服务，应当征收增值税；咨询业务属于现代服务，也应当征收增值税。因此，基金管理人应就其收取的管理费及咨询服务费缴纳增值税，一般纳税人按 6% 的税率缴付，小规模纳税人按 3% 缴付。

对于“附带收益”（Carried Interest 或 Carry）的定性也会产生增值税的问题。如果将附带收益定性为投资收益，则无须缴纳增值税。如果将附带收益定性为劳务所得，则应当缴纳增值税。不可否认，在典型的基金结构中（基金管理人仅提供 1% 的出资，但可以获得超额收益的 20%，出资与收益不成比例），基金管理人所获得的收益主要基于其智力劳动，而非出资，但如果

① 辛连珠、顾玉蕊：《合伙企业合伙人取得投资收益的所得税处理》，载《中国税务》2016 年第 5 期。

因此认为基金管理人所获的超额收益属于劳务所得，实际上有违民法意思自治原则，合伙企业法允许有限合伙企业自由安排其利润分配。有限合伙协议所约定的不成比例的收益分配，其基础是投资收益情况，而非劳务付出事实，因此，我们认为将附带收益定性为投资收益符合合伙人的意愿，也更加合理。

三、投资人（LP）的税务问题

从税法角度看，投资人与基金管理人的不同之处主要在于两点，一是投资人的收入来源单一，没有管理费等服务收入；二是投资人也可以是自然人。故而两者所涉及的税务问题存在差异。

1. 投资人的收入来源

投资人的收入来源于基金的收益分配，基金的收益如前所述来源于三个方面，一是股权转让退出时产生的收益；二是被投资企业产生的利息、股息、红利；三是闲置资金购买国债等获得的理财收益。

2. 投资人为企业时的税务问题

（1）所得税

投资人为企业时，其所得税税收政策与公司型基金管理人相同，可参见前述关于基金管理人分配的基金收益所得税的有关讨论。

（2）增值税

投资人原则上不涉及增值税问题，但是，如果投资人通过与基金管理人签订单边协议或通过基金结构化设计而取得固定收益或保底收益的，按照“财税 36 号文”的规定“以货币资金投资收取的固定利润或者保底利润，按照贷款服务缴纳增值税”，则其因此所获利润应当缴纳增值税。

3. 投资人为个人时的税务问题

（1）所得税

对于来源于被投资企业产生的利息、股息、红利，根据《国家税务总局关于〈关于个人独资企业和合伙企业投资者征收个人所得税的规定〉执行口径的通知》（国税函〔2001〕84 号）的规定，合伙企业对外投资分回的利息、股息、红利，不并入合伙企业收入，而作为投资者个人的利息、股息、红利收入，按 20% 的税率缴纳个人所得税。

对于闲置资金购买国债产生的利息收益，按照个人所得税法第四条规定，国债和国家发行的金融债券利息免征个人所得税。因此，按照“先分后税”原则，投资人基于国债利息收入获得的分配收益应当免于征收所得税。但闲置资金购买其他理财产品所得的收入，个人所得税并不免除。

对于退出被投企业时股权转让产生的收益，2000 年国务院发布了《关于个人独资企业和合伙企业征收所得税问题的通知》(国发［2000］16 号)，明确规定“自 2000 年 1 月 1 日起，对个人独资企业和合伙企业停止征收企业所得税，其投资者的生产经营所得，比照个体工商户的生产、经营所得征收个人所得税”。据此，投资人对于基金投资的股权转让所得，应当按照个体工商户的税收政策缴纳个税。按照 2007 年 6 月 29 日起施行的新修订的《中华人民共和国个人所得税法》规定，个体工商户的生产、经营所得，适用 5%~35% 的超额累进税率。按照这一税率，如果投资人的全年投资收入应纳税所得额超过 10 万元以上的部分，需要按 35% 的比例缴纳个税，税负较重。

另外，2011 年 9 月 1 日起施行的《关于调整个体工商户业主个人独资企业和合伙企业自然人投资者个人所得税费用扣除标准的通知》(财税［2011］62 号)，根据个人所得税法调整了自然人投资者的费用扣除标准。费用扣除标准统一确定为 42000 元 / 年。

目前，各地政府也制订了一些税收政策，其中对于企业合伙人的所得税征收政策均与中央税收政策保持一致，但是在自然人合伙人所得税征收方面出现了两种不同于中央税收政策的规定①：一是部分地区规定将自然人合伙人（无论普通合伙人或有限合伙人）的投资收益按照“利息、股息、红利所得”项目征收个人所得税，税率为 20%，如北京市、湖北省、新疆维吾尔自治区等。② 二是部分地区将自然人合伙人区分为普通合伙人与有限合伙人，分别

---

① 王伟涵:《有限合伙制私募股权基金所得税问题研究》，华东政法大学 2014 年硕士毕业论文，第 10 页。

② 参见北京市《关于促进股权投资基金发展意见的通知》(京金融办［2009］5 号)，湖北省人民政府《关于促进股权投资类企业发展的若干意见》，新疆维吾尔自治区《关于印发〈新疆维吾尔自治区促进股权投资类企业发展暂行办法〉的通知》(新政办发［2010］187 号)。

规定了其适用税目及税率。其中普通合伙人获得的投资收益按“个体工商户的生产经营所得”应税项目，适用 5%~35% 的五级超额累进税率；有限合伙人获得的投资收益按“利息、股息、红利所得”应税项目，适用 20% 的税率。如长沙市、鄂尔多斯市、济南市等。①

（2）增值税

投资人原则上不涉及增值税问题，参见前述企业投资人增值税的有关讨论。

4. 投资人为信托、资管计划时的税务问题

资管计划不是纳税主体。在资管计划投资人层面，自然人投资者按 20% 的税率缴纳个人所得税，企业投资者按 25% 的税率缴纳企业所得税。

四、非居民企业税务问题

以上关于基金相关方的税收政策讨论限于居民企业②。事实上，非居民企业作为基金的普通合伙人或有限合伙人并不存在法律障碍，根据国务院 2009 年发布的《外国企业或者个人在中国境内设立合伙企业管理办法》，外国企业或个人可以依法成为中国境内基金的合伙人。

按照《中华人民共和国企业所得税法》的规定，居民企业和非居民企业在纳税范围及税率等方面存在不同，非居民企业在中国境内未设立机构、场所的，或者虽设立机构、场所但取得的所得与其所设机构、场所没有实际联系的，应当就其来源于中国境内的所得缴纳企业所得税，适用税率为 20%。

值得注意的是，为打击非居民企业通过实施不具有合理商业目的的安排，间接转让中国居民企业股权等财产以规避企业所得税纳税义务的行为，

---

① 参见长沙市人民政府办公厅《关于印发〈鼓励股权投资类企业发展暂行办法〉的通知》（长政办发〔2011〕29 号），鄂尔多斯市人民政府《关于鼓励股权投资类企业发展的若干意见》，济南市《关于促进股权投资业发展的意见》。

② 关于居民企业和非居民企业的定义，我国《中华人民共和国企业所得税法》规定：本法所称居民企业，是指依法在中国境内成立，或者依照外国（地区）法律成立但实际管理机构在中国境内的企业。本法所称非居民企业，是指依照外国（地区）法律成立且实际管理机构不在中国境内，但在中国境内设立机构、场所的，或者在中国境内未设立机构、场所，但有来源于中国境内所得的企业。

国家税务总局于2015年发布了《关于非居民企业间接转让财产企业所得税若干问题的公告》，该公告适用于在中国境内未设立机构、场所的非居民企业取得的间接转让中国应税财产所得，以及非居民企业虽设立机构、场所但取得与其所设机构、场所没有实际联系的间接转让中国应税财产所得。

表2　有限合伙制私募股权基金相关方税收政策比较

	基金	基金管理人（GP）	企业投资人（LP）	自然人投资人（LP）	资管计划（LP）
所得税（企业所得税25%；个人所得税根据收入来源有不同税率）	无	国债利息收入免税； 管理费及基金分配的收益应当缴纳企业所得税	国债利息收入免税； 基金分配的收益应当缴纳企业所得税	利息、股息、红利收入，按20%的税率缴纳个人所得税； 国债利息收入免征个人所得税； 股权退出转让收益适用5%~35%的五级超额累进税率（北京等部分地区按20%税率）	资管计划不是纳税主体。在资管计划投资人层面，自然人投资者按20%的税率缴纳个人所得税，企业投资者按25%的税率缴纳企业所得税。
增值税（一般纳税人税率为6%，小规模纳税人税率为3%）	闲置资金用于具有保本收益性质的理财业务，应当缴纳增值税； 转让上市公司股票、新三板挂牌公司股票应当缴纳增值税（后者尚待税务机关政策明示）	管理费及咨询服务费缴纳增值税	如有固定利润和保底利润应当缴纳增值税	如有固定利润和保底利润应当缴纳增值税	无

五、相关税收优惠政策简介

1. 中央层面的税收优惠政策仅限于创业投资企业（VC）

目前国家层面针对创投基金的税收优惠政策主要是国家税务总局 2009 年 4 月发布的《关于实施创业投资企业所得税优惠问题的通知》（国税发［2009］87 号，简称"国税发 87 号文"）。该通知规定，创业投资企业采取股权投资方式投资于未上市的中小高新技术企业 2 年（24 个月）以上，符合条件的，可以按照其对中小高新技术企业投资额的 70%，在股权持有满 2 年的当年抵扣该创业投资企业的应纳税所得额；当年不足抵扣的，可以在以后纳税年度结转抵扣。所谓的条件是：（1）经营范围符合《创业投资企业管理暂行办法》（第 39 号令）的规定，且工商登记为"创业投资有限责任公司"、"创业投资股份有限公司"等专业性法人创业投资企业。（2）按照 39 号令规定的条件和程序完成备案，经备案管理部门年度检查核实，投资运作符合 39 号令的有关规定。（3）创业投资企业投资的中小高新技术企业，除应按科技部等部委有关规定通过高新技术企业认定以外，还应符合职工人数不超过 500 人，年销售（营业）额不超过 2 亿元，资产总额不超过 2 亿元的条件。

"国税发 87 号文"有一个缺陷，即对享受优惠政策的创业投资企业仅限于公司制企业，但大量以有限合伙制形式存在的创业投资企业无从享受该等优惠政策。此后国家税务总局分别在中关村工业园区和苏州工业园区专门针对有限合伙制创业投资企业的税收优惠措施制订了试点政策，即《关于中关村国家自主创新示范区有限合伙制创业投资企业法人合伙人企业所得税试点政策的通知》（财税［2013］71 号）、《关于苏州工业园区有限合伙制创业投资企业法人合伙人企业所得税试点政策的通知》（财税［2012］67 号）。两项通知均明确规定有限合伙制创投企业的法人合伙人可以对创投企业所投资的未上市中小高新技术企业投资额的 70%，抵扣该法人合伙人从该创投企业分得的应纳税所得额，当年不足抵扣的，可以在以后纳税年度结转抵扣。

在经过两年多试点后，2015 年 10 月国税总局出台《关于将国家自主创新示范区有关税收试点政策推广到全国范围实施的通知》（财税［2015］116

号）及《关于有限合伙制创业投资企业法人合伙人企业所得税有关问题的公告》（2015 年第 81 号），规定自 2015 年 10 月 1 日起，全国范围内的有限合伙制创投企业采取股权投资方式投资于未上市的中小高新技术企业满 2 年（24 个月）的，该有限合伙制创投企业的法人合伙人可按照其对未上市中小高新技术企业投资额的 70% 抵扣该法人合伙人从该有限合伙制创投企业分得的应纳税所得额，当年不足抵扣的，可以在以后纳税年度结转抵扣。有限合伙制创投企业的法人合伙人对未上市中小高新技术企业的投资额，按照有限合伙制创投企业对中小高新技术企业的投资额和合伙协议约定的法人合伙人占有限合伙制创投企业的出资比例计算确定。需要注意的是，创投企业及高新技术企业的有关资质条件仍与“国税发 87 号文”相同。

自此，全国范围内的有限合伙制创投企业的法人合伙人均可以享受有关优惠政策，但条件是必须要投资于符合条件的高新技术企业，这一点制约了创投企业投资于广大的小微企业的热情。出于对双创政策的呼应，国税总局于 2017 年 4 月份发布的《关于创业投资企业和天使投资个人有关税收试点政策的通知》（财税〔2017〕38 号）终于将优惠政策向小微企业作出实质性倾斜，对于创投企业采取股权投资方式直接投资于种子期、初创期科技型企业满 2 年的，也给予前述类似税收优惠，对于鼓励创投企业积极投资于初创期企业提供了政策支持。

2. 地方性税收优惠政策

各地方政府为促进本地创投及股权投资企业的发展，制定了不少有针对性的优惠政策，其中有些政策涉及税收优惠。但根据 2014 年 12 月国务院发布的《国务院关于清理规范税收等优惠政策的通知》（国发〔2014〕62 号，简称“62 号文”）规定，各地区一律不得自行制定税收优惠政策；未经国务院批准，各部门起草其他法律、法规、规章、发展规划和区域政策都不得规定具体税收优惠政策。这意味着，与税收有关的优惠政策都将由国家统筹考虑制定。“62 号文”的出台制止了部分地区不规范的税收优惠政策。但“62 号文”出台不足半年，随着经济形势的恶化，为稳定企业经营，国务院又发布了《关于税收等优惠政策相关事项的通知》（国发〔2015〕25 号），宣布暂停执行“62 号文”，各地税收优惠政策得以继续执行。

地方政府为吸引私募股权基金在本地落户，一般会在中央部委发布的文件基础上根据地方需要出台相应的优惠政策，多数涉及税收优惠和专项财政补贴。以北京为例，自 2005 年起，北京市先后出台了《关于促进首都金融产业发展的意见》（京发改［2005］197 号）、《关于促进首都金融产业发展的意见实施细则》（京发改［2005］2736 号）、《北京市中小企业创业投资引导基金实施暂行办法》（京发改〔2008〕1167 号）、《北京市关于促进股权投资基金业发展的意见》（京金融局［2009］5 号，简称“京金融局 5 号文”）等一批鼓励 PE 在北京投资的地方规章，其中，“京金融局 5 号文”规定：合伙制股权基金中个人合伙人取得的收益，按照“利息、股息、红利所得”或者“财产转让所得”项目征收个人所得税，税率为 20%。该项规定在税收上明显比 5%~35% 的超额累进税率要优惠，对个人踊跃投资于股权基金有一定促进作用。

各地关于私募基金的优惠政策千差万别，为最大限度享受政府提供的补贴或税收优惠，投资人在设立基金管理企业及基金时应当多方比选，选取对自身最为有利的地区作为注册地。在选取注册地时，有两点需要注意，一是根据国务院 2014 年发布的《国务院关于清理规范税收等优惠政策的通知》（国发［2014］62 号），部分地方政府发布的税收优惠措施已经被废止，决策时应当咨询当地金融监管部门；二是地方政策稳定性较差，并且难以确定政策是否有效（网上信息少），因此需要对有关政策进行持续跟踪，在确定注册地时应当向当地金融工作局或金融服务办公室了解现行有效政策，避免被错误信息误导。

参考文献

1. 著作

[1] 雷霆 . 资本交易法律文书精要详解及实务指南 [M]. 北京：法律出版社，2015.

[2] 王保树，王文宇 . 公司法理论与实践 [M]. 北京：法律出版社，2010.

[3] 赵忠义 . 私募股权投资基金监管研究 [M]. 北京：中国金融出版社，2011.

[4] 孙志超 . 境外私募股权基金操作理论与应用研究 [M]. 北京：中国政法大学出版社，2015.

[5] 潘从文 . 私募股权基金治理理论与实务 [M]. 北京：企业管理出版社，2011.

[6] 陈菊香，田惠敏 . 私募股权投资于企业改制上市操作实务教程 [M]. 北京：北京大学出版社，2014.

[7] 王以锦 .PE 业务合规操作实务手册 [M]. 北京：法律出版社，2015.

[8] 黄卫东 . 中国私募股权基金问题与发展 [M]. 北京：中国发展出版社，2015.

[9] 郭强 . 中国资产管理：法律和监管的路径 [M]. 北京：中国政法大学出版社，2015.

[10] 刘乃进 . 私募股权基金筹备、运营与管理 [M]. 北京：法律出版社，

2015.

[11] 中国证券投资基金业协会 . 证券投资基金（上册）[M]. 北京：高等教育出版社，2015.

[12] 张兰田 . 企业上市审核标准实证解析（第二版）[M]. 北京：北京大学出版社，2013.

[13] 梁慧星 . 民法总论 [M]. 北京：法律出版社，2004.

[14] 朱锦清 . 证券法学（第三版）[M]. 北京：北京大学出版社，2011.

[15] 朱顺泉 . 私募股权投资基金协同机制研究 [M]. 北京：人民出版社，2015.

[16] 德邦证券股份有限公司 . 中国私募基金投资年度报告 2016 [M]. 南京：江苏人民出版社，2016.

[17] 韩良 . 并购基金法律与案例精析 [M]. 北京：中国法制出版社，2015.

[18] 殷洁 . 私募基金业立法研究 [M]. 北京：中国法制出版社，2014 年 .

[19] 施天涛 . 公司法论（第三版）[M]. 北京：法律出版社，2014 年 .

[20] 滕威 . 合伙法理论研究 [M]. 北京：人民法院出版社，2013 年 .

[21] 美国风险投资协会 . 美国风险投资示范合同（中英文对照本）[M]. 北京市大成律师事务所，北京市律师协会风险投资委员会组织编译 . 北京：法律出版社，2006 年 .

[22] 田惠敏 . 私募股权投资治理机制研究 [M]. 北京：经济科学出版社，2015.

[23] 蒋晓杰 . 我国私募股权投资基金问题研究 [M]. 大连：东北财经大学出版社，2015.

[24] 李昌庚 . 国有财产法原理研究："国有财产法" 正本清源之一 [M]. 北京：中国社会科学出版社，2015.

[25] 肖微 . 公司兼并与收购教程 [M]. 北京：中国人民大学出版社，2014.

[26] 何新容. 合伙人的有限责任——以美国有限责任合伙为范本[M]. 北京：法律出版社，2013.

[27] 隋平，赵方方. 私募股权投资基金业务操作指引[M]. 北京：法律出版社，2011.

[28] 曹华. 另类投资[M]. 厦门：厦门大学出版社，2014.

[29]（美）哈利·增德罗夫斯基等. 私募股权投资历史、治理与运作[M]. 孙春民等译. 北京：中国金融出版社，2014.

[30]（美）克里斯M·梅林，弗兰克C·埃文斯. 并购估值[M]. 李必龙等译. 北京：机械工业出版社，2014.

[31]（美）埃斯瓦斯·达摩达兰. 估值难点、解决方案及相关案例[M]. 李必龙等译. 北京：机械工业出版社，2016.

2. 期刊文章

[32] 姚琦. 中美私募股权投资基金法律浅析[J]. 西部法学评论，2009，（1）.

[33] 张颖. 有限合伙：风险投资机构的新型组织形式[J]. 经济导刊，2007，（12）.

[34] 朱慈蕴. 公司作为普通合伙人投资合伙企业引发的法律思考[J]. 现代法学，2008，（9）.

[35] 粘怡佳. 美国有限合伙法上"安全港规则"—以有限责任界定为中心[J]. 科技与法律，2015，（2）.

[36] 沈四宝，郭丹. 美国合伙制企业法比较评析及对中国法的借鉴[J]. 甘肃政法学院学报，2006，（3）.

[37] 苏号朋. 论合伙企业财产的法律性质[J]. 法学，1997，（12）.

[38] 王保树. 有限合伙人的有限责任：风险分配与债权人保护[J]. 法学研究，2008，（6）.

[39] 钱玉林. 合伙人的财产份额及其相关的几个法律问题[J]. 河北法学，2001，（3）.

［40］郭雳．金融机构保底理财的合法性迷局与困境［J］．北京大学学报（哲学社会科学版），2009，43（5）．

［41］陈睿．委托理财协议中的保底条款效力之追问［J］．时代法学，2007，5（4）．

［42］高民尚．关于审理证券、期货、国债市场中委托理财案件的若干法律问题［J］．人民司法，2006，（6）．

［43］赖早兴，潘旭．"国有企业"概念辨析［J］．商业研究，2004，（305）．

［44］韩瑞霞，胡波．国有企业投资的股权投资基金监管问题研究［J］．中国物价，2017，（2）．

［45］王利明．论合伙协议与合伙组织体的相互关系［J］．当代法学，2013，（4）．

［46］刘燕．对赌协议与公司法资本管制——美国实践及其启示［J］．环球法律评论，2016，（3）．

［47］赵金龙，昝凌霄．对赌协议若干问题研究［J］．证券法苑，2015，（1）．

［48］潘林．"对赌协议第一案"的法律经济学分析［J］．法制与社会发展，2014，（4）．

［49］李俊英．我国公募与私募基金收益分配模式的制度比较［J］．浙江金融，2007，（6）．

［50］李靖．私募股权投资后管理问题研究［J］．江苏经贸职业技术学院学报，2012，（2）．

［51］吕洪渠、璩涛．风险投资中的道德风险与防范［J］．山东省农业管理干部学院学报，2006，（2）．

［52］范秀岩、李延喜．风险投资后续管理的内涵［J］．工业技术经济，2005，24（1）．

［53］李靖，王琳博．中国私募股权资本退出：方式、困境及出路［J］．金融市场，2016，（12）．

［54］李昕，文桂江．借鉴国外经验构建我国合伙企业会计准则［J］．财

会月刊，2014，（7）.

［55］吴剑波 . 有限合伙私募股权投资企业会计与税务处理浅析［J］. 财会通讯，2012，（8）.

［56］郎天 . 浅谈合伙企业投资的核算及其对投资者的影响［J］. 中国商论，2016，（16）.

［57］王阔 . 私募股权投资“对赌协议”会计处理——基于货币补偿和股权回购两方面［J］. 新会计，2016，（12）.

［58］辛连珠，顾玉蕊 . 合伙企业合伙人取得投资收益的所得税处理［J］. 中国税务，2016，（5）.

［59］张翀 . 企业估值的困惑与求索［J］. 财会学习，2014，（9）.

［60］田增润 . 企业估值方法比较分析［J］. 中国外资，2013，（295）.

3. 学位论文

［61］吕海宁 . 私募股权基金法律制度研究［D］. 大连：大连海事大学博士学位论文，2013.

［62］孙颖 . 有限合伙中的劳务出资法律问题研究［D］. 上海：复旦大学硕士学位论文，2011.

［63］黄伟 . 投资基金模式下的协同创新激励机制研究［D］. 重庆：重庆大学博士学位论文，2014.

［64］姚磊 . 私募股权投资中的对赌协议研究［D］. 上海：华东政法大学硕士学位论文，2012.

［65］徐一菲 . 关于 PE 投后释放协同效应的研究［D］. 上海：上海交通大学 MBA 硕士学位论文，2013.

［66］彭秀玲 . 私募股权投后增值服务项目研究［D］. 长春：吉林大学硕士学位论文，2015.

［67］彭海城 . 中国私募股权基金退出机制研究［D］. 武汉：华中科技大学博士学位论文，2012.

［68］张玲云 . 试论减资方式多元化对公司债权人利益保护原则的影响

［D］. 上海：东政法大学硕士学位论文，2009.

［69］王伟涵 . 有限合伙制私募股权基金所得税问题研究［D］. 上海：华东政法大学硕士学位论文，2014.

［70］姚颖 . 私募股权投资中的企业估值方法研究［D］. 南京：南京大学硕士学位论文，2013.

［71］赵继强 . 中国私募股权投资基金退出机制法律问题研究［D］. 上海：复旦大学硕士学位论文，2014.

4. 电子文献

［72］陈铮，王巍 . 契约型私募股权投资基金运营模式分析［EB/OL］. http://www.goingconcern.cn/article/7542.

［73］陶辉东 .3 万亿政府引导基金　颠覆 VC/PE 募资生态［EB/OL］. https：//mp.weixin.qq.com/s/q3ZOaZtQOk4166e6p_tILQ.

［74］中国证券投资基金业协会 . 2016 年私募基金登记备案情况综述［EB/OL］. http://www.amac.org.cn/xhdt/zxdt/391651.shtml.

［75］张毅，杜宏晖，胡夏 . 发改委关于外商投资企业作为普通合伙人的人民币基金的答复［EB/OL］. http://www.chinalawinsight.com/2012/07/articles/corporate/ 发改委关于外商投资企业作为普通合伙人的人民币 /.

［76］李丹丹 . 证监会详解私募基金监管思路［EB/OL］. http://www.cnstock.com/v_news/sns_yw/201604/3779559.htm.

［77］李超 . 凝聚多方共识　扶持监管并举　合力推进私募基金行业健康发展——李超副主席在中国私募基金业 2016 论坛上的讲话［EB/OL］. http://www.amac.org.cn/xhdt/zxdt/390657.shtml.

［78］张蕾 . 私募股权投资大变天！银行、保险、证券、信托都来做 PE，玩法大揭秘！［EB/OL］. http://business.sohu.com/20161008/n469723489.shtml.

［79］清科研究中心 .〈2015 人民币 FOF 报告〉发布，内外资 FOF 钱途呈现不同机会［EB/OL］. http://research.pedaily.cn/201507/20150723386079.shtml.

[80] 杜善友，杨恒 . 投中专题：2015 年私募股权投资基金 LP 研究报告 [EB/OL]. https：//www.chinaventure.com.cn/cmsmodel/report/detail/1048.shtml.

[81] 投中研究院 .2015 年私募股权投资基金 LP 研究报告 [EB/OL]. https：//www.chinaventure.com.cn/cmsmodel/report/detail/1048.shtml.

[82] 马强 . 合伙财产研究 [EB/OL]. http://wenku.baidu.com/view/9630dd40be1e650e52ea9936.html.

[83] 石育斌 . 合伙人出资，应该注意哪些问题 [EB/OL]. http://blog.sina.com.cn/s/blog_913f6a4201011146.html.

[84] 程伟玉 . 实务解析：私募股权投资中股东承诺投资保底收益的效力 [EB/OL]. http://www.fabao365.com/zhuanlan/view_20020.html.

[85] 叶玉盛，郭嘉 . 新华信托 - 湖州港城案并不意味着明股实债结构的末日 [EB/OL]. http://bbs.ibsharing.com/forum.php?mod=viewthread&tid=10456.

[86] 陈芳，陈曦 . PE 基金之国有股东认定问题简析——私募基金实务系列之一 [EB/OL]. http://www.goingconcern.cn/article/11558.

[87] 孙立 . 国有股转持有关法律问题简析 [EB/OL]. http://www.grandall.com.cn/grandall-research-institute/legal-study/grandall-forum/13488.htm.

[88] 朱华芳 . 最高人民法院裁判规则：企业国有资产交易未履行规定程序的效力 [EB/OL]. http://blog.sina.com.cn/s/blog_887215d80102wrg7.html.

[89] 秦茂宪、李锐、支晓南 . 有限合伙“单边协议”——实践、效力及风险分析 [EB/OL]. http://blog.sina.com.cn/s/blog_a19761c80101c5w0.html.

[90] 王军旗，杨燕婷 . “对赌协议”纠纷法律实务研究 [EB/OL]. http://www.law-lib.com/lw/lw_view.asp?no=26099.

[91] 陈浮，张威 . 最全面的对赌协议仲裁报告案例分析 [EB/OL]. http://www.investbank.com.cn/Information/Detail.aspx?id=49143.

[92] 国枫律师事务所 . 对赌及特权条款对公司新三板挂牌的影响及处理 [EB/OL]. http://mt.sohu.com/20160808/n463090302.shtml.

[93] 沈一吟 . 最全归纳 | 股份锁定期规定那么多，一文网罗全市

场［EB/OL］. http://mt.sohu.com/business/d20170415/134183008_739521.shtml#SOHUCS.

［94］王东亮 . 影响 GP、LP 利益一致的要素［EB/OL］. http://funds.hexun.com/2012-04-10/140244732.html.

［95］清科研究中心 .2015 年 VC/ 私募股权基金薪酬研报发布：VC/ 私募股权基金从业者薪酬水平差异较大［EB/OL］. http://www.askci.com/news/2015/11/25/1122443vit.shtml.

［96］罗玉 . 清科观察：PE 增值服务：投资团队负责制　专职投后管理不足 20%［EB/OL］. http://research.pedaily.cn/201302/20130217343568.shtml.

［97］清科研究中心 .2013 年中国 VC/PE 机构增值服务专题研究报告［EB/OL］. https：//wenku.baidu.com/view/b68f059edd88d0d233d46a6b.html.

［98］投行观察室 . 解析 PE 投资退出的四种方式及其对比［EB/OL］. http://www.goingconcern.cn/article/10565.

［99］清科报告 .2016 年 1230 笔创投资本实现新三板挂牌退出［EB/OL］. http://finance.eastmoney.com/news/1348，20170130707217522.html.

［100］投行观察室 . 解析 PE 投资退出的四种方式及其对比［EB/OL］. http://www.goingconcern.cn/article/10565.

［101］北京金融资产交易所 . 北金所启动私募股权基金二级市场交易［EB/OL］. http://finance.ifeng.com/roll/20101115/2880273.shtml.

［102］刘兵，华麦 . 有限合伙制基金合并报表问题［EB/OL］. http://www.goingconcern.cn/article/7902.

图书在版编目（CIP）数据

私募股权基金：制度解析与业务实践 / 高蔚卿，王晓光著. —北京：中国法制出版社，2018.1

ISBN 978-7-5093-9102-0

Ⅰ. ①私… Ⅱ. ①高… ②王… Ⅲ. ①股权－投资基金－研究 Ⅳ. ①F830.59

中国版本图书馆CIP数据核字（2017）第287531号

策划编辑：黄会丽

责任编辑：黄会丽　谢　雯　　封面设计：周黎明

私募股权基金：制度解析与业务实践

SIMU GUQUAN JIJIN:ZHIDU JIEXI YU YEWU SHIJIAN

著者 / 高蔚卿　王晓光

经销 / 新华书店

印刷 / 三河市紫恒印装有限公司

开本 / 710毫米 × 1000毫米　16开　　印张 / 24　字数 / 361千

版次 / 2018年1月第1版　　2018年1月第1次印刷

中国法制出版社出版

书号ISBN 978-7-5093-9102-0　　定价：78.00元

值班电话：010-66026508

北京西单横二条2号　邮政编码100031　　传真：010-66031119

网址：http://www.zgfzs.com　　编辑部电话：010-66070084

市场营销部电话：010-66033393　　邮购部电话：010-66033288

（如有印装质量问题，请与本社编务印务管理部联系调换。电话：010-66032926）